ISRAEL
LA GUERRA ASIMÉTRICA
Y EL TERRORISMO GLOBAL

RICARDO ROBAINA MEDEROS

Prefacio

Muchos eventos desfavorables convergen casi a diario sobre la faz del planeta pero, por suerte, para casi todo mal existe una solución. El ser humano de buena voluntad tiene ciertas reservas intrínsecas, que incluso no siempre conoce, que lo agigantan y lo hacen crecer ante las más eventuales dificultades; esa intuición, esa defensa natural que permite que todos los días David venza a Goliath.

Enfermedades, virus, bacterias, las temibles epidemias y pandemias, sequías, inundaciones, conflictos armados, todo tipo de necesidades, el hambre, la miseria, las drogas, crisis económicas, terrorismo, etc., son el azote diario, pero el ser humano tiene una honda bien cohesionada, muy efectiva y más poderosa, ante la adversidad: la esperanza.

Occidente y el mundo libre no se pueden, bajo ningún concepto, dejar atemorizar, nuestro principal gran miedo por encima de cualquier otro que pudiera existir, siempre, deberá resumirse al temor de perder nuestro modo de ser y de actuar, ese estilo tan democrático de vida, esos valores que nos caracterizan, sin los cuales la cultura occidental perdería su acertado rumbo, base esencial para el desarrollo civilizado, la visión del futuro y nuestra propia identidad.

Es necesario ante cualquier enfermedad letal conocer la fuente y la manera exacta de contagio, toda su estructura, su forma de actuar, saber cómo se nutre, qué la debilita más, así como las defensas y anticuerpos necesarios y efectivos para erradicarla. Todo lo anterior aplica también a cada uno de los diversos males sociales que la humanidad padece en la actualidad, donde de una manera tan ilógica, absurda y brutal sobresale el terrorismo islamista radical.

Donde hay acción siempre existirá una reacción, si ellos nos agreden, si desean la inevitable y frontal confrontación, debemos confrontarlos, con toda la firmeza y seguridad que da la razón, la justicia y la verdad histórica. Lo primero que debemos hacer es conocerlos muy bien, estudiarlos palmo a palmo, usar toda la inteligencia occidental, ponernos en sus zapatos, pensar como ellos piensan, analizar cada uno de sus diversos métodos y solo entonces podremos derrotarlos.

Nunca el mundo occidental ha enfrentado un tipo radical de movimiento más exitoso que ISIS; ningún grupo surge de una bola de cristal, ellos surgieron por diferentes factores objetivos y subjetivos inherentes a su ideología de odio, a la manipulación efectiva de la fe y por qué no decirlo, por las consecuencias del apremio, post Primera y Segunda Guerras Mundiales: los errores del reparto.

Lo anterior no significa culpar a occidente de todos los problemas existentes, de ninguna manera es aceptable decir que se mata, se asesina y se ambiciona conquistar el mundo porque occidente ayer falló, no es real ni tampoco es cierto, y mucho menos, la forma de reclamar un aducido derecho.

En momentos de definición, las estrategias efectivas son lo más importante. Hay un gran tsunami global tratando de barrer nuestra cultura, estas páginas constituyen una obra o trabajo reflexivo alineado con la defensa de nuestros justos valores, de esos principios, y están muy comprometidas con el fin que persiguen: defender y consolidar nuestro modo de vida, ese único sistema que nos permite estar de acuerdo o disentir, pensar y expresarnos sin temor alguno, el mejor, el único capaz, garante de la plena libertad del ser humano, me refiero al sistema democrático de gobierno de la mayoría, al de propiedad privada y libre expresión.

Usted puede o no estar de acuerdo conmigo, eso no tiene o reviste mayor importancia, en cuanto a la diferencia de opinión, pero sí, a su pleno derecho de tenerla, de expresarla siempre libremente, de que se le respete por ello, de que en paz y con total equidad cuenten: su forma de pensar, sus opiniones, su fe, y muy importante, todas sus esperanzas.

Índice de Contenido

Introducción

El mundo se asombrará en breve de los cambios que se aproximan, de los diversos y diferentes factores económicos y geopolíticos que ya son visibles y están interactuando de forma manifiesta sobre lo inevitable que se nos avecina, de una combinación de hechos muy elaborados y espontáneos que influyen y marcarán el nuevo rumbo a seguir.

En un tiempo prudencial corto, el mundo será totalmente diferente y para suerte de la humanidad, será mejor, más racional y acogedor para todos. Desgraciadamente y a pesar de nuevas e innovadoras técnicas científicas, casi siempre un alumbramiento está precedido por algún tipo de dolor inevitable pero, reconfortante después.

Este libro está lleno de un gran optimismo a pesar de las referencias necesarias a los diferentes conflictos que sirven de marco para la explicación y comprensión en el desarrollo del mismo y especialmente en su proyección futura, en esa proyección trascendental donde somos los protagonistas de este mundo que hoy se regenera y avanza y que a todos nos pertenece por igual. Sí, volverá la luz, sin dudas.

De una forma resumida pero argumentada, explicaremos detalladamente esos cambios, no para convencer a nadie de que poseemos la verdad absoluta sino, para que se pueda tener una panorámica lógica que facilite una fácil y sagaz comprensión, el razonamiento ágil, el criterio individual y oportuno sobre varios aspectos que ya nos están afectando en su diversidad, de una manera u otra, en el diario vivir de un entorno cada vez más globalizado que se agita y vence.

Un protagonista de este mundo y en especial de estos *tiempos en serie*, ante todo debe estar muy bien informado. Los cambios cada día son más rápidos, muy espectaculares y cada día nos afectan más en ambos sentidos direccionales.

¿Se ha preguntado usted?:

¿Existe un motivo histórico que justifique el tan largo y lamentable enfrentamiento árabe-palestino-israelí? ¿Cuáles son las verdaderas causas del mismo? ¿Por qué no termina?

¿Qué es una guerra asimétrica y dónde se puede ubicar históricamente su origen moderno? ¿Cómo nos afecta hoy?

¿Cuáles son las verdaderas posibilidades de triunfo del terrorismo fundamentalista islamista yihadista radical?

¿Cambiará una vez más la geografía del mundo?

¿Qué significa el partido Podemos para España?

¿Qué es el comunismo clásico y en qué se diferencia de las nuevas dictaduras electorales?

¿Por qué se considera que el chavismo en Venezuela es una real amenaza y un gran peligro para todo el planeta?

¿Se puede hablar de una paz genuina y transparente, sin impunidad, con el grupo narcoterrorista colombiano de las FARC? ¿Negocian los terroristas cuando están ganando?

¿Cuáles serán las consecuencias futuras para el mundo, por la tendencia, aunque fluctuante irreversible a la baja, del precio del petróleo en los mercados internacionales?

¿Qué pasará en el Cercano Oriente y en todo el planeta cuando desaparezcan totalmente, los ingresos por concepto de la extracción y venta de petróleo convencional, que entre otras cosas, es la fuente principal del financiamiento, a nivel internacional, de los grupos terroristas más radicales?

¿Cuánto más durará el disuasivo chantaje de Rusia sobre Europa en lo concerniente a materia energética?

¿Sabe usted cuántos años más de vida histórica le queda al nefasto sistema comunista internacional y a cada una de las múltiples derivaciones del mismo, incluyendo a la cada vez más cambiante China de Mao Tse Tung?

¿Cuál es el ciclo de vida generacional del sistema clásico y electoral comunista y cuales son los factores que de forma irremediable lo condenan al fracaso histórico?

¿Qué le depara el futuro al heroico pueblo y al Estado Judío de Israel?

No se trata de magia ni de adivinación, son fundamentos científicos con probadas proyecciones y datos económicos concretos, factibles y también lógicos. Es en sí, una muestra latente y real del momento histórico por el que atraviesa la humanidad, aplicada al universo futuro, de un planeta que cada día se transforma más.

La paz reinará pero será relativa si no aprendemos del pasado, ya que surgirán nuevos motivos y otros estadistas miopes sin neuronas suficientes a favor de una nueva y desesperada salida, de una conflagración mundial, de un nuevo reparto, creado por las crecientes necesidades de la propia humanidad en su desarrollo evolutivo, descontrolado y muy desigual. Solo la madurez política, de verdaderos líderes, el deseo y la práctica del bien común, la cordura y la justicia social podrán evitarlo.

Se ha avanzado mucho desde la comunidad primitiva, no es necesario regresar a ella para saber que existió. Aunque parezca insólito, existe una ideología absurda y peligrosa, una fe manipulada que desean regresarnos a esos tiempos.

Conocer las fuentes del mal es la mejor y única forma de prevenirlo, ningún mal es necesario o imprescindible y en muchas oportunidades se puede evitar; quien informado esté engañado no será ¡Ojalá y este libro sirva para ahorrar aunque sea una sola lágrima a las generaciones futuras!

Capítulo 1 Información, Premisas y conceptos

En oportunidades escuchamos o leemos una noticia y no llegamos a comprenderla totalmente por una o dos palabras o término, del cual no conocemos con exactitud su total o parcial significado o su propia etimología. Este capítulo no es o constituye propiamente un glosario puro en sí, porque incluye comentarios pero, la intención explicativa, lo hace similar. El objetivo es que el lector de antemano sepa o se relacione con algunos términos específicos tan variados y disímiles en una región con tantos milenios de existencia y tan convulsa siempre, con tantas etnias, tribus, naciones, rivalidades y culturas diferentes, con diversas fuentes de conflictos y claro que sí, con eternas esperanzas:

-El Estado de Israel es hoy la única nación judía, de descendencia hebrea, existente y reconocida oficialmente por la Organización de Naciones Unidas, ONU, en todo el planeta, como representante único y genuino del pueblo judío. Geográficamente está situado en el Cercano Oriente. Ni la Liga árabe ni ningún país musulmán ha reconocido a la nación judía como estado independiente y soberano.

-El Congreso Judío Mundial: fue fundado en agosto de 1936 en Ginebra, Suiza, tiene su sede central en la ciudad de New York, Estados Unidos. Su objetivo fundamental es actuar como brazo diplomático del pueblo judío en todo el mundo, con participación abierta a todos y cada uno de los grupos o comunidades representativas del judaísmo.

-Judío: se refiere como condición, no solo a aquellos que profesan la religión judía, también a todos los miembros de dicho pueblo, a la nación en sí, independientemente de sus creencias religiosas. La historia judía es la historia del gran pueblo judío y no del judaísmo como religión, es en sí la historia del pueblo de Jacob, de Israel. Incluye Hebreos, israelitas, judíos y judeo-israelíes. Desde el punto de vista secular, o sea, étnico, sociológico, no religioso; judíos son los integrantes del pueblo de Judá y todos aquellos hebreos que regresaron del primer exilio de Babilonia junto con sus descendientes. Desde el otro punto de vista, el religioso, la denominación judío se refiere a todo aquél que profese la religión judía, o judaísmo, haya nacido o no en Israel, por lo tanto, una persona que sea judío por religión y haya nacido en otro país, es judío con la nacionalidad del país donde nació y no es israelí por no haber nacido en el actual Estado de Israel. Se denominan judíos Sefardíes a todos aquellos judíos de origen español, portugués y norteamericano.

-Hebreo: antiguo pueblo semita del cercano oriente, originarios de Ur en Caldea, Mesopotamia, constituyen los ancestros de los israelitas y del pueblo judío descendientes de Abraham, considerado el primer hebreo y guía de éstos a Canaán, la Tierra prometida, por supuesto, incluye también a los descendientes de Isaac.

-Semita: son los descendientes de Sem el hijo mayor de Noé. Se refiere a la lengua materna semita entre las que se incluye el fenicio, el hebreo, arameo, árabe, etc. Por eso no es exacto decir, o usar la palabra, antisemitismo cuando se trata o se refiere al antijudaísmo.

-Israelita: todo habitante del Antiguo Israel, de Canaán o de la Tierra de Israel, miembro de las doce tribus de Israel, territorio donde se establecieron los hijos de Jacob.

-Israelí: ciudadano del moderno y actual Estado Judío de Israel conocido también como el Estado Hebreo. Implica nacionalidad con independencia de la religión que se profese. Un judeo-israelí, es un judío por su condición perteneciente a la nación judía, que puede o no practicar el judaísmo, pero que nació en el actual Estado de Israel.

-Sionismo: es un movimiento político internacional que propugnó desde sus inicios una patria para el pueblo judío en la Tierra de Israel, en la Tierra Prometida; se define a si mismo como un movimiento de liberación nacional y tiene como máximo exponente a Theodor Herzl.

-Nación: constituye un concepto más bien sociológico, es en esencia básica una etnia o un conjunto de personas libres con autonomía política e instituciones propias, dentro de un mismo territorio, que poseen una historia común y comparten valores muy similares, tales como: idioma, arte y cultura, las mismas tradiciones y costumbres, raza, religión, etc., toda nación posee identidad propia, carácter único y derechos colectivos, reconoce el mismo origen y persigue los mismos objetivos. Nación y etnia son sinónimos.

-Estado: es un concepto de orden político, es un territorio soberano delimitado por sus fronteras, es una organización jurídica y política con tres elementos integrantes básicos: población, territorio y gobierno. Una o diferentes etnias o naciones pueden constituir un estado bajo una unidad política, bajo un orden estatal jurídico único.

-País: es un concepto más bien geográfico que pone de manifiesto límites, riquezas naturales, la economía, turismo, estadísticas poblacional, etc., es una región con una serie de características muy específicas y derechos legales para sus habitantes, es un espacio territorial delimitado que puede estar conformado por uno o más estados. Cuando un país está integrado por un solo estado, la definición de país se complementa con la definición más amplia de estado que fue ofrecida anteriormente, si está constituido por diferentes estados, cada estado puede tener sus propias leyes y existir una ley nacional, federal, etc., que los regule o incluya a todos. No existe estado sin nación, ni país sin estado. El concepto de nación está, de forma general, muy vinculado a personas, el de estado a gobierno y el de país a geografía.

Patria: es un concepto eminentemente sentimental de carácter subjetivo relacionado con el lugar de nacimiento y la lealtad a dicho lugar, por lo cual el sustantivo patria no debe usarse en lugar de estado o país, como sinónimo de esos conceptos, ya que no incluye un ordenamiento jurídico sino de procedencia natal.

-Las siglas e.c. significan era común y es equivalente en tiempo histórico a: d.C. después de Cristo

-Las siglas a.e.c. significan antes de la era común, es equivalente a: a.C. antes de Cristo.

-El Mundo Occidental: en forma extracta podemos decir que está compuesto por todos aquellos países democráticos, en cualquier parte del planeta, donde rige un estado de derecho, alto grado de igualdad de género y respeto a todos los derechos humanos. El concepto de Occidental se refiere al punto cardinal oeste, por donde siempre se oculta el sol o poniente, proviene de Grecia y Roma situadas en la parte occidental de Europa, con la llegada del cristianismo y de la influencia histórica de esas dos grandes y muy importantes culturas y civilizaciones en el mundo moderno actual. Otras características del mundo occidental son: estado de derecho, libertad de empresa y libre mercado, separación entre estado y religión, con pleno respeto y derecho al culto de las mismas, elecciones democráticas populares libres con una frecuencia y carácter periódicas y multipartidistas, libertad de prensa, reunión y expresión, así como separación de los tres poderes del estado: legislativo, ejecutivo y judicial.

En resumen, podemos decir que el mundo occidental es el mundo civilizado con independencia de la ubicación o situación geográfica, del tipo de religión mayoritaria que se profese, por ejemplo, Japón y el Estado Judío de Israel no profesan la religión cristiana ni están situados en Europa y ambas naciones pertenecen al Mundo Occidental actual, que en última instancia lo define tres aspectos fundamentales: la igualdad entre el hombre y la mujer, la democracia como sistema político de mayorías y las relaciones capitalistas de producción, o sea , la libre empresa y el libre mercado.

-Democracia: es el gobierno del pueblo con decisiones basadas en el deseo de la mayoría de todos los ciudadanos expresado mediante el voto electoral. Existen diferentes formas o tipos de democracia en relación a la libre elección de los oficiales o expresión libre mediante el voto de las preferencias del pueblo, como: la democracia directa, donde el poder es ejercido de forma directa por el pueblo en asamblea, la llamada representativa o democracia indirecta, donde el ejercicio del poder es a través de representantes que son elegidos por el pueblo y toman las decisiones en nombre del mismo y por último la democracia participativa, que es en sí una mezcla o combinación de las dos anteriores donde el pueblo en ocasiones se manifiesta de forma directa en temas importantes a través de los referendos, plebiscitos, iniciativa popular e incluso, en la revocación de mandatos, elaborados o desarrollados por sus representantes, etc.

En cuanto a la estructura misma del estado y la forma de gobierno la democracia en su esencia más pura es en sí la democracia liberal, basada en la regla de la mayoría con derechos para las minorías, la cual se manifiesta en la actualidad en diferentes tipos de repúblicas y monarquías con gobiernos constitucionales y parlamentarios. Dentro de la democracia liberal existe el sistema presidencialista de república donde el poder ejecutivo es elegido de forma separada del poder legislativo, así como también existe el sistema parlamentario donde el poder ejecutivo depende directa e indirectamente del parlamento en funciones, donde la aceptación o no depende y se expresa mediante mociones de confianza y mociones de censura emitidas. La forma de democracia liberal es la mejor y más amplia expresión de libertad popular, de protección a la propiedad privada y a la economía de libre mercado capitalista, siendo además, la negación por excelencia de cualquier tipo de absolutismo y forma de ideología totalitaria radical.

-República Democrática: es el gobierno de la ley, un sistema político basado en la constitución, la igualdad y el estado de derecho legítimo. Los Estados Unidos de América constituyen una República Federal Constitucional con un sistema democrático presidencial de división de poderes, el Estado Judío de Israel es una República Parlamentaria.

-Monarquías constitucionales y parlamentarias: son un tipo de democracia donde el monarca ostenta la jefatura del estado acorde a la ley establecida democráticamente por voluntad popular, como son las de Reino Unido, España, Holanda, Japón, Malasia, Canadá, Jamaica, etc., además donde el rey, la reina y los nobles tienen ciertos poderes formales e informales y una total inmunidad, o sea, son en sí figuras representativas del estado pero sin poder político.

-Socialdemocracia: basada en el denominado estado de bienestar colectivo, es un sistema enmarcado dentro de una economía capitalista que tiene por apellido democracia y como nombre acotado *social-ismo*, constituye una senda en dos sentidos, una que asciende a la democracia liberal, la otra que puede hundir en el comunismo. Es en funciones una versión de la democracia que equivale a un tipo de alternativa pacífica más moderada y sutil, o más suave en su esencia o meta de transformación del sistema capitalista, que la más radical dictadura del proletariado del decadente y anacrónico sistema comunista marxista pero, que incluye aspectos de la misma tales como: la regulación estatal y el patrocinio a organizaciones y programas dirigidos por parte del estado entre otros aspectos que la alejan de ser una democracia pura en esencia y contenido sin renunciar a ella ya que se aleja de la ortodoxia marxista; muchas *le llaman la tercera vía porque pretende llegar al socialismo desde el capitalismo* en un marco justo de democracia, por ejemplos positivos tenemos a Suecia y los paises escandinavos. Por la otra parte, la socialdemocracia es el sistema o disfraz donde se escudan los populistas más avezados y más hábiles, los trasnochados neomarxistas para lograr obtener el poder con vistas a una posterior radicalización del mismo sin asustar al entorno, puede usarse como trampa camaleónica, al mejor estilo del partido marxista Podemos en España.

-Democracia Popular: es la gran mentira, *el gran circo,* una pantalla o fachada para las relaciones internacionales, un genuino sinónimo de dictadura comunista basada en el poder de un partido único íntimamente vinculado al estado, sin libertad ni garantías para nadie, ejem: Cuba comunista.

En opinión muy personal, yo pienso que la denominada Democracia Federal Semiparlamentaria rusa con Vladímir Putin al frente, tiende más a ser una democracia popular expansionista que una verdadera democracia de la cual dista mucho, ya que existe la férrea manipulación del estado en casi todas las esferas de control de la vida social, económica y política del gran pueblo ruso, que aún no ha podido sacudirse definitivamente el yugo marxista.

-Socialismo Fabiano: es una corriente que pretende crear un socialismo de tipo democrático sin violencia mediante la manipulación de los procesos de mayoría para de una forma paulatina ir eliminando el capitalismo y nacionalizando la economía a la par de ir logrando mayor fortalecimiento del movimiento obrero presidido por las élites intelectuales y culturales del país objeto. Es una variante del marxismo que discrepa del mismo por la vía de consecución del poder, el cual en el fabianismo es de forma *light* o pacífica y gradual sin ningún tipo de revolución violenta, etapa por etapa, por la vía del conocimiento y nunca de la radical imposición hasta llegar a lo que ellos llaman Socialismo Real. Muchos en la actualidad vinculan al presidente norteamericano Barack Obama con el Socialismo Fabiano, esta corriente surgió en el año 1884 en Londres, Inglaterra, fundada por Sidney Webb y Beatrice Webb, su esposa. En mi opinión, al estar tan relacionado con el marxismo de Karl Marx, en preceptos y conceptos esenciales, es un peligro para la libre empresa y la democracia en su conjunto, debido a que la práctica ha demostrado lo antieconómico y absurdo de esos postulados. El Socialismo Fabiano surge o es posterior a la Socialdemocracia que se estima se inicia en el año 1848 en Francia teniendo como su principal y original exponente a Louis Blanc, no son exactamente lo mismo pero coinciden en muchos aspectos, ambas corrientes son una modificación del marxismo en cuanto a la forma de llegar al socialismo y el colectivismo de empresa y de estado. *Para mi, ambas formas constituyen un riesgo enorme para el capitalismo y la democracia liberal y muy especialmente para la empresa privada* a la cual le asignan un papel más colectivo o social.

-La Liga Árabe: fue fundada en marzo de 1945, tiene su sede permanente en la ciudad de El Cairo, Egipto y cuenta en la actualidad con 22 países miembros.

-La Liga Mundial Islámica, o también, Liga Mundial Musulmana: es una organización religiosa fundada en 1962 que tiene su sede principal permanente en la ciudad de La Meca, Arabia Saudita, cuenta con 60 asociaciones. La Meca es la ciudad natal del profeta Mahoma, lo que la convierte en la ciudad más sagrada del Islam y la religión musulmana.

-La Organización de la Conferencia Islámica: es una organización política que fue fundada en 1969, tiene su sede permanente en ciudad Yida, Arabia Saudita, cuenta con 57 miembros incluyendo a la Autoridad Nacional Palestina.

-La Autoridad Nacional Palestina, ANP por sus siglas: es una organización administrativa autónoma que gobierna de forma transitoria, hasta que no se llegue al acuerdo final, la Franja de Gaza y parte de Cisjordania. Fue fundada en 1994 como resultado de los acuerdos de Oslo, en Noruega, entre la Organización para la Liberación de Palestina, OLP, y El Estado Judío de Israel. En enero del 2013 adoptó el nombre de Estado de Palestina, No ha reconocido aún al Estado de Israel como un estado judío.

-Cisjordania: también conocida por Judea y Samaria fue asignada a los árabes palestinos por la resolución 181 de la Asamblea General de la ONU del año 1947, lo cual ellos no aceptaron o rechazaron. Actualmente es un territorio en disputa, para concepto de algunos y ocupado para otros, carente de soberanía, en espera de un acuerdo futuro que resuelva su estatus definitivo mediante negociaciones entre palestinos e israelíes. Dentro de Cisjordania se encuentra Jerusalén Este o Jerusalén Oriental que sí fue anexada por Israel después de la denominada Guerra de los Seis Días de 1967. La Autoridad Nacional Palestina tiene más control en Cisjordania que en la Franja de Gaza, donde en realidad el que gobierna es el grupo terrorista islamista radical Hamás.

-Franja de Gaza: junto a Cisjordania forman el Estado Palestino, según la ONU, es el principal foco terrorista de agresión contra el Estado Judío de Israel a través del grupo Hamás, el cual ha tenido profundas diferencias con la ANP y Al-Fatah, su principal organización de corte nacionalista. La Yihad Islámica Palestina es otro de los varios grupos radicales terrorista que opera en Cisjordania y la Franja de Gaza teniendo como objetivo la destrucción de Israel.

-Fedayines: son militantes o combatientes guerrilleros palestinos, considerados terroristas por el gobierno israelí y libertadores para otros palestinos que les apoyan, tienen una marcada ideología socialista o comunista y se inspiran en la guerra de guerrillas del genocida líder chino Mao Tse Tung, del Vietcong, de Argelia y de los movimientos guerrilleros latinoamericanos, lo cual demuestra una vez más que el llamado conflicto palestino-israelí es de estrategia reciente

-Cuando hablamos de países árabes específicamente, nos estamos refiriendo principalmente a una cultura y al idioma oficial árabe que es la lengua mayoritaria en los mismos. Entre los países árabes se encuentran entre otros: Arabia Saudita, Argelia, Egipto, Qatar, Emiratos Árabes Unidos, Irak, Siria, Jordania, Kuwait, Líbano, Yemen, Marruecos, Mauritania, Sudán, Túnez, Libia, Omán, etc. Su principal característica común es que la mayoría de sus ciudadanos hablan el idioma Árabe que tiene además carácter oficial.

Cuando hablamos de países musulmanes nos referimos al mundo islámico, o sea, a todos aquellos países que tienen al Islam como su religión primaria. En la clasificación como países árabes hablamos específicamente de idioma, en este segundo tipo de clasificación de países como musulmanes o islámicos tomamos en cuenta la religión mayoritaria que ellos profesan, por eso es totalmente posible que un país puede ser árabe y musulmán o islámico a la vez.

Todos los países relacionados anteriormente son árabes por idioma y también son países musulmanes o islámicos por religión primaria. Se puede ser árabe y musulmán pero no necesariamente todo país musulmán es árabe como por ejemplo Turquía, donde el idioma oficial es el turco, por lo tanto no es árabe por idioma pero sí musulmán por religión, igual sucede con Indonesia, el país con más musulmanes en el mundo, donde el idioma oficial es el indonesio, lo mismo ocurre con muchos otros países como: Irán, Turkmenistán Afganistán, Pakistán, Azerbaiyán, Benin, Camerún, Malí, Nigeria, Somalía, Senegal, etc., en el continente americano tenemos a Guyana y Surinam, y en Europa a la República de Albania, así como también a Bosnia y Herzegovina.

21

-Islámico: es un concepto que relaciona algo en sí con el Islam, con la religión musulmana, como por ejemplo una mezquita islámica, un país islámico, una costumbre, una cultura o arquitectura islámica, etc. Expresa una relación.

-El Islamismo: es la unión del Islam a la política de una forma muy radical, lo cual significa aquellos que propugnan reformas extremas. Dentro del islamismo radical tenemos los llamados políticos moderados y todos los otros grupos terroristas, yihadistas o islamistas, separados por una linea muy difícil de determinar. Promueven el califato y la ley de la Sharia en su forma más tradicional, ortodoxa y rígida. El denominado yihadismo islamista actual es en esencia el fundamentalismo terrorista genocida radical del islamismo, basado en la misma ley anacrónica de la Sharia pero, con una interpretación aún más brutal. Esa es la definición que abunda en los medios aunque personalmente creo que hay políticos moderados pero, no creo que exista ni un solo terrorista moderado, aunque se disfrace de político.

-Fundamentalismo islámico: es la doctrina musulmana que defiende la observancia rigurosa del Corán en la vida civil, con un nuevo impulso a la guerra santa o yihad.

-Terrorismo: forma violenta de lucha política mediante la cual se persigue la destrucción total del orden establecido a través de un clima de terror e inseguridad ciudadana.

-Radicalismo: es un conjunto de doctrinas extremas, que pretenden una reforma total o muy profunda, ideas de orden político, moral, religioso, científico o en cualquier otro tipo o aspecto de la vida, que no admiten términos medios.

-Jacobinismo: es una corriente política surgida durante la revolución francesa que defendía el radicalismo violento.

-Califato: se define como un sistema de gobierno dentro de la religión islámica liderado o dirigido por el califa como jefe máximo o cabeza de dicho estado islámico o califato, que debe gobernar de acuerdo a la ley religiosa o Sharia. El Estado Islámico, o Isis, se define como tal.

-Ley de la Sharia: es la ley sagrada del Islam, un código muy rígido de conducta, de normas y de moral de la religión musulmana que para muchos no constituye un dogma sino un método discutible de interpretación. Sus cuatro fuentes jurídicas son: el Corán, el Hadiz, la Analogía y el Consenso. Es en sí un modo de vida instituida como ley en muchos estados que se definen como estados o repúblicas islámicas entre los que se encuentran hoy: Irán, Pakistán, Afganistán, Mauritania, etc., dentro de la ley Sharia existe un tipo de ofensas llamadas Hadd que se castigan con penas severas como azotes, amputación de manos por robo, lapidación por adulterio, etc., en extremo muy crueles e infrahumanas; la Sharia establece también muchas tipos de discriminaciones y humillaciones muy denigrantes para la mujer, es un tipo de apartheid contra el sexo femenino.

Toda mujer musulmana solo puede tener un esposo, que lógicamente tiene que ser musulmán, mientras que su esposo puede tener varias esposas o mujeres a la vez. La mujer se convierte en un tipo real de propiedad personal del esposo que puede hasta tomar su vida si infringe la ley.

Corán 4.34 "Amonestad a aquellas de quienes temáis que se rebelen, dejadlas solas en el lecho, pegadles". . .

Aisha fue la esposa preferida del profeta Mahoma, se casó con él cuando el profeta tenía 53 años y ella solamente alrededor de 10 años de edad; le sobrevivió a su muerte, en una oportunidad dirigiéndose a las mujeres musulmanas se afirma que dijo:

"Si ustedes supieran todos los derechos que tu esposo tiene sobre ti, todas ustedes limpiarían la tierra de los pies de sus esposos con sus caras".

El testimonio de las mujeres musulmanas no es válido ante el tribunal, por lo tanto no pueden ser testigos legales, no se les permite hablar con hombres con los cuales no estén relacionadas, deben esconder siempre su belleza de todo persona que no sea de su parentesco tras un velo tupido o islámico conocido en la tradición como Hiyab, Burka o Burka completo, que incluye también el vestido, llamado entonces Chador, no se pueden teñir el pelo ni sacarse el vello de más en las cejas, les está prohibido conducir autos o vehículos motorizados, no pueden usar ropa entallada o transparente, ni quedarse sola con un hombre extraño y siempre deben bajar la mirada. El concepto masculino más aceptado en el Islam es que todas las mujeres son lascivas y en ocasiones también impuras, muy débiles y tentadoras, practicantes de trucos superiores a los utilizados por el mismo Satanás. La pregunta es: ¿Por qué los prestigiosos defensores de todos los derechos humanos no denuncian y condenan las 24 horas del día semejantes prácticas? ¿Por qué no se denuncia a Arabia Saudita, por la discriminación diaria contra las mujeres, a la ANP por las palestinas, a los Emiratos Árabes Unidos, a Irán, a Brunéi Darussalam, Irak, Malasia, Nigeria, Afganistán, Pakistán, Singapur, Somalía, Sudan, a Yemen?, incluso, ¿Por qué no se denuncian y se enjuician, en muchas oportunidades, a ciertos individuos, influyentes o no, pero en gran extremo muy abusadores de temerosas e indefensas mujeres viviendo en las capitales más habitadas y cosmopolitas nuestras, sí, en el propio occidente, esos que practican ese aspecto de una fe que deja a la mujer sin protección legal, en aquellos países donde es la ley omnipotente central, donde entre otras cosas el abuso humillante y despiadado a la mujer en general es y está institucionalizado? ¿Por qué no es constante denuncia?

La Sharia, con independencia del radicalismo del estado o grupo que la instituye como suprema ley básica, también considera otros diferentes aspectos generales prohibidos o graves tales como: los juegos de apuestas o los llamados de azar, el alcoholismo, la homosexualidad, cantar y escuchar música, la usura, que prohíbe dedicarse a cualquier tipo de actividad bancaria, utilizar algún remedio no permitido para curarse, tener perros para la caza o la protección, usar tatuajes, etc. Es en realidad una ley que está fuera de época, una ley muy atrasada, cavernícola para estos tiempos.

-El Corán: es el libro sagrado del Islam que según los musulmanes contiene la palabra de Alá, su Dios, que fue revelada al profeta Mahoma fundador del Islam, quien recibió las revelaciones a través del arcángel Gabriel. Tiene muchos pasajes, que en el mundo civilizado, en occidente, se consideran como delitos ya que incitan la práctica del secuestro, el chantaje y la violencia. Una persona con poca cultura o malos instintos, manipulada, al contacto con esa literatura, se puede convertir rápidamente en un arma letal de destrucción masiva totalmente fanatizada, a continuación ofrecemos algunas citas y fragmentos del Corán:

Corán 5:33 "Retribución de quienes hacen la guerra a Alá y a su enviado y se dan a corromper en la tierra: serán muertos sin piedad, o crucificados, o amputados de manos y pies opuestos"...

Corán 8:12 "Infundiré el terror en los corazones de quienes no crean. cortadles el cuello, pegadles en todos los dedos"...

Corán 8.65 "Profeta, anima a los creyentes al combate"

Corán 47:4 "Cuando sostengan, pues, un encuentro con los infieles, descargad los golpes en el cuello hasta someterlos. Entonces, atadlos fuertemente. Luego devolvedles la libertad, de gracia o mediante rescate, para que cese la guerra"...

-El Corán, según muchos estudiosos, coarta y amenaza, infunde miedo y un gran terror, da más la impresión de una doctrina hecha para esclavizar y someter que para liberar o salvar espiritualmente. La víctima primera, pudiera ser, el propio creyente musulmán cuando abraza dicha fe.

Corán 6:15 "Di: temo si desobedezco a mi señor, el castigo de un día terrible"

Corán 6:72 "Haced la azalá, temedle. Es él hacia quien seréis congregados"

Nota: la azalá es la oración, el Imán quien la dirige y el almoazín la persona que llama a la oración cada día desde la mezquita que es el lugar donde van a rezar los musulmanes.

Corán 22:1 "Hombres, temed a vuestro señor. El terremoto de la hora será algo terrible"

Corán 22:2 "Cuando eso ocurra, toda nodriza olvidará a su lactante, toda embarazada abortará. Los hombres parecerán, sin estarlos, ebrios. El castigo de Alá será severo".

La cita a continuación es muy compartida por la filosofía comunista que siempre trata de dividir la familia para poder dominar mejor a la sociedad, hijos contra padres, hermanos contra hermanos, destruir esa primera célula social.

Corán 9.23 "Creyentes, no toméis como amigo a vuestros padres y a vuestros hermanos si prefieren la incredulidad a la fe. Quienes de vosotros lo consideran amigos, ésos son los impíos"

-La inmensa mayoría de los enemigos del Estado judío de Israel, del mundo occidental y de toda la humanidad en la actualidad, siguen hoy esa doctrina. Se debe aclarar que los que la defienden dicen que es mal interpretada por los terroristas yihadistas y condenan, en muchos casos, las prácticas bárbaras de los mismos, que no escatiman en torturar y matar a los propios musulmanes seguidores de Alá que no sean radicales y yihadistas como ellos.

-Yihad: es una de las diez prácticas, no es obligación, de la religión islámica. Es el decreto religioso de guerra basado en el Corán a fin de extender la ley de Dios. Se divide en yihad menor, sinónimo de guerra y lucha externa y la yihad mayor, la más espiritual, que es el esfuerzo que todo fiel o creyente debe hacer para ser un mejor musulmán.

-Yihadista: es un terrorista extremista fundamentalista un radical islamista dentro del Islam político que promueve el califato, más común hoy en derivación del salafismo brutal, así como la destrucción de todo aquél que no se sume a sus creencias anacrónicas y cavernícolas, es en sí, el fanatismo que promueve la destrucción de la cultura occidental y todo lo que la misma representa. Hoy por hoy se puede afirmar que es el enemigo número uno de la civilización y de toda la humanidad en su conjunto, al igual que el Irán chiíta.

-Salafismo: es un movimiento o fenómeno sunita muy heterogéneo, con diversas interpretaciones de retorno o de cómo volver a los orígenes del Islam, se fundamenta en el Corán y la Sunna. Isis o el llamado Estado Islámico es un grupo terrorista salafista como Al-Qaeda, los Talibanes, etc.

-Wahhabismo: es el mismo salafismo pero, este término se considera ofensivo por sus miembros que prefieren ser llamados salafistas. En opinión muy personal pienso que es el origen de una gran parte del radicalismo extremo que hoy confrontamos en occidente, surge en el año 1744 mediante el pacto de Dariya entre Muhammad ibn Abd-al-Wahhab, su creador, y el emir local de Dariya, Mohamed ibn Saud que es el bisabuelo del rey Abdelaziz Al Saud fundador de la moderna Arabia Saudita, el pacto fue *sellado* con la boda de la hija de ibn Abd-al-Wahhab y el hijo del emir local o gobernador Mohamed ibn Saud, surgiendo de esta forma la dinastía *Casa de Saud o Al Saud*, que desde ese entonces gobierna el país. Es una rama religiosa musulmana sunita que como sabemos abarca la mayoría de todos los creyentes dentro del Islam, muy especialmente en Arabia Saudita; se caracteriza por el rigor con que aplican la ley de la Sharia y por un deseo muy ambicioso de expansión mundial para lo cual utilizan los grandes recursos que les proporciona la extracción y venta de petróleo, como fuente principal, en el financiamiento de *mezquitas* por todo el mundo y centros de estudios islámicos también conocidos como *madrasas.*

-Madrasas: son escuelas casi siempre adjuntas o cerca de las mezquitas donde se enseña y manipula también el Islam, dentro de ellas están las *madrasas yihadistas* muchas de las cuales son verdaderas fábricas de terroristas donde se pone especial interés en ciertos niños, de 7 años en adelante, que viven internos y solo ven a sus padres y familia dos veces al mes, generalmente en día viernes, son niños escogidos y adoctrinados en la fe del Corán sin que se les enseñe otras materias docentes como ciencias, matemáticas, geografía, etc., muchos de ellos brillantes, *llegan incluso a aprenderse de memoria todo el Corán, el cual recitan completo con gran habilidad.* En las madrasas yihad es donde se preparan a los futuros combatientes para la lucha o guerra santa contra occidente, convirtiendo a estos inocentes niños, de forma infrahumana, en verdaderos instrumentos robotizados de odio y muerte. *El Bait al Maut es el acto de graduación, el juramento donde se comprometen a morir por el Islam.*

-La Sunna o Hadiz: es la segunda fuente más relevante e importante del Islam, es la enseñanza que se recibe del profeta Mahoma, *el Corán viene directamente de Alá.* El Islam es la religión donde se resumen los dos principios fundamentales de la fe musulmana: *Corán y Sunna*

-Religiones monoteístas: son todas aquellas religiones que veneran de forma exclusiva a un dios supremo único, contrarias a las politeístas que veneran más de uno o varios dioses, denominadas también como religiones paganas. Las principales religiones monoteístas actualmente son tres, con estrechos lazos o vínculos abrahámicos, o sea, que las 3 se identifican con el patriarca Abraham. Entre las tres agrupan alrededor de cuatro mil millones de fieles, lo que implica más de la mitad, o más de un 57 por ciento de todos los habitantes del planeta, que en 2011 se consideraba eran 7000 millones de personas, con más de 320 nacimientos por minuto, específicamente en el año 2008, las tres principales religiones monoteístas son las siguientes:

-El Judaísmo: fue la primera religión monoteísta que conoció la humanidad, su profeta es Moisés quien recibió directamente de la mano de Dios Las Tablas de la Ley incluidos Los Diez Mandamientos. Se puede asegurar que del judaísmo se derivaron el Cristianismo y el Islam.

-El Cristianismo: tiene su origen ubicado en el judaísmo, es también una religión monoteísta abrahámica. Está basada en el nacimiento, vida, enseñanza y muerte en la cruz de Jesús de Nazaret, al cual considera el Mesías, el hijo de Dios, concebido por obra y gracia del Espíritu Santo, lo cual establece *la Santísima Trinidad*, al afirmar que Dios Padre, Dios hijo y Dios Espíritu Santo, son uno y a la vez son tres personas muy distintas, según: *Mateo 28:19*, lo cual ha sido controversial desde los mismos inicios del cristianismo por algunos que dicen que ese aspecto por sí mismo *contradice el monoteísmo* y convierte el cristianismo en una religión pagana.. La doctrina está fundamentada y presentada de forma literaria en el Canon Bíblico o la Biblia, que incluye al Antiguo y Nuevo Testamento.

-El Islam: es una religión monoteísta y abrahámica también. El profeta y último mensajero de Alá en el Islam es Mahoma, su libro sagrado es el Corán, el cual fue dictado directamente por Alá, Dios, a Mahoma a través del arcángel

Gabriel. El inicio del Islam se ubica en el año 622 e.c. de nuestra era, en la ciudad de la Meca, Arabia Saudita con la predicación de dicha doctrina por parte de Mahoma. Desde la misma muerte del profeta Mahoma, existe una gran rivalidad entre las dos ramas principales en la que se dividió la religión islámica por discrepancias en el nombramiento del nuevo califa para la sucesión del profeta Mahoma, por una parte los suníes o sunitas que son el grupo mayoritario en la comunidad musulmana mundial con el 85% de todos los fieles, consideran que la sucesión corresponde a un miembro varón de la tribu Quraish de la que procedía el profeta Mahoma, mientras los chiíes o chiítas consideraban que el sucesor debió ser Alí y que la sucesión debe venir siempre del partido de Alí, que era el primo y el yerno de Mahoma y su más cercano colaborador, el cual tuvo muchas dificultades para asumir el cargo por los conflictos hasta que fue elegido como el cuarto califa en el año 656 e.c., veinticuatro años después de la muerte de Mahoma en el año 632 e.c., poder que ostentó por aproximadamente unos cinco años más, hasta que murió asesinado producto de las mismas diferencias y actuales rivalidades que envuelven esa religión y sus diferentes derivaciones hoy día.

El tercer grupo musulmán, el de menos importancia en cuanto a la cantidad de seguidores, es el de los jariyí o rama cariyita que estiman que el califa sucesor debe ser *el más digno de todos los practicantes activos de la fe*, aunque sea un esclavo negro, el cual debe ser *elegido libremente* por la comunidad. No hay dudas que, basado en ese solo concepto, el grupo que menos seguidores tiene es *el más democrático* dentro de la religión islámica musulmana. Ojo occidente.

-Todo musulmán debe cumplir con los cinco pilares o deberes religiosos del Islam:

1.- La Confesión, Profesión de fe o Shahada: *"No hay más Dios que Alá y Mahoma es su profeta"*.

2.- La oración: cinco veces al día orientada a la Meca.

3.- La limosna o Azaque: aproximadamente 2,5% de los ahorros en dinero o especie cada año.

4.- El ayuno en Ramadán: noveno mes del calendario musulmán donde se practica ayuno diario desde el alba hasta que se pone el sol.

5.- La peregrinación a la Meca o Hajj: todo musulman debe peregrinar, como mínimo, una vez en su vida terrenal a la ciudad de La Meca, en Arabia Saudita o Saudí y darle vueltas a la Kaaba que es una construcción cúbica, o en forma de dado, con una reliquia o piedra negra en una de sus esquinas, que se piensa es un meteorito aunque nunca se ha permitido realizarle pruebas científicas. La Meca es la ciudad natal del profeta Mahoma, la más importante de todas las ciudades santas del Islam, por ser el lugar más sagrado, es precisamente hacia la cual se orientan siempre las oraciones y solo puede ser visitada por los musulmanes seguidores del Islam. Cada año, alrededor de 3 millones de peregrinos visitan la Meca para realizar el Hajj.

-Peshmerga: son los combatientes kurdos armados y el nombre actual de las fuerzas armadas kurdas, del Gobierno Autónomo del Kurdistán en Irak. Los peshmergas son los soldados en tierra más combativos, aguerridos, efectivos y disciplinados que enfrenta el terrorismo radical, el invasor expansionismo de Isis, también llamado Estado Islámico, surgieron con los deseos independentistas kurdos en la década de 1920 tras el colapso de los imperios Otomano y Kayar, se asocian a ellos las acciones que dieron lugar a la captura en Irak del dictador Saddam Hussein, el día 13 de diciembre del año 2003 y del mensajero clave, en el 2004, que propicio posteriormente la ejecución de Osama Bin Laden en Abbottabad, Pakistán el día 2 de mayo del 2011.

-PKK: son las siglas del Partido de los Trabajadores de Kurdistán, el cual es un partido socialista de muy marcada ideología marxista leninista fundado en el año 1978 en Turquía. Es considerado un grupo terrorista radical por Turquía, por los Estados Unidos, por la Comunidad o Unión Europea, etc. La dirigencia kurda de Irak debería tomar distancia de ese partido marxista y de su máximo lider Abdullah Öcalan para lograr acelerar sus legítimos deseos de tener una patria o país soberano. El terrorismo del PKK nunca será aceptado por Turquía ni por el mundo libre.

-Yazidíes: Son una minoría religiosa preislámica, de las más pequeñas en Irak, muy perseguidos por Isis, que como grupo fundamentalista musulmán, acusa a los yazidíes de adorar al demonio. El origen del yazidismo o de la religión Yazidí se remonta a 2000 años a.e.c. En una época fue la religión oficial de los kurdos y en la actualidad siguen siendo predominantemente de esa etnia. La gran mayoría vive cerca de la ciudad de Mosul en Irak, aunque también se pueden encontrar en Irán, Rusia, Georgia, Armenia, y en comunidades de exiliados en Alemania y América.

-Coptos: es un término que hace referencia a los egipcios que profesan la fe cristiana, ya sean los coptos católicos, los ortodoxos, coptos cristianos, o evangélicos. Tienen muchos feligreses en Egipto y son la mayor comunidad cristiana en el medio oriente, generalmente hablan el idioma copto que es diferente al árabe. Recientemente 21 ciudadanos egipcios coptos cristiano fueron decapitados por un grupo afín a Isis en Libia, lo que constituye otra vil y genocida masacre de estos malévolos terroristas que provocó una gran reacción militar del gobierno egipcio, al cual ISIS, con esta brutal acción, le ha declarado abiertamente la guerra.

-Talibanes: el movimiento talibán es una organización de ideas y fundamento wahabí o salafista suní que se disfraza de ortodoxa pero que en toda su extensión es otro grupo radical terrorista fundamentalista islámico que opera con toda impunidad en Afganistán y también en Pakistán. Este movimiento o grupo genocida gobernó Afganistán desde el año 1996 hasta el año 2001, bajo una de las más estrictas interpretaciones de la ley islámica Sharia, hasta que como consecuencia directa de los sucesos del 11 de septiembre del año 2001 en Norteamérica, fue derrocado por las fuerzas armadas de los Estados Unidos y una coalición de naciones aliadas. En la actualidad ha resurgido con fuerza y continúa siendo un peligro para la región y el mundo libre.

-Muyahidines: son combatientes terroristas de un gran número de facciones políticas militares radicales que operan en Afganistán desde el año 1970, ese nombre distintivo está relacionado al concepto islamista de guerra santa o yihad. Cuando se produjo la invasión de la extinta Unión Soviética a Afganistán, los combatientes muyahidines fueron muy bien respaldados y financiados por los Estados Unidos pero, después se convirtieron en irreconciliables enemigos y una de sus facciones más militantes, Al-Qaeda, liderada por Osama Bin Laden planificó y ejecutó los ataque a la Torres Gemelas y el Pentágono el 11 de septiembre del 2001, lo cual provocó la invasión norteamericana en Afganistán.

-Lista actual de los países patrocinadores del terrorismo internacional, confeccionada por el Departamento de Estado de los Estados Unidos de América: Siria desde el año 1979, Cuba desde 1982, Irán desde 1984, Sudán desde 1993.

Fueron sacados de esa lista negra, por distintos motivos y diferentes acuerdos, más bien diplomáticos, los siguientes países: Korea del Norte, fue retirada de la lista en el año 2008, Irak en el año 2004, por última vez, Libia en el año 2006, Yemen fue quitado de la lista en el año 1990, después de haberse efectuado su reunificación con Yemen del Norte. Afganistán, bajo el control talibán, nunca estuvo en la lista ya que Estados Unidos no lo reconoció como país soberano.

Capítulo 2   De Canaán a Palestina

Las disputas en el Oriente tienen miles y Miles de años y siempre existen o hay dudas sobre derechos y pertenencias lo cual ha provocado muchos errores, que yo diría que fueron inevitables ante tanta complejidad y siglos de lucha. Occidente resolvió muchos de los problemas con el Tratado de Versalles y los Mandatos de la Sociedad de Naciones, no exentos de crítica, pero surgieron otros con la creación de nuevos países y con la asignación y repartición de diversos territorios. Todavía confrontamos los viejos errores de las fronteras y naciones que se han ido conformando después de la desintegración del Imperio Otomano que comenzó alrededor del año 1299 en Asia y finalizó después de la Primera Guerra Mundial entre 1922-1923, de forma efectiva cuando se fundó la actual República de Turquía, el día 23 de octubre del año 1923. Situaciones polémicas similares se sucedieron también al finalizar la Segunda Guerra Mundial, la que ahora nos ocupa se refiere a la legendaria, fascinante y bíblica tierra de Canaán, posteriormente rebautizada por el emperador romano Adriano como Palestina.

2.1 Según el punto de vista de los palestinos

Argumentan que ellos tienen todo, tanto o más derecho a la Palestina histórica que los propios judíos y lo expresan de diferentes formas. Los árabes palestinos que hoy viven en Cisjordania y la Franja de Gaza, más todos los que están dispersos por el resto del mundo y que a su vez también se consideran palestinos, tienen serias diferencias entre ellos en relación a sus propios orígenes, estrategias, creencias y puntos de vistas como grupo árabe y como futuro estado soberano y una nación vecina del Estado Judío de Israel. El grupo terrorista islamista suní Hamás, que controla la Franja de Gaza, no acepta la división del antiguo protectorado británico llamado Palestina, según la resolución 181 de la ONU del año 1947, que divide la región en un estado árabe y el Estado Judío de Israel, debido a que argumenta que desde el punto de vista religioso, Palestina es una tierra tomada o elegida por el profeta Mahoma y no se puede dividir porque sería cometer una herejía. Ellos reclaman de forma total el antiguo protectorado inglés de Palestina, la expulsión del pueblo judío y la desaparición del Estado de Israel. Por la otra parte tenemos a la Autoridad Nacional Palestina, la ANP por sus siglas, mucho más moderada y secular, o sea, más étnica, nacionalista y sociológica que religiosa, la que debería ser la verdadera representante de todos los palestinos pero, en realidad carece de consenso y hasta de apoyo y votos en las elecciones y de una decidida orientación. La ANP está presidida por Mahmud Abbas y realmente no controla la Franja de Gaza ni a diferentes organizaciones terroristas que se oponen a la existencia del estado israelí; la fuerza mayoritaria en la ANP es la organización Al Fatah, de corte nacionalista, más secular, que desea una nación palestina que pueda coexistir con el Estado de Israel. El grupo Hamás, de corte sunita, desea también una nación palestina islámica, sin Israel, integrada a la Umma, que es la comunidad de todos los creyentes que profesan el Islam, independientemente de su nacionalidad, origen, sexo o condición social, que la acerca mucho más a la ideología radical fundamentalista extremista brutal de la organización terrorista Isis (Islamic State of Irak and Siria o Estado Islámico para Irak y Siria)) y el sueño de un califato o estado islámico, por lo cual IS o EI (Islamic State o Estado Islámico), o Isil (Islamic State of Irak and the Levant o Estado Islámico para Irak y el Levante), la misma organización radical con diferentes nombres, a medida que aumentan sus ambiciones expansionistas y territoriales. Isis respalda y apoya las acciones del grupo terrorista Hamás.

Otras diferencias sustanciales entre palestinos e israelíes, casi de carácter irreconciliables, son:

-Los palestinos no reconocen, ni desean reconocer a Israel como un estado judío, tampoco la Liga Árabe, sino simplemente como el estado vecino de Israel ya que piensan y argumentan que eso sería negar el derecho al retorno de miles de palestinos que se exiliaron en el año 1948 cuando el nuevo Estado de Israel proclamó su independencia como el Estado Judío de Israel, y que viven como refugiados lejos de sus hogares en las ciudades de la antigua Palestina, que hoy son ciudades israelíes como Haifa, Tel Aviv, etc.

-Hay varios desacuerdos que parecen infranqueables por el momento en cuanto a que: "Jerusalén unida era y será la capital de Israel por toda la eternidad", según lo expresado recientemente por el primer ministro de Israel Benjamín Netanyahu, que confirma la ley de Jerusalén del 30 de julio de 1980, y el deseo y la expresada intención de la ANP que pretende nombrar a Jerusalén Este como la gran capital del futuro Estado de Palestina, lo cual piensa llevar a la práctica de forma unilateral a finales de 2016 y que seguramente intensificará el conflicto, de producirse, si no se llega a un acuerdo entre las dos partes con anterioridad a la fecha ya programada. La ANP está buscando apoyo internacional.

-En enero del 2013 la ANP adoptó el nuevo nombre de Estado de Palestina, sin haber aceptado o reconocido nunca formalmente, a su vecino, el Estado Judío de Israel como un estado judío libre y soberano. La ANP desea ser reconocida por la comunidad internacional como el Estado de Palestina, con independencia de sus acuerdos o tratados con Israel, porque según dicen algunos de sus más altos dirigentes:

"Condicionar el reconocimiento del estado palestino al resultado de negociaciones con Israel equivale a convertirlo en una prerrogativa israelí".

-Los palestinos piden con insistencia que Israel detenga de forma definitiva en Cisjordania la construcción de todos los asentamientos para establecer familias o colonias judías que ellos consideran son ilegales por estar en territorios que alegan les pertenece y que están siendo ocupados contra su voluntad, incluso en lugares donde ellos aspiran en el año 2016 establecer la capital de su nueva nación soberana.

-Los palestinos y la Liga Árabe piden la solución del conflicto sobre la base de la creación de dos estados y el regreso de Israel a las fronteras previas a la guerra del año 1967. La ANP considera esos mismos limites como las fronteras territoriales del Estado de Palestina.

2.2 Según la tradición judía

En una sinopsis histórica muy resumida, comenzando aproximadamente 4000 años atrás, según se establece en las escrituras del Tanaj que es el conjunto de la 24 libros de la Biblia Hebrea reunidos en tres grupos: La ley o Instrucción, denominada Torá, Los Profetas, que equivale a Los Nevi'im y Los Escritos, también llamados Los Ketuvim, el Dios de los hebreos Yahvé (Ha-Shem por respeto a su referencia), hace un pacto con Abraham, como representante del pueblo hebreo, mediante el cual Dios se compromete con Abraham a darle u ofrecerle su protección y ayuda constante, una numerosa descendencia y además la tierra prometida de Canaán a cambio de que le sean incondicionalmente fieles y acepten su voluntad divina. Abraham estaba en su tierra natal de Ur de Caldea, una antigua ciudad de Mesopotamia cerca de la desembocadura del río Éufrates, hoy al oeste de Nasiriya en el estado árabe de Irak. Para sellar el pacto, el mismo día el patriarca Abraham de 99 años es circuncidado junto a todos los varones de su familia por orden divina. La circuncisión constituye la prueba que establece el acuerdo entre Dios y Abraham. (Génesis 17:4-12 , 17:11). Siguiendo al patriarca Abraham, los hebreos emigran hacia Canaán.

A partir del año 1933 se han encontrado varias tablillas en escritura Cuneiformes relacionadas a la lengua Semítica en Tell Hariri, antigua ciudad Mari, en Siria por donde se asegura Abraham pasó en su viaje a la tierra prometida. Los antiguos pueblos de habla Semítica incluyen a los hebreos, lo cual da un indicio respaldado por la historia.

Abram, como era su nombre original, tuvo dos hijos, el primero llamado Ismael con la sierva de Sarai de nombre Agar, porque su esposa Sarai era estéril y no le era posible tener hijos; Ismael es considerado el padre de las naciones árabes. El segundo hijo de Abraham es Isaac y lo tuvo con su esposa Sarai, a la que Dios cambia el nombre por el de Sara al igual que hizo con Abram al que cambió el nombre por Abraham, Dios bendijo a Sara y le prometió que tendría un hijo y que ella se convertiría en madre de naciones; Sara tuvo a su hijo Isaac a la edad de 90 años, Abraham ya tenía 100 años de edad. De esa forma su hijo Isaac se convierte en el heredero de las promesas y el pacto con Dios.

Como vemos, los árabes y los judíos descienden de Abraham y las dos culturas y religiones coinciden en eso, debería bastar para la reflexión y ser la base para una paz estable y duradera tan solo por sagrada descendencia.

Isaac tuvo dos hijos gemelos con su esposa Rebeca, Esaú y Jacob y fue Jacob por su fe y perseverancia quien Dios escoge para continuar con el pacto y la promesa por lo cual le cambia el nombre al de Israel que significa: *El que reinará con Dios"(Génesis 35: 9-11)*. En su momento se convierte en el padre de los israelitas, de todo miembro de las Doce Tribus, de todo descendiente de alguno de los doce hijos del patriarca Jacob. *El pueblo de Israel, el pueblo que lucha con Dios.*

Israel o Jacob tuvo doce hijos que se convirtieron en Las Doce Tribus de Israel y Dios escoge o elige dentro de las doce agrupaciones a la tribu de Judá para que trajera la simiente bendecida que le había prometido a Abraham de la cual surgiría una gran nación pero, Dios le comunicó a Abraham, que antes de entregar la tierra prometida de Canaán a los judíos, tendrían que pasar 400 años de esclavitud, que el pueblo judío vivió uno tras otro bajo el poder de Egipto por un total de 430 años exactos. En un momento dado el faraón de Egipto, tratando de limitar el crecimiento o el incremento de la descendencia hebrea, establece como medida radical que todo varón hebreo que nazca debe ser ahogado en las aguas del río Nilo.

Cuando nace Moisés, hijo de Amram miembro de la tribu de Leví, descendiente de Jacob y de su esposa Iojebed, considerados por muchos la madre de la nación judía, su madre lo esconde por tres meses y cuando ya le resultó imposible seguirlo ocultando, lo colocó en un tipo de cesta impermeable y lo depositó en el río Nilo, observada en su travesía por su hermana Míriam hasta que la hija del faraón, que llegaba al río para bañarse, lo vió y lo recogió. Bitia, como se cree se llamaba la princesa egipcia, se percató de la presencia del niño dentro de la cesta, en ese momento Míriam se acercó a la princesa que estaba fascinada con el niño y le sugirió que una hebrea podía amamantar al pequeño y después entregárselo a lo cual la princesa asintió entusiasmada; la hebrea que alimentaría al niño sería Iojebed, la madre biológica de Moisés. Pasado dos años Moisés fue entregado a la princesa y criado como hijo de la misma y hermano menor del futuro faraón egipcio.

Moisés se hizo adulto y veía con disgusto los abusos a que eran sometidos a diario los esclavos hebreos, en una oportunidad presenció la brutalidad de un capataz egipcio contra un esclavo hebreo y no se pudo contener ante tanta injusticia y mató al capataz por lo cual tuvo que abandonar Egipto, más tarde se casó con Séfora y tuvo a su hijo Gersón, en cierta ocasión pastoreaba un rebaño y vió una mata de Zarza que ardía, pero no se consumía, extrañado se acercó y escucho la voz de Dios que le reveló su identidad e intención y le indica que regrese a Egipto y que libere a su pueblo de la esclavitud, Moisés obedece y regresa a Egipto, se reúne con su hermano natural más pequeño llamado Aarón y explica a los israelitas su encuentro y los deseos de Dios por lo cual todos los hebreos se disponen a seguirlo como el enviado que trae la palabra de Yahvéh pero, el faraón decidido se opone y es entonces que Yahvéh envía diez plagas sobre los egipcios que hicieron cambiar de opinión al faraón, permitiendo que el esclavizado pueblo hebreo se fuera de Egipto. Comienza la larga travesía hacia la tierra prometida, el éxodo de un gran pueblo escogido a sus designios divinos.

El único heredero masculino del trono de Egipto, el hijo del faraón, murió mientras la décima plaga azotaba y el mismo faraón murió ahogado con todo su ejercito cuando trató, arrepentido, de dejar que los hebreos se marcharan, entonces trató en vano de detenerlos y hacerlos regresar por la fuerza. Atrapados entre las montañas y el Mar Rojo, Moisés y el pueblo de Israel vieron como el Dios de Abraham, su Dios, dividió las aguas del mar y así pudieron escapar a través del lecho marino seco hacia la libertad; cuando todos estuvieron a salvo en la otra orilla, Dios hizo que las aguas divididas se cerraran sobre el faraón y su ejercito, ahogándose todos. De esta forma se considera nula o rota el título de propiedad que el faraón y su dinastía consideraban que poseían de forma legal sobre los esclavos o sujetos que constituían el pueblo de Israel, al dejar la península del Sinaí y atravesar el Mar Rojo, el pueblo de Israel, además de estar fuera del control y del dominio egipcio, establecía su identidad propia como nación, ya no eran un grupo esclavo, ya no existía ningún ser humano vivo, nadie que pudiera reclamar legalmente la propiedad de los hijos de Israel sobre el planeta Tierra.

Junto a Moisés, el pueblo de Israel vivió muchos años en el desierto, hubo muchos conflictos, el más dramático el que se refiere al Becerro de Oro, creado por Aarón el hermano de Moisés, mientras el estaba en el Monte Sinaí recibiendo de la mano de Dios los Diez Mandamientos. Fue un período de pruebas para el pueblo de Israel, Moisés murió antes que el pueblo de Israel entrara a Canaán, fueron guiados por Josué, escogido por Moisés, cruzaron el río Jordán y acto seguido conquistaron Jericó y posteriormente la mayor parte de Canaán, se organizaron en tribus, así nacieron Las Doce Tribus de Israel, para poder defenderse, con sus lideres o respectivos jefes llamados jueces y así, trabajando muy duro la tierra, dependiendo fundamentalmente de la agricultura y la ganadería, se fueron asentando y defendiendo a la vez a Canaán, la Tierra Prometida, la Tierra de Israel.

A continuación las doce hijos que constituyen las doce tribus entre las que Josué repartió la Tierra Prometida: Rubén, Simeón, Leví, Judá, Dan, Neftalí, Gad, Aser, Isacar, Zabulón, Benjamín y José, representado por sus hijos Efraín y Manasés. Fecha según estudios 1220 a.e.c.

Las Doce Tribus se agruparon posteriormente en dos grandes reinos: el reino de Judá, que incluía la tribu de Judá, la de Benjamín y parte de la de Leví; su capital a partir del siglo VII a.e.c. era Jerusalén, el reino de Judá surgió como estado independiente después de la muerte del rey Salomón 928 a.e.c. El segundo reino fue el reino de Israel, agrupado con las restantes tribus. Dentro de los diferentes reyes que tuvo este reino se encuentra el rey David sucesor del primer rey Saúl y padre de otro de los grandes, el Rey Salomón, constructor del Primer Templo.

2.3 Según la historia

Nunca en toda la historia antigua ha existido una tierra denominada Palestina ni tampoco una etnia o un pueblo llamado palestino, tampoco una cultura con ese nombre y eso es muy fácil de comprobar tan solo consultando el Viejo Testamento, el Nuevo Testamento, el Corán, o cualquier registro que se conozca de la antigüedad incluyendo los griegos, macedonios, persas, asirios, e incluso los propios registros romanos antes de que inventaran el nombre de Palestina en el año 135 de nuestra era.

En la actualidad por ejemplo, lo mismo en occidente que en oriente, se habla de Jesús de Nazaret, se conoce su vida, su obra y su muerte pero, nunca se pronuncia en toda esa trayectoria histórica y religiosa, nunca, la palabra Palestina o palestinos, sencillamente porque no existían, mientras la palabra judío, se repite una y otra vez incluso por ser el mismo Jesús, su madre María, Juan Bautista y todos los apóstoles, miembros de ese pueblo semita y hebreo.

Según la historia 2000 años antes de Cristo, a.e.c., en la región de Judea, renombrada Palestina, habitaban pueblos de lenguas semíticas. Se sabe también que anteriormente los ocupantes eran los cananeos más conocidos por el nombre de fenicios y ha quedado demostrado que el idioma fenicio, las lenguas cananeas y el idioma hebreo tienen un origen común que no se relacionan con los palestinos, los cuales no hablan como lengua materna el idioma hebreo.

Existen también referencias históricas de que en el año 1200 a.e.c. la región fue ocupada por los filisteos, que es en realidad de donde proviene el nombre de Palestina. Filisteos significa pueblos del mar ya que eran un tipo de invasores piratas sin vínculo semítico provenientes de Creta en Grecia y del mar Egeo. El pueblo de Israel derrotó a los filisteos los cuales con el tiempo fueron asimilados por los cananeos y judíos por lo cual es imposible establecer un lazo común real entre aquellos filisteos y el llamado pueblo palestino de hoy porque sencillamente desaparecieron como cultura en sí, al ser asimilados, como ha sucedido tantas veces en la historia, incluso moderna, de la civilización.

El gentilicio palestino se entiende que se refiere o deriva de Palestina que es un nombre proveniente de ese pueblo de la antigüedad. Los filisteos no tienen relación alguna con el llamado pueblo palestino del actual y anterior siglo, o sea, los filisteos de los que habla la Biblia no son los actuales palestinos, no existen ancestros filisteos entre los palestinos de Cisjordania y la Franja de Gaza, ni de ningún palestino en ningún lugar en el mundo, por otra parte tenemos que el nombre de Palestina surge como un tipo de humillación, una imposición denominativa para la provincia de Judea, en el año 135 de nuestra era, e.c., viene de Philistina, por obra del emperador romano Adriano, de su gran frustración personal, como un tipo de burla o venganza histórica, ante la rebeldía indoblegable judía a su imperio.

En el año 70, después de Cristo, el comandante romano Tito, que se convirtiera posteriormente en otro emperador romano desde el año 79 e.c. hasta su muerte en el 81e.c. en el marco de la primera Guerra Judeo-Romana, servía como militar a su propio padre en Judea, entonces gobernador y también posterior emperador romano Vespasiano, que fue el fundador de la dinastía romana Flavia, pues sucesivamente le sucedieron en el trono sus hijos Tito y Domiciano como emperadores del imperio. Esa dinastía duro hasta el año 86 de nuestra era, pero regresando al año 70 tenemos que Tito, comandante militar hijo del emperador ya en ese entonces, conquistó Jerusalén y sus tropas arrasaron con el templo de Herodes quedando solo en pie lo que hoy se conoce como el

Muro de las Lamentaciones. Es precisamente en esa época que da comienzo la segunda parte del exilio o Diáspora Judía ya que muchos de los habitantes fueron obligados por los romanos a abandonar sus tierras, a dejarlo todo, o sea, fueron expulsados a la fuerza de sus posesiones territoriales.

El primer exilio judío se remonta a tiempos del rey de los babilonios Nabucodonosor II que conquistó el reino de Judá destruyendo el primer Templo de Jerusalén o el Templo del rey Salomón alrededor del año 586 a.e.c. llevando a muchos judíos prisioneros o exiliados a la ciudad de Babilonia, lo que la historia conoce como Cautiverio Judío en Babilonia.

La escatología hebrea, que es el conjunto de creencias sobre las realidades últimas, establece que el último de los santuarios sagrados judío, El Tercer Templo de Jerusalén, será reconstruido, una vez más en el lugar que hoy ocupa el Domo de la Roca, en el llamado Monte de la Casa o Monte del Templo, con el advenimiento del mesías del judaísmo, del futuro lider y rey descendiente directo del rey David.

Entre los años 132 y 135 de la era cristiana tuvo lugar la Segunda Guerra Judeo-Romana o Rebelión de Bar Kojba. El pueblo rebelde judío no se conformaba con la opresión a que era sometido por el Imperio Romano y se rebelaba una y otra vez contra el mismo. El emperador Adriano después de obtener una muy costosa victoria quiso desaparecer de la memoria toda historia judía y cambió a su antojo el nombre de la provincia de Judea por el de Palestina, siendo este el primer registro histórico que se tiene de dicho nombre, que data del año 135 e.c. o sea, de nuestra era, lo cual resulta bastante reciente, desde el punto de vista histórico estricto, más, al compararlo con la milenaria presencia que ya tenía el pueblo judío en toda la región.

Esa es lo que dice y establece realmente la historia, la innegable historia que muchos tratan de tergiversar hoy y repiten sin documentarse argumentos no válidos. Desde el punto de vista histórico, el Estado de Israel es el único que en realidad tiene derecho a esa tierra en litigio renombrada Palestina, que le pertenece y han habitado durante miles de años y que incluso, a pesar de todo eso, están dispuestos a compartirla para que en la región reine la paz.

Después de la Rebelión de Bar Kojba se materializó y ha existido una gran dispersión del gran pueblo judío por todo el mundo, eso es muy cierto, como también, que siempre hubo judíos que nunca se fueron de su tierra manteniendo su cultura e identidad. Grandes pensadores como Theodor Herzl y León Pinsker propugnaron ese gran movimiento político de carácter internacional conocido como Sionismo para fomentar, en la Tierra Prometida, una patria para el pueblo judío lo que posteriormente llevó a la formación y reconocimiento del actual soberano Estado Judío de Israel.

Por otra parte, está demostrado y aceptado por muchos líderes e historiadores árabes, que el actual llamado pueblo palestino son en realidad etnias y culturas de origen árabes provenientes o descendientes de Jordania, Siria meridional, Irak. Etc., el primer gran líder palestino Yasser Arafat nació el 24 de Agosto de 1929 en El Cairo, Egipto.

En honor a la verdad, el pueblo palestino es más una estrategia árabe ante los diversos y fallidos intentos de exterminar al naciente Estado Judío de Israel, a partir del año 1948 cuando se fundó y fue reconocido mundialmente. ¿Quién escuchó hablar del pueblo palestino antes de 1948? No existe una sola organización a nivel mundial reclamando los derechos de pueblo palestino alguno antes de esa fecha, porque sencillamente ellos no existían como ahora, fueron inventados después y atizadas por la Guerra Fría y la estrategia liviana del comunismo internacional y su hijo desobediente actual el terrorismo yihadista global, creadores y auspiciadores de un gran negocio o conflicto entre árabes y judíos utilizando a la prensa sensacionalista y los incautos precoces para obtener, de esta forma, lo que no han podido lograr, ni lograrán, por métodos militares.

Siempre, después de la proclamación del Estado Judío de Israel como una nación libre y soberana, en el año 1948, todos los paises árabes y sus organizaciones representativas tuvieron la esperanza de barrer al joven estado israelí de la faz de la tierra por medio de las armas, muchos eran viejos gobiernos establecidos con fuerzas armadas entrenadas y pensaron que sería fácil, por eso no aceptaron la resolución de la ONU que creaba en la tierra Palestina un estado judío y otro árabe, ellos lo querían todo, una Palestina totalmente árabe, con un solo estado árabe y expulsar hasta el último judío de la región, esa es la realidad, no solo lo deseaban sino que lo trataron por la fuerza en varias oportunidades, hasta llegar a la conclusión de que Israel había llegado para quedarse y que defendería lo que tanto le pertenecía hasta la última gota de sangre, entonces el mundo árabe cambia de estrategia y esgrimen, en el marco de la Guerra Fría, el actual argumento palestino y empiezan a reclamar por vía diplomática, en casi todos los foros internacionales, lo que no pudieron conquistar por las armas.

El mundo sabe todo esto, lo conoce pero, no mira atrás, la política es oportunista y en extremo actual, la historia es el recuento de todas esas acciones; hoy no es ayer pero, son las consecuencias de ayer lo que vive aquella Palestina Hoy.

Una breve reseña de los principales enfrentamientos bélicos a partir de la proclamación del Estado de Israel en el año 1948, ayudará a entender más el mal llamado conflicto palestino-israelí, las verdaderas causas del mismo, así como su actualización, con visión real dentro de la panorámica global. Cuenten las agresiones más importantes y distingan a los agresores, hoy ya muchos no piensan igual, hoy se valora la posible ayuda que representa Israel contra Isis.

Capítulo 3   Conflictos árabes-israelí más relevantes

A continuación haremos una muy breve sinopsis de los conflictos más importantes entre los países árabes y el Estado Judío de Israel así como también, de los conflictos con las diferentes organizaciones palestinas que desean la destrucción del estado judío.

3.1 La Guerra de independencia de 1948

El 29 de noviembre de 1947 se establece por parte de la Organización de Naciones Unidas, mediante la resolución 181 de su Asamblea General, la división de Palestina, que se encontraba bajo protectorado británico, en dos estados: uno judío y el otro árabe y acuerda que Jerusalén quedará bajo control internacional. La población judía lo acepta, la población árabe lo rechaza.

En la tarde del 14 de mayo del año 1948 el Estado Judío de Israel proclama su independencia en Tel Aviv. El Primer ministro David Ben-Gurión, estrenando el cargo, fue quien hizo la histórica proclamación, varias horas antes de la fecha fijada o programada por los británicos para el término definitivo de su mandato, ya que la cero horas del día 15 de Mayo, que era la fecha fijada o acordada, coincidía con el séptimo día o el día sagrado de la semana judía conocido como Shabat (Sabbat) o Shabbos en Yidis, lo que está prescrito entre los Diez Mandamientos que fueron recibidos por Moisés, donde se establece la abstención a cualquier clase de trabajo desde el atardecer del viernes hasta la aparición de las estrellas en la noche del sábado.

Los Estados Unidos de América fue el primer país del mundo en reconocer al nuevo Estado Judío de Israel, apenas expirado el mandato británico, precedido por Guatemala el mismo día de la proclamación de la independencia y la Unión Soviética tres días después. Muchos otros países también fueron reconociendo paulatinamente al naciente y soberano Estado Judío de Israel, entre ellos: Francia, Gran Bretaña, Países Bajos, Italia, Turquía, Bélgica, Suiza, Luxemburgo, Argentina, Dinamarca, Suecia, Islandia, Australia, Noruega, Nueva-Zelanda, Argentina, Colombia, Ecuador, México, Cuba y numerosas naciones más.

Desde que la ONU estableció mediante su resolución 181 la división de Palestina en un estado judío y un estado árabe, se intensificaron las agresiones contra los judíos. Al día siguiente de aprobarse la resolución varios judíos fueron asesinados por árabes en diferentes incidentes. Las acciones se intensificaron con varios centenares de muertos y heridos para ambas partes; los árabes estaban dispuestos a borrar a Israel del mapa, escalaba la conspiración.

En los días subsiguientes a los que el Estado Judío de Israel proclamara su Independencia en el marco del acuerdo de la Organización de Naciones Unidas, su recién creado y reconocido territorio libre y soberano es invadido por tropas militares de la Liga Árabe compuestas por efectivos de Egipto, Siria, Irak y El Líbano, mientras fuerzas militares de Transjordania, actualmente Jordania, con la colaboración de sirios, libios y yemeníes, rodearon Jerusalén. Los Estados Unidos y La Unión Soviética, entre otros, calificaron de acción ilegal la invasión de los ejércitos de la Liga Árabe al naciente Estado de Israel y el secretario general de la ONU, el noruego Trygve Lie, consideró el ataque como:

"La primera agresión armada desde el final de La Segunda Guerra Mundial."

Las muy recién creadas Fuerzas de Defensa de Israel, la incipiente Fuerza Aérea y la Marina Israelí tuvieron algunos tropiezos al principio para contener el avance de las tropas árabes. Después de varias treguas las tropas israelíes iban imponiendo su gran capacidad combativa contra enemigos múltiples, bien entrenados, y al final de ese largo conflicto armado, que duró aproximadamente unos nueve meses, el naciente Estado Judío de Israel obtuvo una aplastante gran victoria mediante las brillantes operaciones militares que lograron, no solo expulsar a los ejércitos árabes invasores de los territorios ocupados inicialmente de forma tan artera, consolidando de esta forma sus fronteras, sino, que también ocupó importantes y estratégicas extensiones de tierra de los países invasores árabes. Egipto por su parte ocupó la Franja de Gaza, y la actual Jordania, que se llamaba Transjordania en aquellos tiempos, ocupó Cisjordania, territorio en el que se incluía Jerusalén; el Estado de Israel se retiró de algunos territorios ocupados pero aún así, aumentó más de un 20% los originalmente asignados por la ONU. Con esta agresión de los países árabes al recién creado Estado Judío de Israel, surge o se inicia, el llamado y largo conflicto árabe-israelí que evolucionó posteriormente (?) al nombre de conflicto palestino-israelí y se extiende hasta hoy día, con diferentes expectativas y otros matices, aún mucho más manipulado, mediático y más radical, lo cual explicaré más adelante.

3.2 La Guerra del Sinaí 1956

El origen de esta guerra está dado por la nacionalización del Canal de Suez por parte de Egipto. En una semana, el Estado de Israel con ayuda de Francia y El Reino Unido como aliados, derrotó a las fuerzas militares egipcias y ocupó La Península de Sinaí.

El Canal de Suez constituye la vía artificial estratégica principal de navegación para la transportación de petróleo desde el Golfo Pérsico a Europa, está situado en Egipto y une al mar Mediterráneo con el mar Rojo, comenzó a operar en 1869 financiado por Francia y Egipto, fue nacionalizado por el presidente egipcio Gamal Abdel Nasser en julio de 1956 lo cual no fue bien recibido por ninguna las potencias occidentales europeas ni por los Estados Unidos de América debido a las implicaciones económicas de dicha medida, además, Egipto ordenó el bloqueo de los Estrechos de Tirán que da acceso a Eilat, principal puerto mercantil de Israel para su comercio con el Sudeste de Asia, el Mar Rojo y los países del océano Índico. Por otra parte el gobierno egipcio, después de la aplastante derrota ante Israel en el año 1948 había apoyado las acciones guerrilleras contra el estado judío, principalmente desde la Franja de Gaza, por parte de los terroristas fedayines, que a partir de ese preciso año se habían incrementado de una manera mucho más notable tornándose más frecuentes, incluso mucho más violentas y agresivas, además de haber firmado también en octubre de 1956 una alianza militar con Siria y Jordania lo cual ponía más presión en la convulsa región.

El Estado de Israel, en respuesta y contando con el apoyo de Francia y el Reino Unido invadió el Sinaí y la Franja De Gaza llegando hasta el Canal de Suez. Por acuerdo de la ONU, las tropas Israelíes y sus dos aliados se retiraron a principios del año 1957 de los territorios ocupados durante el conflicto, consiguiendo Israel sus objetivos principales que garantizaban el libre mercado por los Estrechos de Tirán y la esperanza del final de las incursiones guerrilleras desde la Franja de Gaza. La nacionalización del Canal de Suez se mantuvo en efecto, mientras las tropas de la ONU fueron desplegadas en la región fronteriza del Sinaí, entre ambos países, para tratar de garantizar la paz. El mundo árabe se iba convenciendo que en la medida que el tiempo transcurría Israel se hacía indestructible y volvió a insistir.

3.3 La Guerra de los Seis Días 1967

Durante el mes de mayo 1967 los egipcios vuelven a bloquear los Estrechos de Tirán y realizan un despliegue de más de 100 000 tropas y 1000 tanques en la frontera con el Estado Judío de Israel que al percatarse de la inminencia de la invasión, lanza un ataque preventivo contra la fuerza aérea egipcia, que según el estado mayor de las fuerzas armadas israelíes, era la única forma de sobrevivir a la avalancha enemiga; Jordania responde invadiendo a Israel iniciándose así la llamada Guerra de los Seis Días que se desarrolló en el año 1967 entre los días 5 y 10 de junio.

En esa oportunidad el joven Estado Judío de Israel se enfrentaba nuevamente a una agresión múltiple de su vecino Egipto, o República Árabe Unida en aquel entonces, que había solicitado días antes el retiro de las fuerzas de paz de la ONU, lo cual se materializó y comenzó el gran ataque conjunto que incluía además tropas de Siria, Irak y Jordania. Era evidente el respaldo de la ex Unión Soviética a Egipto y Siria en sus intenciones belicistas.

Después de numerosos combates fronterizos la guerra termina con una brillante y aplastante victoria del Estado Judío de Israel que logra ocupar la Península del Sinaí, Cisjordania, Jerusalén Este, incluyendo la ciudad vieja, y los Altos del Golán, todo en solo seis días.

Tras concluir la guerra el Estado Judío de Israel propuso devolver los nuevos territorios ocupados, sólo a cambio del compromiso de una paz duradera y todos los estados árabes implicados lo rechazaron. Las fuerzas Israelíes mantuvieron el control de los territorios ocupados lo cual agudizó las tensiones con la población árabe-palestina y comenzó a ser aislado por la Unión Soviética y todos los países del campo socialistas y marxistas del mundo, los cuales lo acusaron de agresor y de ser una potencia expansionista que ocupaba ilegalmente por la fuerza diversos territorios árabes, por lo cual rompieron en bloque las relaciones diplomáticas con el Estado Judío de Israel, en una de las tergiversaciones más irreales y cínicas de la historia contemporánea actual.

3.4 La Guerra de Yom Kipur

El 6 de octubre del año 1973, Egipto y Siria lanzan un vil ataque, una cobarde ofensiva militar sorpresa, mientras el pueblo judío celebraba la sagrada festividad hebrea de Yom Kipur, ayunando y compartiendo, en tradicional ceremonia, en reuniones religiosas, en las diferentes sinagogas. Yom Kipur es el día judío del arrepentimiento, considerado el día más santo y más solemne de todo el calendario, por lo cual, la agresión árabe se considera doblemente reprochable.

El ejercito y la fuerza aérea israelí sufrieron cuantiosas pérdidas por lo brutal y masivo del ataque y tuvieron que replegarse en varios frentes mientras las tropas enemigas avanzaban. Dos días después, el 8 de octubre, las tropas blindadas israelíes contraatacan en el frente norte, llegan y se detienen a tan solo 40 kilómetros de la capital Siria de Damasco, después de varios intensos días de numerosos enfrentamientos, destrozando la gran ofensiva Siria en dicho frente. El frente sur corrió con una suerte similar los blindados israelíes cruzaron el Canal De Suez y rodearon al poderoso tercer ejercito egipcio, el presidente soviético Leonid Brézhnev, a sabiendas que las tropas árabes estaban irremediablemente perdidas, pidió con gran urgencia al entonces presidente norteamericano Richard M. Nixon que ambos intervinieran para terminar el cruento conflicto, el cual finalizó el 27 de octubre de 1973 con los blindados del ejercito israelí a 80 kilómetros del Cairo, capital de Egipto. Posteriormente el Estado de Israel firmó acuerdos de fin de hostilidades por separado con Egipto y Siria y se retiró de los nuevos territorios ocupados mediante la brillante y muy exitosa contraofensiva a la irrespetuosa y artera agresión a su territorio en la festividad hebrea sagrada de Yom Kipur.

Ésta en sí, fue la última guerra del conflicto árabe-israelí de presunciones y ocupaciones territoriales árabes del nuevo Estado Judío de Israel, ante la negativa a su reconocimiento y su derecho de existir. Las agresiones al Estado de Israel no se detienen pero las características de los venideros conflictos toman un matiz terrorista más yihadista radical. Se manifiesta el cambio a una estrategia más asimétrica y provocativa, más mediática donde se percibe un aparente choque de civilizaciones para atraer terroristas de todo el planeta y otras diferentes corrientes del Islam al epicentro programado del viejo conflicto. El pretexto: la existencia y necesidad de borrar del mapa al Estado Judío de Israel, el objetivo real: la Yihad islamista que propicie un califato regido por la ley Sharia con aspiraciones de dominación absoluta. Comienza a estructurarse la gran y actual pesadilla global; la primera victima: el Estado Judío de Israel.

3.5 El conflicto libanés-israelí

Como antecedente a este conflicto se puede señalar el establecimiento de comunidades palestinas en todos los países fronterizos con el Estado de Israel, incluyendo el Líbano, a raíz de la proclamación de la independencia del estado judío, no reconocida por el mundo árabe, el cual le pidió a los palestinos que salieran de la tierra o fronteras asignadas al Estado de Israel mediante la resolución 181 de la ONU, que ellos tenían la intención de barrer muy pronto del mapa, y entonces los palestinos podrían regresar y ocupar toda la antigua Palestina, libre para ese entonces del estado judío recién formado pero, al no resultar la realidad acorde a lo soñado los palestinos se fueron estableciendo en esos diferentes países limítrofes vecinos que también incluía a Jordania donde ocupaban la Cisjordania que el Estado de

53

Israel se anexó después de la guerra de 1967, por rechazar categóricamente todos los pueblos árabes implicados la devolución de todos los territorios ocupados por Israel sólo a cambio de un compromiso de paz estable y permanente. De esta forma, muchos palestinos quedaron viviendo en el nuevo territorio controlado por el Estado de Israel.

La situación entre el gobierno de Jordania y los grupos terroristas palestinos se fue tornando cada día mas tensa mientras esos grupos constantemente atentaban contra el Estado de Israel, atacando autobuses, incursionando en la frontera, etc., los osados guerrilleros terroristas palestinos incluso pensaron en apoderarse del reino de Jordania pues, la Organización de Liberación Palestina, más conocida por OLP, que agrupaba a varias organizaciones unificadas y era dirigida por Yasser Arafat, notorio terrorista y lider, tenía grandes diferencias con el rey jordano Hussein que llevaron a horribles matanzas y enfrentamientos en lo que se conoce como Septiembre Negro, debido a que ese conflicto civil se desarrolló en el mes de septiembre de 1970, lo cual provocó que muchos palestinos terroristas dejaran Jordania y se establecieran en Líbano, así como también que surgiera la nueva organización terrorista propagandista de nombre Septiembre Negro, salida de las filas del mayor grupo palestino de la OLP conocido como Fatah.

La numerosa llegada de combatientes de la OLP al Líbano procedentes de Jordania, convierte al Líbano en una base de ataques contra el Estado Judío de Israel, a la par que desequilibró por completo al país y surgen encarnizados enfrentamientos entre grupos políticos y religiosos con diferentes y diversas opiniones, que arrastran al Líbano a una guerra civil entre los años 1975-1990.

En el año 1978 Israel invade Líbano, a fin de parar los ataques a su territorio y crea una milicia libanesa aliada conocida con el nombre de Ejercito del Sur del Líbano conformada principalmente por cristianos. En el 1982 Israel regresa y entonces ocupa los suburbios de Beirut. Se crea la organización terrorista Hezbolá, con total apoyo y absoluto respaldo militar y financiero de Irán y Siria. En el año 2006 Hezbolá mata a varios soldados israelíes que patrullaban la frontera y toma a dos prisioneros rehenes. La respuesta israelí, en gran escala, no se hace esperar e invade el sur del Líbano mientras Hezbolá lanza cohetes contra el norte de Israel causando la muerte de 44 civiles, a la par, en Líbano, mueren muchos civiles inocentes también y centenares de guerrilleros terroristas, mientras el ejercito de Israel sufre 121 bajas. Tras un mes de combate hay un alto al fuego y las tropas de Israel se retiran del Líbano.

Siria es un país muy influyente en el conflicto interno libanés ya que considera al Líbano como parte de su territorio. La guerra civil de Siria, que se inicia a principios del año 2011 y actualmente se encuentra en su apogeo, entre movimientos terroristas moderados y radicales y el régimen de Bashar al-Asad, repercute en la estabilidad del Líbano, por una parte Hezbolá se alinea con el presidente sirio y otros grupos apoyan a ISIS, la cual tiene entre sus objetivos la ocupación del Líbano para que forme parte de su califato.

3.6 Franja de Gaza 2008-2009

En la Franja de Gaza predomina el radical y agresivo grupo terrorista palestino Hamás, creado durante la primera intifada o rebelión de los grupos palestinos en dicha Franja de Gaza y Cisjordania en el año 1987 por el jeque Áhmed Yasín, como una prolongación palestina más de la también organización terrorista islámica denominada Hermandad Musulmana, fundada en Egipto en el año 1928 por Hassan al-Banna con fundamentos radicales islamistas sunitas.

La Hermandad Musulmana es la madre, gran fundadora y patrocinadora de muchos grupos terroristas, entre los que se encuentran el grupo Yihad o Yihad Islámica, Al Qaeda, etc., su objetivo es convertir a todos los países musulmanes en califatos, lo que implica, un sistema político regido por el Islam y la ley Sharia, al estilo del grupo terrorista Sistema Islámico en Siria e Irak, más conocido por sus siglas ISIS, salido de una escisión del grupo Al Qaeda, o sea, quitando el protagonismo y las ambiciones personales, todos tienen un denominador común, dentro de sus aspectos diversos o múltiples convicciones: todos son grupos conformados por terroristas fundamentalistas islámicos, con características muy radicales y retrógradas, desean la desaparición total del Estado Judío de Israel, odian y luchan contra occidente y su moral, contra musulmanes, árabes, Yazidíes, orientales, los cristianos y los católicos, hinduistas, budistas, los judíos, en resumen, contra toda la civilización humana y todo aquel que no piense y crea como ellos.

La organización terrorista Hamás tiene un ala política que opera en Cisjordania y La Franja de Gaza y un ala militar o grupo armado terrorista nombrado las Brigadas de Ezzeldin al-Qassam que es la encargada o responsable de los constantes ataques terroristas contra el Estado Judío de Israel, principalmente desde la Franja de Gaza. Su fundador Áhmed Yasín, un individuo parapléjico que andaba en silla de ruedas, había sido liberado de una cárcel israelí en el año 1997 y debido a la continuidad de sus rígidas prácticas terroristas se convirtió en objetivo del estado judío siendo dado de baja mediante una operación selectiva con misiles disparados desde helicópteros de ataque, el 22 de marzo de 2004 junto a otras siete personas más. En la actualidad el grupo terrorista Hamás es lidereado por Khaled Meschaal desde su exilio en Siria; son conocidas sus rivalidades con la otra relevante organización o grupo palestino denominada Al Fatah. Desde el principio, Khaled Meschaal tuvo serias y tensas discrepancias y conflictos con Yasser Arafat que se prolongaron hasta la muerte de este último. Meschaal acusó de traición a la Organización para la Liberación Palestina OLP en el año 1993, presidida por Arafat, por reconocer al Estado de Israel, que a su vez la reconoció como legítima representante del pueblo palestino junto a Yasser Arafat, lo que derivó en los acuerdos de Oslo 1993, para la retirada Israelí de los territorios ocupados y su transferencia a la organización recién creada y reconocida también por el Estado de Israel como representante del pueblo palestino llamada, Autoridad Nacional Palestina, ANP por sus siglas, como una organización administrativa autónoma para la Franja de Gaza y de Cisjordania, de forma transitoria hasta llegar al acuerdo final entre las dos partes en un plazo de cinco años, lo cual tuvo un lento avance por lo complejo de un consenso en cuanto la retirada progresiva que llevaba a cabo el Estado de Israel de los territorios ocupados hasta que se vieron frenados en el año 2000 producto de la falta de tolerancia, que además propició la llamada segunda Intifada palestina, atribuida a la negativa del líder palestino Yasser Arafat de aceptar el ofrecimiento de el Estado Judío de Israel de devolver el 95% del total de los territorios en disputa. En la actualidad la ANP es liderada por Mahmoud Abbas como su reconocido presidente y ostenta el estatus de observador en la ONU con derecho a voz pero no a voto.

El 25 de enero del año 2006, en las elecciones generales palestinas, la propuesta Lista de Cambio y Reforma, que era una fachada del grupo Hamás, obtiene la mayoría absoluta y nombra a Ismail Haniye como su primer ministro el cual asumió el cargo en marzo del mismo año, una vez aprobado por el presidente Mahmoud Abbas. Las tensiones entre Hamás y Al Fatah aumentaron y el 14 de junio Haniye es destituido por Abbas pero él no reconoce la destitución y siguió gobernando la Franja de Gaza hasta el 2 de junio del 2014 cuando dimite para así dar por terminado el conflicto civil entre Hamás y Al Fatah en dicha franja, aceptando el gobierno de unidad liderado por Rami Hamdallah, actual primer ministro palestino.

La organización terrorista grupo Hamás no reconoce la resolución 181 de la ONU y por tanto no reconoce al Estado Judío de Israel. En su Carta Fundacional o pacto de Hamás del año 1988, estipula su lucha contra todos los judíos y la creación de un estado palestino en el lugar que hoy ocupa el soberano Estado de Israel, también dicen que renunciar a un solo pedacito de tierra de la antigua Palestina es renunciar a la religión Islámica, esto claro, lo hacen para usar la religión islámica, una vez más, como arma efectiva de captación y justificación a sus continuos ataques y agresiones contra el Estado Judío de Israel. La cuestión es muy simple para ellos, hay que escoger entre dos opciones: Hamás y el Islam yihadista extremista o el Estado Judío de Israel, los señores islamistas terroristas no desean la coexistencia pacífica.

Este conflicto se produjo entre el día 27 de diciembre del año 2008 y el día 18 de enero del 2009 cuando Israel lanza una ofensiva combinada efectiva contra la infraestructura de la organización terrorista o grupo Hamás, que proseguía con sus provocaciones y agresiones desde la Franja de Gaza

3.7 Conflicto Franja de Gaza año 2014

No existe ni una sola mente de pensador profundo y estable, bien informado y actualizado, que pueda señalar al Estado judío de Israel como el iniciador, o el culpable, del conflicto del año 2014 en la Franja de Gaza, después del vil asesinato de tres adolescentes israelíes en Cisjordania.

En primer lugar, el Estado de Israel se defiende de una agresión continua y sistemática del grupo terrorista Hamás, que controla la Franja de Gaza con apoyo de otros grupos y estados también terroristas, el Estado de Israel protege a su pueblo de más de un simple agresor, ya que ese monstruo emblemático tiene muchas cabezas, siempre después de la H viene la I como en este conflicto, detrás de Hamás está en papel principal de gran apoyo y abundante financiamiento Irán, también Siria, Turquía, Qatar, Isis, la Hermandad Musulmana, y cuanto terrorista afín hay en el mundo; en latinoamérica, Cuba y Venezuela son los países que más apoyo brindan al grupo terrorista Hamás.

Hablan de bloqueo en la Franja de Gaza y no dicen que es necesario el control marítimo y terrestre para impedir que le lleguen al grupo terrorista Hamás los pertrechos y cohetes que disparan a diario sobre el estado y el pueblo de Israel. No es sabio sacar el agua de una habitación inundada sin antes cerrar la llave por donde emana el líquido que la sigue inundando y amenaza con ahogarnos; solo basta con echar una ojeada al mapa del Estado de Israel y ver con cuáles países tiene fronteras: al norte el Líbano, al noreste Siria, al este el reino de Jordania, al suroeste Egipto, al oeste el mar Mediterráneo donde se encuentra la Franja de Gaza, tan solo de mirar el mapa hay que admirarlo, es increíble que haya podido resistir heroicamente y no solo eso, derrotar una y otra vez las agresiones constantes y múltiples de tantos tan bien armados y patrocinados enemigos, y lograr proteger a su pueblo de la forma tan espectacular que lo ha hecho. Si lo ha podido lograr desde el mismo principio y posteriormente, sus enemigos deberían pensar en coexistir pacíficamente con el Estado Judío de Israel porque está más que demostrado que nunca lo podrán derrotar por medio de la agresión militar directa, por múltiple que sea y menos por la practica terrorista de grupos fronterizos, no importa cuán sofisticada sea esa práctica ni el apoyo que reciba.

Hablan de desproporción en las muertes de civiles cómo si una sola no fuera un motivo para lamentar. Es cierto, hay desproporción notable en las lamentables pérdidas humanas debido fundamentalmente a dos factores bien disímiles de forma, de intención, de contenido y de responsabilidad humana. Empezando por la tan absurda comparación de un grupo, que ni los mismos detractores del Estado de Israel pueden negar que es un organizado grupo terrorista, con un país establecido, con leyes y normas, y reconocido por la comunidad internacional, con una nación soberana, libre y democrática; desde el inicio mismo y basado en lo anterior, las críticas e injurias demuestran que la misma fuente que las sustentan carecen de una base lógica y objetiva.

El grupo terrorista Hamás necesita esa propaganda y provoca la materialización de victimas civiles inocentes en el marco del conflicto en Franja de Gaza, porque responde a su estrategia publicista, porque es parte de su plan.

Todos los terroristas, y agitadores marxistas, hablen el idioma que hablen, de todos los movimientos subversivos en general, necesitan mártires y víctimas inocentes en los cuales basar sus macabras intenciones, específicamente en el caso del grupo terrorista palestino Hamás, como factor adicional, lo necesita para que la prensa sensacionalista y los incautos precoces se conviertan en papagayos de sus manipuladas intenciones, para hacer aparecer al Estado de Israel como el genocida del pueblo palestino, lo cual es imposible de creer para cualquiera con dos dedos de frente que no ignore o que esté al tanto de la vida del pueblo palestino y sepa que el millón y medio de palestinos más felices del mundo viven en el Estado de Israel integrados a la vida social, cultural y productiva del país, en goce pleno de libertad y democracia con integral respeto a cada uno de sus derechos humanos, civiles y religiosos, con derecho a nacionalidad, al voto, que incluye a las mujeres y produce ronchas en la región, ya que es el único país donde no se discrimina a la mujer en todo el cercano Oriente, a tener su propio idioma con uso oficial. Cuando Israel defiende su territorio, está defendiendo también los derechos del noble pueblo palestino pero, eso no lo dice la prensa amarilla sensacionalista ni lo manifiestan los incautos precoces. Vayan a Israel, pregunten a todos los palestinos honorables y trabajadores, al verdadero pueblo palestino y verán.

El pueblo palestino no es Hamás, no es Hezbolá, no es la llamada Hermandad Musulmana, ni Al Qaeda, ni Isis; son laboriosos obreros, dignos artesanos, honrados campesinos, comerciantes, estudiantes, muchas amas de casa, mujeres y hombres, niños y ancianos, respetuosos todos de las leyes, de buena voluntad, que desean la paz, el pueblo palestino necesita, por ellos mismos, sacudirse de todos esos grupos y elementos terroristas que tanto daño le hacen en sus deseos de una coexistencia pacífica con su vecino, el Estado judío de Israel, ni Hamás, ni ninguna organización terrorista, podrá nunca representar los nobles intereses del sufrido pueblo palestino. Hamás es un grupúsculo una organización fundamentalista terrorista radical que busca por todos los medios la destrucción y desaparición del Estado de Israel, el pueblo palestino es un pueblo abnegado que busca y desea la soberanía y la paz, que sabe que para lograr su objetivo debe tener una relación de buen vecino y cooperación con el Estado Judío de Israel, sin la sombra de Hamás, de Hezbolá, u otra organización terrorista de turno, como es la meta, el deseo mayoritario de la comunidad internacional, como debe ser entre pueblos racionales y civilizados.

El Estado de Israel invierte una considerable cantidad de su producto o renta nacional, del total de sus bienes, en la defensa de su pueblo. En el año 1991 al inicio de la Guerra del Golfo, los mortíferos cohetes Scud de fabricación soviética y otros modificados llamados Al Hussein del entonces dictador de Irak Saddam Hussein violaban el espacio aéreo de Arabia Saudita y del Estado de Israel con el objetivo de impactar en algún lugar vulnerable sus cargas mortíferas, por primera vez un escudo antimisiles daba un poco de respiro a la población civil, pero esa defensa sofisticada cuesta millones de dólares que el Estado de Israel se ve obligado a pagar para defender a su pueblo de los verdaderos genocidas que quieren y luchan de forma mancomunada por verlo desaparecer. El Estado de Israel protege a su pueblo y llora cada pérdida, los terroristas exponen a los civiles y celebran cada muerte que pueda añadir una crítica más por parte de la prensa sensacionalista y los incautos precoces al Estado de Israel, es una cultura de muerte, es una cultura de intolerancia llena de maldad.

La propia Organización de Naciones Unidades ha sido testigo de plataformas de lanzamientos, de armas y cohetes del grupo Hamás en zonas sensibles que incluyen escuelas, mezquitas, templos, hospitales, edificios de residencias, etc. El grupo Hamás lanza sus ofensivas coheteriles contra el Estado Judío de Israel desde todas esas zonas sensitivas a sabiendas que serán detectadas sus rampas de lanzamiento por la alta tecnología del estado Israelí y que habrá, muy posiblemente, una respuesta a la agresión; el grupo Hamás cava túneles bajo el suelo del Estado de Israel para lanzar ofensivas letales contra su territorio, el grupo Hamás se niega reiteradamente a conversaciones de paz, porque la paz no es su objetivo y de alcanzarse perdería toda su vigencia. El estado de Israel, incluso ha alertado una y otra vez a la concentrada población civil de La Franja de Gaza de los objetivos estratégicos inmediatos que serán en breve motivo de ataques, con impactos inofensivos de advertencia antes del posterior impacto desbastador de sus misiles, con vistas a la evacuación de posibles civiles en el lugar, lo cual no permite realizar el grupo terrorista Hamás a través de la intimidación, la fuerza y las campañas proselitistas basadas en la fe, acerca de lo inmortal y paradisíaco que resulta ser un mártir muerto en campaña y sus beneficios posteriores. El grupo Hamás no desea la paz, pacta para ganar tiempo.

Capítulo 4   Una oportunidad a la paz

El aparente y mal llamado conflicto palestino-israelí es muy lamentable porque existen de ambos lados muchas víctimas civiles y personas inocentes que están sufriendo las consecuencias de una guerra que suma ya varias décadas y diversas generaciones implicadas, con nuevos y agudos matices políticos evolutivos, muy bien manipulados en la actualidad, que la alejan de sus orígenes. Siempre se le debe dar una oportunidad a la paz porque la paz es el medio ideal para la existencia y desarrollo de la raza humana, pero es ingenuo pensar que podrá existir la paz entre los defensores de la democracia de los pueblos y aquellos que desean imponer a la fuerza, la ley Sharia a su estilo y conveniencia, como una forma total y absoluta de gobierno radical a toda la humanidad en su conjunto.

La solución del conflicto entre el pueblo palestino y el Estado de Israel, si es que en realidad existe y no es como yo pienso una manipulación fundamentalista global, es totalmente posible en el marco de la resolución 181 de las Naciones Unidas, en principio, con adaptaciones a los tiempos actuales mediante conversaciones de las dos partes involucradas: El Estado Judío de Israel por una parte y la Autoridad Nacional Palestina por la otra.

Es necesario encontrar la fórmula que ponga fin, de forma definitiva, al enfrentamiento entre dichas partes y garantice una paz civilizada y justa. Las treguas no son suficientes, hay que edificar una estructura basada en el entendimiento y respeto mutuo que derive en una paz estable y duradera. Hay muchas instituciones y países que están dispuestos a colaborar para llevar la paz a esa atribulada región, es necesario e imperioso lograrlo con el apoyo de todos pero, antes hay que limpiar el entorno de los fanáticos terroristas a los cuales no les conviene una paz estable y por tanto, siempre tratarán de impedirlo lanzando asesinos ataques con misiles, cavando túneles, secuestrando a personas inocentes, matando civiles y soldados, asaltando comunas campesinas o Kibutzim, utilizando los kamikazes suicidas contra la población civil, etc., para obstaculizar el proceso y tratar de que no se materialice. Siempre el grupo Hamás o cualquier otra organización terrorista de turno, de una forma u otra tratarán de provocar una intervención militar israelí en la Franja de Gaza y conflictos sangrientos en Cisjordania, porque eso beneficiará, siempre, sus planes o estrategia terrorista de propaganda y lucha contra el Estado Judío de Israel y los ambiciosos planes de Isis para su proyectado califato o frente unido islamista.

El grupo terrorista Hamás es y será, mientras exista, un gran peligro para el estado y el pueblo judío, es y será, mientras exista, una vergüenza para el pueblo palestino.

El pueblo palestino añora y necesita la paz estable y debe obtenerla por medios pacíficos. Un estado árabe y un estado judío pueden coexistir basados en el respeto mutuo en el antiguo protectorado británico de Palestina según la vigente conclusión a la que llegaron la mayoría de los países que aprobaron la vieja y trascendental resolución 181 de la Organización de las Naciones Unidas en el año 1947 del siglo pasado, por lo cual necesita ser actualizada y para eso se deben restablecer las conversaciones una y otra vez hasta llegar a un acuerdo final. La paz lo merece y lo necesita.

El pueblo árabe palestino debe sacudirse por su propio bien todo tipo de manipulación terrorista, la ANP lo sabe pero conoce la intransigencia y poder de Hamás y por eso el avance es lento. El presidente de la ANP está cometiendo grandes errores, quizás por temor o presión, que dilatan e intensifican el conflicto, está haciendo todo lo contrario a lo realmente beneficioso, se está alejando de la solución.

El presidente Mahmud Abbas es un experimentado lider palestino que además de ser árabe es también un musulmán islamista suní igual que el intransigente grupo terrorista Hamás y últimamente ha estado estrechando los lazos con esa organización genocida y principal agresora del pueblo judío de Israel desde la mediática Franja de Gaza y también en Cisjordania; esa es una estrategia sin futuro carente del necesario respaldo internacional, el presidente Abbas se está alineando con el lado equivocado de la historia y eso para nada ayuda al proceso de paz. El presidente de la ANP debe escoger entre apoyar a la terrorista Hamás o entenderse y llegar a un acuerdo de coexistencia pacífica con el Estado Judío de Israel, ya que ambas opciones parecen excluyentes.

No es compatible con un proceso serio de paz, entre ambas partes, la política de doble agenda del presidente Mahmud Abbas, que en los últimos incidentes criminales llevados a cabo en Cisjordania por integrantes palestinos del grupo Hamás, lanzando autos contra los judíos en las calles con diversas muertes incluso de niños y asesinando a fieles creyentes dentro de una sinagoga, el presidente de la ANP condenó en público los crueles y viles atentados terroristas mientras enviaba a la vez, cartas solidarias a los familiares de los fanáticos abatidos por la fuerza pública, lo cual estimula la continuidad de dichas prácticas. La constante amenaza de una tercera intifada palestina a nadie conviene y a todos causará dolor, pero no logrará socavar las bases del Estado Judío de Israel.

La ANP debe romper cualquier lazo o compromiso que tengan con organizaciones militantes fundamentalista en su objetivo serio por tener un país o nación soberana con una política de buen vecino y cooperación mutua con el Estado

Judío de Israel. El pueblo árabe palestino es un pueblo que busca la paz, por lo tanto aquellos lideres que proclaman la guerra no son sus aliados ni amigos, ni es la guerra la estrategia adecuada para poder obtenerla. El terrorismo como deformación social, por ser una doctrina impositiva está irremediablemente condenado al fracaso, la ANP lo sabe y debe encontrar primero una salida que le permita el control administrativo real y democrático no tan solo de Cisjordania sino también en toda la Franja de Gaza. Hay que tratar de educar, hay que hablar de coexistencia y paz porque la historia ha demostrado que para la Liga Árabe y el pueblo palestino derrotar al Estado Judío de Israel por la fuerza no es posible, ni lo será nunca; solo una opción es válida: luchar por lograr una paz justa, estable y duradera y con esa filosofía no se identifica el grupo terrorista Hamás y la ANP también lo sabe pero, le teme a las represalias.

Ningún pueblo en la historia de la humanidad ha sufrido más que el pueblo judío, ninguno ha sido más perseguido injustamente y victimizado, ninguno ha sido más difamado, asediado y agredido, eso nadie lo puede negar porque sería negar la historia. Más de 100 generaciones, una tras otra.

La verdad no debe tener fronteras, la verdad no debe ser partidista ni tener religión. La verdad es la verdad y debe primar siempre sobre intereses mezquinos. Quien oculte o distorsione la verdad en pro de una conveniencia personal o causa política, quien trate de transformar la historia como tal, omitiendo o reescribiendo los hechos, es un contumaz ante su propia historia.

Mi padre nació en Islas Canarias, España, que es también mi patria por adopción por haber nacido yo en Cuba, era muy joven cuando escuché que existía un reclamo de Argelia, en otra oportunidad también de Marruecos, sobre la territorialidad de las Islas Canarias y recuerdo que eso me molestó mucho, jamás aceptaría que nadie cuestione la condición española de donde nacieron además de mi padre, todos mis abuelos, mi sangre es española y lo seguirá siendo hasta que muera, por eso entiendo a los habitantes de las Islas Malvinas o Falkland Islands, donde el idioma que se habla es inglés con una generalizada etnia británica que casi en un 100% de preferencia, expresada mediante diversos referendos o elecciones libres, manifiestan todos que desean mantenerse o seguir perteneciendo al Reino Unido. Aunque una cosa es la patria natal y otra cosa la etnia nacional, ambos sentimientos son muy fuertes e inseparables y deben siempre, ser considerados y respetados. Quien haya visitado a Cuba democrática, o en los tiempos en que viví en la Isla esclava, debió percatarse del orgullo de todos los españoles residentes de ser españoles, de haber nacido en esa España siempre tan cerca, aunque llevaran décadas viviendo allá, solo viviendo esa hermosa experiencia se puede apreciar en toda su magnitud. Pienso que eso nunca ha cambiado y me lo confirma la cantidad de nuevos ciudadanos españoles en la isla por la loable ley que así lo propició. En otras oportunidades he escuchado ideas de reclamo a España por la colonización del Caribe y parte de América después del descubrimiento del Nuevo Mundo en el siglo XV y pienso que en realidad, todavía estamos en deuda con España y el viejo mundo en su totalidad, por habernos descubiertos y sacado de la pesca, la caza y la recolección primitiva.

Cada momento histórico es diferente, no es justo ni lógico hacer juicios sin trasladarse a las condiciones muy específicas del momento justo que se analiza, hoy todos repudiamos cualquier tipo o asomo de esclavitud, pero en su momento, esa práctica, fue o significó el progreso y algunos populistas de hoy desconocen a fondo que las propias tribus africanas luchaban entre si para tomar a sus semejantes como prisioneros y venderlos después al mejor postor, a las potencias europeas e individuos envueltos en la trata y sin embargo quieren culpar a Europa de todas y cada una de las consecuencias derivadas de esos actos. No se puede intentar reescribir la historia ni desempolvar papiros para reclamos absurdos de siglos atrás, nada se gana con eso. Hurguemos en lo que une y no en lo que separa.

Hoy me vuelvo a asombrar y tampoco entiendo cómo el mundo libre occidental, que está siendo azotado por la ola terrorista global más genocida e importante de nuestros tiempos, en momentos de definiciones inteligentes y unión indispensable, se dedica en parte a través de sus respectivos democráticos parlamentos, a obstaculizar sobremanera e interferir reconociendo o proponiendo reconocer al Estado de Palestina, precisamente ahora cuando Isis y Hamás se confabulan contra Israel y contra nuestra civilización occidental. Esas medidas afectarán significativamente todo el proceso de paz entre palestinos e israelíes y traerán como resultado el fracaso eventual del mismo y una dilación del conflicto; no hay beneficio para nadie por eso no entiendo esas políticas en estos momentos cruciales. La ANP y el Estado Judío de Israel deben ponerse de acuerdo y en algún momento oportuno deben reiniciar las conversaciones pues es sabido por ambas partes, que ese es el deseo mayoritario de la comunidad internacional, la cual debe ayudar siempre de forma adecuada e inteligente y no crear más tensiones, con políticas desacertadas que a nada conducen.

El Estado Judío de Israel no negociará bajo presión una agenda para el año 2016 que menoscabe su seguridad, la política, además de ser política, debe tener juicio; creo y estoy convencido que así será, creo que los Estados Unidos de América utilizarán su derecho al veto todas las veces que sea necesario para impedir que una moción de ese tipo, arbitraria e intromisiva, de reconocimiento pase, ya que solo perjudica, por eso cuando se discuta en el seno del Consejo de Seguridad de las Naciones Unidas, todas las veces que sea propuesto debe ser vetado por los Estados Unidos al menos, quizás por eso y en política de doble agenda de esas que aspiran a estar bien con Dios y con el Diablo, es que se producen, en estos cruciales y precisos momentos, esas discusiones y aprobaciones en los parlamentos europeos. Para los que no lo saben, en los Estados Unidos de América viven casi la misma cantidad de judíos que viven en Israel y aunque existan esporádicamente algún que otro tipo oficial de desavenencias o desacuerdos de procedimientos en algunos asuntos, el Congreso y el pueblo norteamericano aman y respaldan a Israel y siempre estarán a su lado en los momentos difíciles. Si lo que interesa es entretenerse en la ONU, bien se pudiera cuestionar la presencia actual de Venezuela como miembro no permanente en el Consejo de Seguridad, si se desea ir un poco más atrás entonces preguntarse ¿cómo y quién fue capaz de votar para que Cuba formara parte de la alta Comisión de derechos Humanos? La ONU es necesaria y se debe reformar, la ONU necesita un mayor grado de respeto operativo.

No hay que ser judío, no lo soy, ni practicar la religión hebrea, no la practico, no es necesario un lazo *adeénico* de consanguinidad familiar para ser honesto consigo y con la historia, leer y escuchar noticias imparciales y en el mejor de los casos poseer una sencilla computadora conectada a internet, eso le permitirá a cualquiera, de forma objetiva, trasladarse en el tiempo e indagar en los sucesos históricos para llegar a una conclusión y tener una visión real del panorama en cuestión. La fuente es importante por lo cual no debe ser única con vistas a establecer un efectivo balance informático que permita analizar bien todos los elementos necesarios para dicha conclusión, más allá de titulares.

No existe nadie sobre la faz de la tierra poseedor de la verdad absoluta, nadie tampoco posee el cien por ciento de la razón ante un problema, por eso es necesario hablar y entenderse. Las armas truenan cuando la voluntad se ausenta, estamos empezando el siglo XXI las condiciones históricas actuales no son las de hace tres siglos ni tampoco son las del año 1947, es necesario un entendimiento lógico, actual y responsable que detenga ya, y para siempre, el derramamiento de sangre entre seres humanos que deben amarse más por sus bellas tradiciones y sus cromosomas que matarse por filosofías o religiones diferentes, cuando todo el mundo tiene derecho a pensar y creer libremente, acorde a sus raíces, valores y preferencias pero, este último aspecto, como hemos explicado anteriormente, fue un factor en el pasado , no es hoy la esencia misma del conflicto actual. El problema actual es el yihadismo anacrónico o fundamentalismo, el terrorismo islamista radical, con sus aspiraciones expansionistas globales. *Un negocio religioso.*

El pueblo palestino no debe caer en la bien programada trampa propagandista y dilatoria de la estrategia de Isis, el pueblo palestino no debe dejarse manipular por Isis, Irán o Siria, por nadie, el presidente de la ANP debe mirar al horizonte, debe sacudirse el lastre de Hamás, de Hezbolá y de cualquier otra radical organización terrorista influyente y luchar por la nobles causas del pueblo palestino; el tiempo se acaba, no somos eternos, la historia juez será.

La violencia no se justifica, el terrorismo menos, hay que darle una oportunidad a la paz, a una paz para todos sin la sombra o amenaza mínima de cualquier tipo de expresión camuflada, por eso hay que ser muy cuidadoso al negociar y especialmente saber con quien se negocia. Hay que tener muy presente las posibles elucubraciones que no saltan a simple vista, que puedan después derivar en un mal aún mayor, en un fatal doble agenda oportunista, en la creación de un indeseado nuevo estado vinculado o comprometido con el radicalismo yihadista, porque los terroristas saben ganar tiempo pero no saben vivir en paz.

No existe país en el mundo que haya sufrido más el terrorismo radical islamista, ni quien lo conozca mejor que el Estado Judío de Israel, por eso el Estado Judío de Israel tiene que estar muy seguro de dónde estampa su firma y de las verdaderas intenciones de sus vecinos. Apoyar a Israel es apoyar la paz, todos debemos ayudar sin interferir.

Siempre duele la muerte inocente de cualquier persona dondequiera que ocurra, muy particularmente deseo que el pueblo palestino tenga una patria, un país, una nación con total y absoluta soberanía para el bien de ese sufrido y noble pueblo pero, no se debe culpar al Estado de Israel de lo que no tiene culpa, no se debe culpar a la víctima más antigua de todo el conflicto y menos tratar de hacer aparecer al Estado Judío de Israel como el vil victimario en el plano internacional, porque eso no ayuda en nada ni resuelve el conflicto entre árabes y judíos.

El Estado de Israel no es el agresor ni nunca lo ha sido, el Estado de Israel es el agredido y siempre lo ha sido, por toda una legión de fanáticos terroristas y estadistas miopes que no desean ni buscan la paz, solo la desaparición del estado judío y lo que Israel significa y representa para el mundo libre en general, el pueblo palestino es otra victima, es el escudo ideal a políticas que no buscan ni desean su bienestar. Israel no tiene por que compartir su territorio y está dispuesto a compartirlo, a llegar a un acuerdo con el genuino pueblo palestino, eso se admira y se aplaude, no se condena y obstaculiza, no creo que es posible con equidad y humildad adorar la Biblia o el Corán y condenar al pueblo escogido, al actuar de buena fe, no solo el corazón se abre, es necesario también abrir los sentidos, la política contra Israel, parece más un capricho, que un aducido derecho.

Todos debemos respaldar a Israel porque Israel pelea por su pueblo y por todos nosotros, Israel pelea por la paz y el bienestar del mundo, Israel es la primera trinchera de la civilización en el siglo XXI contra el terrorismo retrógrado global, contra el más alto grado de degradación humana.

Si esos fanáticos llegaran a triunfar, lo cual no tiene la más mínima posibilidad, no se conformarían con ocupar el Estado Judío de Israel y masacrar a su pueblo, tal como hizo Adolf Hitler durante la Segunda Guerra Mundial, de algo estoy seguro, ni el pueblo judío ni la humanidad permitirá que se repita un Holocausto Judío ni ningún otro tipo de asesinato en masa sistemático, porque la humanidad ha madurado y a pesar de las criticas de muchos, el pueblo de Israel cuenta con un respaldo mayoritario y decisivo en su lucha heroica contra el fanatismo religioso yihadista que poco tiene que ver con la religión Islámica, que tergiversan en su afán de conquista y poder, en su deseo de llevar a la humanidad al tiempo mismo de las cavernas. Esos fanáticos terroristas constituyen un peligro universal creciente para todos, para occidente y para el propio mundo árabe, que incluye al Islam y al noble pueblo palestino.

Los Estados Unidos de América encabezan la alianza en pro de la seguridad e integridad del Estado Judío de Israel en conjunción con muchas otras grandes potencias, países y naciones del mundo civilizado, dirigidas por gobernantes pensantes de época y actualidad, sin vendas impuestas a conveniencia pero, si esos fanáticos llegaran a triunfar seguirían su inaplazable conquista porque esos fanáticos no luchan por un pedazo de tierra, ellos luchan por el planeta Tierra de una forma brutal, fanáticamente radical, absoluta y anacrónicamente absurda.

La paz es un derecho genuino de todo pueblo, aunque lamentablemente, en oportunidades, es la guerra el único medio que logra preservar ese sagrado derecho. Isis o Irán, Irán o Isis, he ahí los dos enemigos de todos, luchando por obtener la hegemonía del mundo árabe y musulmán. Sólo uno quedará, para enfrentarse y ser derrotado, por Israel.

Capítulo 5   El plan integral de dominación yihadista

El Cercano Oriente es la primera linea de defensa de los valores de la civilización actual, porque es la región con las condiciones concretas optimás, donde se consolidan y se han puesto en práctica los mezquinos deseos y las acciones de destrucción de la misma. Es el plan.

En la primera trinchera del Cercano Oriente se encuentra siempre en actitud de alerta permanente el glorioso Estado de Israel, con el heroico pueblo judío, defendiendo cada segundo y cada día su propio futuro, así como el bienestar y el porvenir de toda la humanidad en general; el conflicto ha evolucionado desde el año 1947 hasta el presente y todavía muchos siguen pensando que las causas siguen siendo las mismas; no, en realidad son muy diferentes y mucho más elaboradas y comprometidas.

La humanidad está en peligro y la misma humanidad no se ha dado cuenta y peor aún, muchos ingenuos y líderes mesiánicos están ayudando a cavar su propias tumbas. Hace tiempo que este conflicto dejó de ser un conflicto regional para convertirse en un macabro y ambicioso plan integral de dominación fundamentalista radical, con marcado carácter hegemónico mundial, estoy seguro que el Estado de Israel lo sabe porque sé que lo ha dicho en forma de advertencia en varias oportunidades, hay que aprender a escuchar a los que viven de frente a la realidad en el vórtice de la furia.

Es más acertado y lógico en la actualidad hablar de un conflicto yihadista-israelí estratégico, con sutiles y muy bien elaboradas apariencias, que referirse a un conflicto palestino-israelí propiamente dicho, o también se puede con propiedad hablar de un conflicto o estrategia bien elaborada por los terroristas islamistas más genocidas y radicales contra el heroico Estado Judío de Israel, con objetivos y características globales, pero no con simpleza referirse a un conflicto regional árabe-israelí y mucho menos aún de un conflicto del pueblo palestino, propiamente dicho, contra el Estado Judío de Israel. El terrorismo es la hermandad del terror; el mundo árabe aún no reconoce a Israel.

El conflicto en el Cercano Oriente cada día presenta por parte de los enemigos del Estado Judío de Israel un carácter más de militancia fundamentalista global con estrategia de guerra asimétrica. Esto se debe ante todo a que los reales, los verdaderos factores políticos que le dieron origen, han ido perdiendo su vigencia histórica ante la opinión pública internacional, a la par del auge o incremento de sus propias ambiciones e iniciativas de dominación radical global y del potencial militar del Estado Judío de Israel respaldado por los Estados Unidos de América y muchos países del mundo, por eso, ha sido necesario para los macabros enemigos de la humanidad, introducir otro factor mucho más radical de convencimiento y atracción de voluntarios a una causa y objetivos que van más allá de la desaparición del Estado Judío de Israel, ya que en realidad buscan y luchan por la erradicación de todos y cada uno de los valores occidentales y de todas las culturas disidentes, incluso de las propias etnias o naciones árabes, islámicas, musulmanas, Yazidí, ortodoxas, cristianas, católicas, las orientales, coptos, etc., que no compartan su ideología anacrónica radical.

El Estado de Israel pelea contra todo el terrorismo cruel internacional en cada una de sus múltiples facetas diferentes y de sus hegemónicas manifestaciones globales actuales, de forma directa e indirecta, siendo junto a los Estados Unidos de América los dos principales grandes objetivos de sus irracionales y macabros planes de exterminio pero, nadie está exento, nunca lo duden, a todos nos afectan esas, sus elucubraciones malsanas de exterminio; en las aspiraciones globales yihadistas no hay términos medios, son radicales.

Todo plan tiene un inicio y el conflicto original entre el pueblo palestino y el Estado de Israel es, por una parte, el marco propicio ideal y fértil, el más propagandísticamente antiguo, conocido y adecuado para ser explotado hoy, para poder disfrazar una ambiciosa política de dominación mundial pero, una vieja disputa territorial entre el pueblo palestino y el Estado Judío de Israel, no es en esencia la realidad actual, el motivo del conflicto. Hace mucho tiempo el principal objetivo del terrorismo internacional tiene una agenda o estrategia global, por otra parte, la mejor forma, la más efectiva de reclutar voluntarios a una causa terrorista, muy dividida desde hace mucho por creencias religiosas y diferencias étnicas y tribales, es teniendo un punto común de entendimiento exacerbado, que la prensa pagada ágil y sensacionalista conoce y maneja muy bien, acorde a sus intereses; no hay mejor punto para los lideres terroristas que estimular el odio contra el Estado Judío de Israel, los Estados Unidos de América y sus aliados, por eso, el viejo y llamado conflicto palestino-israelí viene como anillo al dedo. El Estado de Israel geográficamente se encuentra en el epicentro de sus influencias, intereses y concentración de fuerzas lo cual permite que pueda ser provocado y agredido a la medida de sus estrategias y prácticamente obligarlo a actuar cuando ellos lo necesiten como ocurrió en el reciente conflicto de La Franja de Gaza 2014, cuando el terrorista grupo Hamás provoca y ataca continuamente al Estado de Israel, por ordenes de su aliado Isis, para mantenerlo ocupado mientras iniciaba el peso de su ofensiva en Irak y Siria, en pro del establecimiento de un califato yihadista islámico. Más adelante explicaremos las verdaderas causas y objetivos de esta nueva Guerra Asimétrica Parte II que ya el mundo conoce y se materializó satisfactoriamente por primera vez durante el cruento conflicto del sudeste asiático conocido como La Guerra de Vietnam, donde el mundo y también la democracia, fueron muy bien manipulados y perdieron espacios que hoy aún duelen, el futuro arrebatado.

El terrorismo fundamentalista necesita una militancia polifacéticamente nueva en su integración global, con raíces radicales más fanáticas, activista y genocidas y para eso han distorsionado los fundamentos del Islam. En la práctica no solo han secuestrado a la religión Islámica, han secuestrado también los más nobles intereses del pueblo palestino que no tendrá más remedio que poner fin a esa intencionada maniobra propagandística militante para lograr de forma definitiva, una justa y duradera paz con el Estado Judío de Israel, en un marco de respeto y coexistencia pacífica. Los dirigentes palestinos deben estar muy atentos para no ser utilizados por el terrorismo internacional, ya no estamos en el año de 1948, ha llovido mucho desde aquel entonces y muchas nuevas agresiones, arteras y viles confabulaciones, ha sufrido y sufre el Estado Judío de Israel.

Las conversaciones entre el Estado Judío de Israel y la dirigencia palestina debe estar basada en las condiciones actuales y debe ser una plática diáfana entre las dos partes interesadas, libre de toda presión externa o manipulación terrorista, con o sin la participación de algún mediador, elegido por ambos, si así lo acuerdan o las partes lo estiman conveniente. El Estado de Israel tiene todo el derecho a recelar porque la historia le ha enseñado que en la confianza radica el peligro y que la agenda enemiga se mantiene firme en el deseo de borrarlo del mapa; el enemigo ha cambiado en tácticas y aspiraciones más ambiciosas, pero el odió hacia el pueblo judío es un fijo y aberrado sentimiento en crecimiento constante, de forma exponencial y es además un eslabón importante de unión terrorista al cual, la yihad de Isis, o EI, no va a renunciar, ni tampoco aquellos estados fundamentalistas, como el gran enemigo de todos. Irán.

El pueblo palestino no solo debe aspirar a tener un país, una nación para vivir en paz con total respeto de su soberanía, lo cual está más que justificado, debe estar también al lado de la razón legal, de la humanidad que le comprende, apoya y respeta en su reclamo y de igual forma que ellos, la civilización se encuentra también en peligro ante la barbarie de grupos como Hamás, Hezbolá, Isis, la Hermandad Musulmana, Al-Qaeda, Khorazan, etc., porque en la práctica, a pesar de ciertas diferencias étnicas, son iguales porque todas persiguen objetivos idénticos o muy similares. En realidad y desde cualquier punto de vista práctico, esas organizaciones terroristas son parte de un todo y cuentan con la admiración y el apoyo de todas las organizaciones y países terroristas del mundo de una forma directa o indirecta. Ya no es posible separar los ataques contra el Estado Judío de Israel de una estrategia terrorista global, ya no es posible separar a Hamás de Isis y de todo el conjunto de organizaciones radicales, grupos, ideologías extremistas y países terroristas que promueven y apoyan la destrucción y desaparición del Estado Judío de Israel, junto a los valores democráticos en todo el planeta, ya no es posible hablar de una región específica, hay que hablar de guerra total contra la civilización mundial, en lo más visible y arriesgado del conflicto, en la primera linea y trinchera de defensa del mundo libre, se encuentra dispuesto y decidido como siempre el Estado Judío de Israel junto a su heroico y abnegado pueblo. ¿Qué nación o gobierno en el mundo está sometido a semejante presión?

La propaganda contra el Estado de Israel, por si sola ha perdido tinta y resonancia, lo cual debilita el plan inicial y los terroristas necesitan de la prensa sensacionalista y de los incautos precoces para que siga siendo tema necesario de conversación y condena en los círculos mundiales de opinión y para eso ellos necesitan víctimas inocentes que pongan de relieve el desequilibrio de una desmedida y despiadada brutalidad por parte del Israel. Ellos crean y propician las condiciones y fabrican las muertes, porque ellos necesitan mostrar al mundo esas imágenes que a todos nos ablanda el corazón, mientras que por otro lado las hordas salvajes de Isis masacran a miles de civiles inocentes kurdos, cristianos, chiítas, yazidíes, ortodoxos, etc., y hasta los propios sunitas que no se suman o están de acuerdo con la barbarie terrorista que forma parte del plan integral. Esa es una de las grandes diferencias que existen entre las radicales organizaciones terroristas radicales de Al-Qaeda y su derivativa Isis, la cual es mucho más bárbara y agresiva, las dos son sunitas salafistas y mientras Al-Qaeda no dirige sus ataques contra los sunitas, Isis los asesina si no se radicalizan y los apoyan en su ideología asesina y estrategia califática global, o sea, aquellos musulmanes sunitas de bien que no apoyen a Isis serán tratados también como impíos. Arabia Saudí y otros países árabes y musulmanes lo saben y ya han comenzado a temer y distanciarse poco a poco de Isis, por eso existe la doble agenda, por eso hoy se da el hipócrita caso de países árabes y musulmanes que ayudan financieramente a Isis, o EI y pertenecen a la coalición contra Isis a la vez, por eso, el Estado Judío de Israel estorba, porque todo lo sabe, porque todo le ve y solo tiene una agenda vertical: paz, libertad y democracia, sin subterfugios, con justicia y respeto.

En su primera etapa inicial de consolidación militar y especialmente territorial, el grupo terrorista de Isis no la emprenderá directamente contra el Estado Judío de Israel porque sabe muy bien que ahí mismo terminan sus sueños expansionistas pero, eso no quiere decir que no lo hará en un futuro mediano y el Estado de Israel lo sabe. Utilizan tácticas para distraer y debilitar militarmente al estado judío y distorsionar la verdad ante la opinión pública que tanto les interesa y necesitan para su causa, aprovechan y manipulan a esas organizaciones afines como Hamás, con los mismos fundamentos sunitas y terroristas que ellos. A su vez, el grupo terrorista Hamás también recibe gran respaldo del gobierno terrorista de Irán con fundamentos chiítas debido al deseo de ese país de ver desaparecer al Estado de Israel, mientras esto sucede en Gaza, las fuerzas chiítas apoyadas por Irán y las fuerzas sunitas de Isis se enfrentan a muerte en Irak y Siria; así de compleja y manipuladora es la acción y ambición de todos los grupos y países terroristas que solo coinciden en su terrible odio al Estado de Israel, al pueblo judío, a los Estados Unidos y sus aliados, a la civilización democrática occidental en resumen. Tengo la esperanza de que los Estados Unidos de América no caiga en la trampa de creer que ahora Irán y Siria han cambiado su postura con el surgimiento de Isis y de la noche a la mañana se han vuelto racionales y han abandonado su odio y sus prácticas terroristas, eso es lo mismo que creer que el señor Vladimir Putin, presidente de Rusia, es un demócrata convencido amigo de los Estados Unidos, hay que derrotar a Isis, hay que promover la democracia en Irán y sacar del poder a los ayatollahs fundamentalista, hay que exterminar de raiz el terrorismo vil en Gaza, Líbano y Siria, hay que derrotar a Khorazan, Al Qaeda, Boko Haram, al Frente AL-Nusra y cuanto terrorista exista, hay que estabilizar Irak y cortar las alas a los crueles talibanes en Afganistán, hay que definir con algunos estados árabes de qué parte realmente están, pero el trabajo no estará terminado si no se depone cuanto antes al genocida gobernante sirio Bashar al-Asad.

Irán, Siria, Rusia, China y muchos otros países, árabes y no árabes, le temen a Isis pero además saben que el único país que tiene el poder, el prestigio y el liderazgo mundial para derrotarlo totalmente es en sí, los Estados Unidos de América, y digo liderazgo porque particularmente yo pienso que las condiciones más efectivas, concretas y reales por la unanimidad política y legislativa y el vital consenso de su pueblo, para una estrategia o acción rápida, para esa acción relámpago fulminante, la posee el Estado de Israel con la capacidad de enfrentar no solo a Isis sino también a todos los grupos terroristas del mundo a la vez, junto a su aliado natural y la coalición de naciones inteligentes que hoy lo apoyan. Está más que demostrado la capacidad del pueblo judío de enfrentar y derrotar agresiones militares conjuntas e invasiones múltiples a su territorio en forma combinada, tampoco nadie pone en duda la capacidad de sus cuerpos de inteligencia ni de sus tropas élites y mucho menos de sus recursos económicos y militares, de su clasificación como uno de los países más tecnológico e innovador del planeta, por otra parte pienso que el Estado Judío de Israel es la nación con más combatientes defensores de su causa fuera de sus fronteras territoriales, a la espera tan solo, de una convocatoria de ayuda urgente emanada de sus instituciones democráticas para que acudan masivamente en su auxilio.

Mientras los ayatollahs fanáticos terroristas dirijan los destinos de Irán y el vil genocida Bashar al-Asad los de Siria, mientras no exista estabilidad en Irak y el pueblo kurdo no cuente con un país, con una nación soberana, mientras siga operando la Hermandad Musulmana contra la estabilidad en Egipto, toda la región continuará siendo terreno fértil para las aspiraciones terroristas, y se seguirá utilizando el llamado, supuesto, conflicto palestino-israelí como punto de referencia y argumento contra occidente.

Es curioso que el presidente sirio, muchos ayatollahs en Irán, dirigentes de Hezbolá y del movimiento chiíta de Irak, incluso dirigentes chinos y hasta el mismo Putin, teman por sus intereses y hasta piensen que quizás, solo el gran Satán, como suelen llamar a los Estados Unidos los fanáticos fundamentalistas radicales islámicos, sea el único país que pudiera dirigir una coalición victoriosa contra la amenaza que representa Isis, pienso que Líbano y Hezbolá así como también Jordania, deben estar muy preocupados pues quizás sean los próximos en la lista de la estrategia expansionista del EI o Isis, en contubernio con Hamás, claro y Libia.

Creo que la reina Rania de Jordania, nacida en Kuwait de padres palestinos es una mujer, además de carismática y bella, una líder muy inteligente, creo que es también una piedra que mucho molesta en los zapatos de hierro de varias organizaciones yihadistas que ven en la Sharia elementos más rígidos de poder especialmente contra la mujer, la reina Rania es musulmana, su religión es el Islam, pero si alguna tranquilidad debe y puede tener hoy el Reino Hachemita de Jordania, representado por su monarca el rey Abdalá II es precisamente la seguridad en su frontera oeste muy bien custodiada por el ejercito de Israel. El peligro está al norte y al este-noroeste, el peligro se llama Isis y deben tomarlo muy en serio, porque Isis, si se consolida en un califato con la complicidad de la terrorista organización árabe-palestina Hamás, atacará Jordania, que lo tengan presente el rey Abdalá II y la reina consorte Rania, la real amenaza al oeste no es el estado judío, todo lo contrario , es su mejor aliado, la única amenaza real en ese punto cardinal la constituye la terrorista y traidora Hamás que se alineará abiertamente con Isis contra Jordania y entonces cuando la noche se ponga obscura y turbulenta en el horizonte del Reino Hachemita, es muy posible que para Jordania el sol salvador salga por el oeste, porque creo firmemente que si algo positivo ha de quedar de esta lucha contra Isis y el terrorismo global es que todos los paises árabes y musulmanes comprenderán de una vez y para siempre que el Estado Judío de Israel no era ni es el enemigo. La verdad se abrirá paso, vendas caerán.

Isis no atacará al Estado Judío de Israel hasta que no esté convencido con un 150 % plus de seguridad absoluta de su posible victoria pues conoce la historia y las derrotas y necesita los territorios conquistados y consolidados de Siria, Líbano y Jordania para sus fines; ese momento no llegará por la acción combinada de Estados Unidos y la coalición aliada, pero si se diera, no hay dudas, el Estado Judío de Israel aplastaría la estrategia combinada de Isis en menos de lo que duró la Guerra de los seis días, aunque sea atacado por todos los frentes al mismo tiempo. El Estado de Israel puede, quizás, perder una que otra batalla pero jamás una guerra pues cuenta en su digno arsenal con tres armas muy efectivas y potentes: la vergüenza, la razón y un decidido respaldo internacional de potencias, unido a la nueva visión del panorama real, que a medida que el mundo abra los ojos se irá acrecentando más y más. Israel vencerá, está escrito.

Esas rivalidades entre sunitas y chiítas tienen ya muchos cientos *años-odio* y después que desaparezca el terrorismo internacional, deben ser resueltas en la ONU de la única forma posible que existe. Hay muchos países que en el pasado fueron creados de manera muy poco analizada, como es el caso de Irak, y los errores se rectifican cuando en la práctica algo no funciona, pienso que la solución está en la creación de diferentes países soberanos, en sensibles zonas o regiones afectadas, con poblaciones en su mayoría sunitas, chiítas y kurdas, de forma independiente, creo que así se pudiera resolver el viejo problema. Estos conflictos deben ser resueltos basados en la coexistencia pacífica de forma similar o igual a como se hizo en el año 1947 con el antiguo protectorado británico de Palestina, entre árabes y judíos pero, no solo basta una distribución territorial por etnias, no es suficiente, no es todo, hay también que ayudar económicamente a esa región con recursos indispensables y medidas adecuadas para terminar con el hambre, la trágica desigualdad social y la alta corrupción que alimentan las diferencia y los rencores que explotan y manipulan los terroristas. ¿Cuánto cuesta ese tipo de guerra? ¿Cuántos recursos se lapidan para matar, aunque sea, en nombre de la justicia y la razón? No existe una mejor estrategia que dedicar esos recursos a eliminar las causas de la guerra, es más ético y mucho más barato, pero además, es lo humano; yo sé que Israel debe defenderse de Hamás pero, también me parte el alma ver a los niños palestinos sin escuelas atrapados entre dos fuegos en Gaza, eso tiene que parar, las causas del enfrentamiento y la sinrazón tienen que parar, no hay ganador posible en un conflicto, en una guerra. Alguien en una oportunidad me habló de un proverbio, creo, del tan sabio y característico pueblo gitano, que más o menos decía lo que me quedó grabado para siempre, por su elocuencia:

"El mal que te deseo es que tengas muchos problemas, (o pleitos) *y los ganes* (o salgas victorioso en) *todos".*

Claro que está lleno de sabiduría, de un lógica *videncia* y de gran realismo, ¿por qué? Porque en cualquier conflicto o problema que tú tengas, aunque los ganes todos, siempre pierdes. Quedarán las secuelas, después de pagar por los esfuerzos y sufrimientos, que hubieran muy posiblemente haberse evitado, usando lo que nos hace diferentes de los animales: la capacidad de pensar y razonar.

El hambre es el aliado por excelencia de todas las causas oportunistas, populistas, terroristas y comunistas que más daño le han hecho a la humanidad, porque el hambre es el cáncer del mundo libre y de la democracia, en su íntegro conjunto, y es la semilla fértil y notable del terrorismo en las mentes nubladas por la falta de opción. Es remediable con una mejor distribución de la riqueza, en esos países con tantos recursos económicos devorados por la corrupción y la ambición desmedida. ¿Cómo es posible tanta miseria dentro de tanta riqueza? ¿Líderes de qué y de quiénes?

Capítulo 6   Califato y Guerra Global 2014

La estrategia y la estructura de una guerra global como la que lleva a cabo el yihadismo radical de Isis no es algo tan fácil y mucho menos algo espontáneo. Se necesita mucha preparación y mucho talento unido a grandes fuentes de financiamiento. La mezcla efectiva muy bien lo demuestra: la religión como el ideal pretexto contra el Estado Judío de Israel y Occidente, como método proselitista de captación de ingenuos e inadaptados sociales, el financiamiento, en una primera etapa, de los propios países árabes que a estas alturas ya se están dando cuenta, quizás, que han creado un monstruo que en la actualidad ya es capaz de financiarse solo y no los necesita tanto, un objetivo tan económico como global bien implementado con una crueldad extrema y difundida que crea el temor al enfrentamiento y el deseo de escapar del área de conflicto donde muchas tropas de defensa, no tan profesionales, se rehúsan a enfrentarlos, lo cual aumenta el pánico en la indefensa población civil, todo lo anterior unido a la más efectiva campaña masiva de adición y reclutamiento de jóvenes occidentales a sus filas, lo cual es muy necesario por la diversidad de idiomas, conocimientos, cultura e impactantes ejemplos publicitarios que esos inadaptados significan y también, además, como armas letales cuando regresan entrenados y obsesionados a sus respectivos países con tareas terroristas a efectuar.

Estos señores no son ningunos improvisados, todo lo contrario, y ese fanatismo radical expreso, que puede ser real o conscientemente disimulado, como parte de un lógico beneficio estratégico más a sus propios fines y metas, es alimentado por una ambición intelectual en grado superior de profesionales que saben muy bien lo que hacen, quieren y además, piensan, razonan y están más que convencidos de cómo conseguirlos. No me refiero a los combatientes ciegos del montón, hablo de la cúpula rectora de todo el plan; como todos sabemos, son pocos los iluminados cerebros avanzados que dirigen cualquier guerra donde miles y miles participan y dirimen las agudas diferencias en cumplimiento de ordenes, como sabemos también, la historia en sí no la constituyen las multitudes, la historia es la sumatoria de la actividad, de los hechos y proezas y también de los errores de un grupo de personalidades. Si le quitan a cualquier país la historia de sus hijos, los buenos y los malos, solo queda una tierra sin historia. La historia ante todo, es la historia de la personalidad individual.

La guerra actual que se desarrolla como una guerra asimétrica, en su primera etapa inicial, tiene una segunda etapa en el plan integral de la proyectada y muy compleja estrategia terrorista, una fase superior complementaria o posterior de confrontación frontal de estado a estado. Los terroristas planean ocupar tierras nombrar un gran califato yihadista islámico regido por la absurda ley de la Sharia, extremadamente radical y convocar a la confrontación total definitiva del Islam, la Umma contra los impíos, los infieles occidentales y el resto de la humanidad.

A continuación un fragmento de un discurso del lider de Isis, Abu Bakr al-Baghdadi:

"Dios nos ha ordenado combatir, por ese motivo los soldados del Estado Islámico están combatiendo; nunca dejarán de hacerlo aunque solo quede un soldado, nunca dejarán de combatir porque rechazan la humillación".

Posteriormente el lider del califato, el autoproclamado califa, hizo un llamado global a todos los musulmanes:

"Librar la guerra santa en todo sitio y matar a los apóstatas".

A medida que todos los terroristas del mundo acudan al llamado, el nuevo y único califato protegido por Alá, según afirmarán, irá engullendo países vecinos, el Estado Judío de Israel está en los planes y muy especialmente Jerusalén, por eso después de Siria e Irak sigue muy posiblemente el turno, en su negra estrategia de ocupación, para Líbano y Jordania y después con mayor poder y fortaleza, el Estado Judío de Israel, a continuación Egipto, Arabia Saudita, Qatar y los Emiratos Árabes Unidos, etc. No importa quien los financió al principio, el terrorismo global no tiene compromisos lo que si posee es una muy mala memoria y así, si les fuera posible, hasta llegar al Vaticano y Washington. Si tienen ese amplio éxito, lo cual dudo, atacarán primero al Estado Judío de Israel para después tratar de ocupar Turquía y de esa forma evitar un apocalíptico enfrentamiento frontal directo y comprometido con las fuerzas de la OTAN, repito, son irrealizables y utópicos planes terroristas, porque el día que Isis se le ocurra o se decida atacar al Estado Judío de Israel, o violar una sola de sus fronteras, se estará decapitando a si mismo, habrá cavado su propia tumba.

El terrorismo fanático yihadista es un absurdo tal, que contradice sus propias bases religiosas e ignora sus raíces culturales una y otra vez de forma práctica y continua. Su aspecto aparente es la Guerra Santa pero, su aspecto real es la dominación del mundo bajo una visión estrecha de espíritu y razón que no desestima un factor primordial con una intención de interés o fundamento económico. Existen muchos movimientos similares en diferentes partes del mundo con diferentes nombres pero todos por igual tienen un denominador común: son anacrónicos, muy peligrosos y son terroristas genocidas y sádicos asesinos, que odian de forma visceral extrema, esquizofrénica y fanática a la civilización y a la cultura occidental, así como también a las derivaciones propias disidentes de su propia cultura; no odian la guerra, ellos hacen la guerra por odio, no proponen, ellos imponen y en su aberrado afán y sueño de dominación universal eligen como sus principales y acérrimos enemigos a los baluartes más significativos de la democracia y la libertad. El grupo terrorista Isis tiene estructura de empresa capitalista con intenciones económicas monopólicas.

La yihad islámica no es solo contra los Estados Unidos e Israel, la yihad islámica es un vasto plan vil y macabro de eliminación de los más preciados y consabidos valores humanos basados en una guerra asimétrica, en su inicio o principio, para después pasar a otra segunda fase superior de consolidación en un estado terrorista agrupado en un solo califato islamista con la Sharia como ley suprema, en una Umma terrorista más inclusiva y agresiva contra occidente, con ejércitos regulares bien armados donde coincidirán principalmente los sunitas más radicales del planeta, unidos y liderando a chiítas y jariyíes en esfuerzo mancomunado contra el mundo libre. No es un choque de religiones, no es un choque de etnias ni de milenarias culturas, es la defensa de la civilización ante criminales ambiciones cavernícolas.

Al final la yihad será más fuerte que las etnias, por eso es que se utiliza la religión como arma estratégica de unión; la actual lucha entre sunitas y chiítas se convertirá en alianza terrorista bajo un mando califático radical único, después de haber eliminado a todos los lideres tradicionales moderados del Islam y del mundo árabe. El que no se convierta muere, quien no apoye se considera enemigo, así de radical es la visión terrorista a mediano plazo. A medida que el conflicto avance, de ser posible, los pronunciamientos de los lideres del Estado Islámico se parecerán mucho a los que nos tiene acostumbrados el brutal decadente y antieconómico sistema comunista marxista, los genocidas comenzarán a difundir hechos conocidos adicionando diversas mentiras fabricadas contra los representantes del mundo árabe y musulmán que tomen distancia de sus prácticas terroristas, como método de desacreditación y descalificación, los acusarán de abusos de poder, robo y corrupción, de alejarse de la palabra de Alá y de las enseñanzas del profeta como preludio de ataque.

Es increíble como muchos gobiernos ingenuos o en mayor grado miopes aún hablan de conflictos con carácter étnicos o tribales y no son capaces de ver más allá del discurso falaz, de los motivos aparentes y apoyan una posible causa o fracción basada en una tribu o agrupación cultural determinada. Están 180 grados equivocados; los fundamentalistas, los terroristas una y otra vez asesinan a su propia gente, ellos no tienen tribu, ellos no tienen país, ellos no respetan ni desean fronteras, son terroristas con un plan definido sin nación, de dominación global. La Guerra Asimétrica II es el principio de todo, es la guerra de guerrilla para obtener el control de cada país que formará el gran califato, pero el objetivo está lejos de ser ese; hablar de guerra asimétrica solamente no es lo real ni lo prudente,es restarle notable importancia al problema. La guerra es por la total dominación global, la guerra es por la exterminación planetaria de todos los valores civilizados occidentales, la guerra es para devolver a los incautos supervivientes a la era de las cavernas, es el regreso de Aníbal, en un grande y salvaje elefante de mil cabezas, sin cerebros, pero con un objetivo global, entre sus fanáticos e incluso sí, soñados atómicos colmillos, enfilados a la absoluta dominación mundial y la erradicación de la civilización y la cultura occidental. Eso no se consigue en segunda fase con una estrategia de guerra de guerrillas, eso no se consigue con armas convencionales, hay que pararlos, no pueden pasar.

Es conocido que el estado terrorista islámico de Irán ha apoyado a Hamás en su agresión contra el Estado Judío de

Israel y combate a Isis en Irak, el Estado de Irán es un estado chiíta y Hamás es un movimiento sunita entonces, ¿por qué lo apoya? Porque le conviene, porque odia a Israel, porque utiliza a Hamás para sus fines. Por otro lado el estado terrorista de Irán apoya a los chiítas en Irak contra el movimiento terrorista con raíces sunita Isis en el cual se alistan todo tipo de elementos afines, incluso ciudadanos occidentales, está a la vista, es sencillo de comprender, por una parte, la conveniencia política se anteponen a todos los factores culturales y religiosos en las hordas terroristas y por otra parte los terroristas se unen y se identifican o se enfrentan a muerte por sus objetivos políticos, económicos y expansionistas y no por los factores culturales y religiosos que tienen en común. No es Guerra Santa, ni es tan solo la guerra asimétrica la estrategia final, es en final resumen: la confrontación sin dilación del progreso humano y la civilización, contra la más retrógrada y despiadada ofensiva conocida, contra la más genocida ambición expansionista de características involutivas globales de nuestros tiempos.

Acorde a todo lo anterior, es lógico que el conflicto que involucra al Estado Judío de Israel no es simplemente un conflicto palestino-israelí. El Estado Judío de Israel ha sido y es asediado, ha peleado y pelea, contra diferentes culturas árabes e islámicas muy bien manipuladas en base a la fe ya que los hábiles terroristas que tienen como principal meta la dominación global, primero y ante todo, desean consolidar sus posiciones en el cercano o medio oriente para después continuar en su conquista global; nadie esta libre de esa amenaza y para muestra fíjense como Rusia y China votan junto a los Estados Unidos en el Consejo de Seguridad de la ONU por detenerlos, los líderes chinos, y yo pienso que los dirigentes rusos actuales también, son comunistas pero no son bobos, ellos saben quienes son estos terroristas y saben también que solo el policía del mundo, los Estados Unidos, puede encabezar una coalición victoriosa contra ese mal endémico que mucho le temen. No todo el mundo tiene la disposición del Estado Judío de Israel y de los Estados Unidos de América, de la coalición de naciones contra el terrorismo de Isis, de los combatientes kurdos, etc., para poner el pecho a las balas asesinas y derrotar al terrorismo fundamentalista islámico y a cualquier tipo de terrorismo que ponga en peligro a la humanidad y a la civilización, no a cualquier país siguen con fe, confianza y decisión los demás países del mundo, ese crédito se lo ha ganado el gigante de América.

Esos que aún hoy critican al Estado judío de Israel deberían pensarlo mucho mejor, analizarlo con más calma, ellos también serían ocupados y aniquilados sin piedad por el odio cavernícola feroz de los neobárbaros irracionales si llegaran a triunfar, esos que hoy condenan al Estado Judío de Israel le reservarían muy posiblemente sus últimos y tardíos pensamientos de agradecimiento en *mea culpa* antes de entrar obligados de anaranjado a su última morada en hoyos autocavados con orgullo, unos pocos minutos antes de perder sus cabezas por el semi filo de un daga o sable yihádico, que de un lento a ex professo corte vil, por ser considerados menos que una domestica oveja, deben sufrir, separaría de sus cuerpos todo lo presunto impío y torcido que habita en sus almas pecadoras, esa alma que a todas se resiste decidida, por convicción, a la no aceptación de una extraña y absurda fe, a la asimilación forzada de una ajena e incompresible gracia divina que niega cada uno y todos sus genuinos y estructurales valores, además de sus principios morales y ancestrales, a esa alma que resiste la imposición tan absurda yihadista, radical y brutal, de una nueva fe, que sin dudas, es preferible morir que aceptar. Hay que dejar de pensar que lo que a otros sucede no nos afecta, no es así, a todos nos puede pasar, un día, en cualquier lugar.

Capítulo 7   Es un error negociar con terroristas

Cada niño, cada anciano, cada civil inocente que de forma lamentable pierda la vida en la Franja de Gaza o en cualquier otro conflicto en el orbe, es para los terroristas en general, un misil que hizo blanco efectivo en la dignidad, la compasión y los más puros sentimientos humanos a través de la difusión bien detallada y espectacular, facilitando de esa forma una dantesca campaña propagandística en contra del estado judío o cualquier estado que se defienda de la agresión. El mundo libre debe aprender como ofrecer la noticia sin alterar la verdad pero, que la misma no favorezca la causa terrorista mundial, proporcionándole más recursos y voluntarios a la misma, algunos medios de difusión, digo algunos, en ocasiones ofrecen las noticias de forma torpe e ingenua en busca de ratings, otros desinformados y fuera de contexto, existen también los mal intencionados, incluso con condenas incluidas, que justifican las grandes sumas de dinero obtenidas por el sucio y parcial trabajo.

No es dejar de informar, no es limitar la función, no es alterar la verdad, que es una de las bases más importante del sistema democrático y de ese llamado gran cuarto poder tan necesario e imprescindible, es ofrecer así, la noticia exacta, mostrar todas las imágenes con análisis histórico objetivo y ética profesional, sin favorecer, sin manipular nada, de forma totalmente imparcial, sin juicios subjetivos y muy bien balanceada. El sensacionalismo acelera y estimula a los terroristas a promover y causar más muertes inocentes, a tomar más rehenes, a torturar, humillar y decapitar más personas y grabarlas en videos propagandísticos de la causa

91

que persiguen, muy sensibles y dolorosos, especialmente para la familia de las víctimas. Hay que resaltar a muchos profesionales y heroicos periodistas caídos en función del cumplimiento y en la vocación de informar, en esa vocación encomiable en la que convirtieron todas sus loables vidas y murieron vilmente asesinados por ejercerla; pienso que se comete un gran error cuando se negocia con terroristas, por lógica, negociar con esos grupos o individuos equivale a estimular las causas que dieron origen a esas viles prácticas, conversar es como extender un cheque de caja en blanco al portador, si se negocia la libertad de un prisionero o su pacta su intercambio, otros prisioneros ocuparán ese lucro lugar para conversaciones futuras. Los terroristas saben que tenemos familias y sentimientos y tratan de poner presión a los gobiernos a través de sus crueles campañas y asesinatos difundidos porque ellos tienen todo el dinero y los contactos para expandir mundialmente el terror a través de la difusión de sus campañas propagandísticas ya que eso es parte de sus estrategias, de la asimetría de la guerra que llevan a cabo contra el mundo libre y la civilización con efectividad; los gobiernos deberían tomar necesarias medidas contra todas esas campañas de difusión del terror que solo favorece a los terroristas y a los que reciben su dinero vil y manchado de sangre, no hablo de censura, hablo de no hacerle el juego a quienes atentan contra la democracia, vivir en plena libertad en ocasiones requiere sacrificios, e incluso limitaciones en nuestra privacidad debido a que nada es más importante que garantizar el estado democrático de derecho de la misma.

Debe ser muy lamentable y dantesco ser prisionero de un grupo u organización terrorista cualquiera pero, lamentable también es la continuidad de esa práctica de negociación, la que fortalece más su vil causa de terror, estimulando a la continuidad e incremento constante de la misma, negociar con terroristas es crear un círculo vicioso que no terminará hasta terminar con el terrorismo mismo. El lema y principal objetivo del terrorismo es el terror, o se combate o se teme, el temerle es en sí rendirse, negociar es dejar de combatirlo.

Cuando una democracia o nación negocia con un grupo u organización terrorista la liberación de un inocente rehén y la obtiene, la humanidad siente un gran alivio por el hijo recuperado pero, la democracia llora el espacio perdido, cuando un estado o país libre negocia o pacta con terroristas su inclusión en la vida democrática de la nación, es aún peor, las consecuencias futuras son mucho más terribles y mucho más comprometedoras y trágicas para el futuro de sus aspiraciones, algo lamentable en un estado de derecho.

La lucha contra el terrorismo internacional en diversas ocasiones enfrenta el factor humano contra el mejor factor estratégico pero ante todo, por difícil que sea, hay que actuar pensando democráticamente en la gran mayoría, en el bienestar de todo el pueblo, esa es la disyuntiva, para cada estadista, para cada nación democrática que deba afrontar cualquier delicada y terrible situación de rehenes o agresión subversiva. La única solución posible es el trabajo arduo y coordinado en conjunto de todos los países del mundo libre en la erradicación global de esa plaga, que constituye el terrorismo delincuente de grupo y de estado en cualquiera de sus diversas y efectivas manifestaciones de imposición del terror a nivel internacional. No se trata solo de pactar y contenerlo, hay que derrotarlo, hay que extirparlo de raíz, hay que erradicar los genes del mal.

Los fundamentalistas islámicos están en contra de todos los avances de la ciencia y la técnica, contra la educación a la cual consideran un pecado y vicio occidental, contra la dignidad de la mujer a la cual humillan y esclavizan e incluso esterilizan sin anestesia y venden cuando forman parte de sus botines de guerra. La radio, la televisión, el internet , la prensa, manejar un auto, ir al médico, tener otra

93

religión, incluso un perro de mascota, pensar diferente, etc., todo es un pecado, todo azote o muerte.

Nunca he visto un artículo en la prensa sensacionalista o en boca de los incautos precoces hablando de estos temas con seriedad y disciplina profesional, en detalle, nunca la prensa sensacionalista ni los incautos precoces hablan de la cantidad de millones de dólares que estos grupos terroristas gastan y pagan en propaganda en sus páginas de internet, en canales de radio y televisión, en videos y entrevistas, en todo ese proselitismo *cash*, en los mismos medios que ellos combaten y condenan, que tanto proclaman al servicio de los infieles y del gran Satán, que también es un apreciado aliado de ingenio a favor. Ganar dinero es el objetivo de todo negocio, pero aceptar ganar dinero siguiendo la táctica terrorista, es una práctica peligrosa e inmoral y debe ser rigurosamente condenada por los códigos de justicia.

7.1 Conversaciones con las FARC

En la actualidad el gobierno de Colombia realiza en La Habana, Cuba, negociaciones de paz con el grupo terrorista y narcotraficante, el movimiento subversivo guerrillero de las FARC, siempre he considerado al actual presidente electo y reelecto de Colombia, el señor Juan Manuel Santos como un hombre muy inteligente y actualizado, capaz, bien educado y con una real afiliación democrática, entonces me pregunto: ¿Cómo es posible que haya podido caer en esa ingenua trampa de negociar con los asesinos terroristas de las FARC? El pueblo colombiano es un pueblo muy sufrido y como todo pueblo desea vivir en paz, pero desea una paz estable y justa, negociar con la guerrilla es el primer gran error o eslabón fatal de una cadena que se deriva de una estrategia extremadamente equivocada.

Hay dos caminos para obtener la paz, el más corto y efectivo es confrontando el mal con todo el peso de la ley y de las instituciones democráticas, erradicándolo de raíz, el segundo es un poco más largo ya que implica aprender y comprender que solo el más corto funciona. *"De buena voluntad está empedrado el camino del infierno"*. La izquierda mundial y hasta la propia izquierda colombiana repiten una y otra vez que el momento de la subversión guerrillera en América ya terminó, es cierto, entonces ¿Para qué negociar con un enemigo despiadado, con deudas con la justicia, que está perdiendo la carrera? La vieja estrategia mahohista-comunista, manual que siempre siguen al pie de la letra estos movimientos guerrilleros, establece entre sus formatos trillados, como método de lucha, cuatro aspectos básicos para la acción y la obtención de sus objetivos:

1.- Retroceder cuando el enemigo avanza o ataca.

2.- Hostilizar al enemigo mientras acampa, descansa o no se encuentra militarmente alerta o activo.

3.- Si el enemigo no desea pelear hay que atacarlo.

4.- Perseguir y aniquilar al enemigo cuando éste se dispersa, se retira o repliega.

¿No es precisamente eso último lo que le sucede a las FARC? ¿No están en este momento sus efectivos limitados a menos de siete mil hombres, muchos de ellos obligados por la fuerza y el chantaje y dispuestos a entregar las armas cuanto antes y someterse a la ley del estado, en total franca retirada y dispersión? Nadie tiene dudas de que es así, pero esta errónea estrategia puede ayudar a fortalecerlos.

La FARC aún existe por obra y gracia de la intrincada selva y lo difícil de localizar una aguja en un pajar. ¿Qué acción de importancia han realizado en los últimos tiempos? Hoy se parece mucho más a los Zapatistas del Comandante Marcos que a la pujante FARC de antaño, sencillamente se encuentran en el umbral de la derrota, solo se necesita un empujoncito, otra cosa diferente se puede decir del heroico, combativo y forjado ejercito constitucional de Colombia, al cual estos acuerdo de paz los pone en el mismo nivel legal, en igualdad con los viles asesinos terroristas de las FARC; estoy seguro que muchos de sus dignos comandantes e intermedios mandos quisieran también terminar el largo conflicto pero no estrechando las manos de los genocidas que vacacionan en La Habana, sino a través del mazazo de un juez, sobre la mesa ante un imparcial tribunal, dictando merecida sentencia de cárcel, contra todos esos jinetes del apocalipsis colombiano, por más de cincuenta años.

El comunismo y las drogas siempre tienen como meta llegar, no se les puede abrir la puerta porque se apoderan y contaminan toda la casa, habitación por habitación y hasta el Congreso, no basta observar el pasado errático y mirar el hoy, hay que pensar en mañana, por supuesto, teniendo en cuenta los errores cometidos en el pasado. ¡Señor presidente Santos, la corrupción es la madre de casi todos los grandes problemas y las FARC son la corrupción en cuerpo y alma!

La guerrilla comunista de las FARC, el ELN y algún que otros movimiento similar que ha tenido en menor escala el país en su historia, una triste historia de más de 50 años con 220 mil vidas truncadas, son unos burdos delincuentes que lo único que han tratado, tratan y tratarán siempre, es de desestabilizar y subvertir para beneficio propio, el orden constitucional y democrático en toda Colombia, para lo cual siempre han contado con el apoyo solidario del nefasto régimen castrista, principal instigador, entrenador, ideólogo y financiador de todos esos movimientos guerrilleros en América Latina, el Caribe y otras partes del mundo, debido en esencia a ese letal complejo de grandeza tercer reichista fracasado del máximo instigador frustrado en jefe y dictador terrorista cubano, de expansión continental y mundial, de la rabia y la desdicha que siempre le ha producido el haber nacido en una pequeña isla, que en el fondo desprecia, al igual que a su pueblo, que esclaviza y reprime por más de 56 años, ante la mirada de un planeta ajeno, ciego y mudo.

La sede es el segundo error, ya que los castristas aparte de ser el mayor socio comercial de la guerrilla, a la cual le lavan sus ganancias producto del tráfico de drogas, con el cobro de un buen por ciento, como hacían con el tráfico hacia los Estados Unidos sirviendo de puente, almacén y resort a los señores Pablo Escobar, Amado Carrillo Fuentes, etc., es una oscura mafia con probados e inescrupulosos métodos de indigna y vil manipulación sin fronteras, que incluyen el chantaje mediante escucha, etc., que con toda seguridad espía y muy posiblemente hasta trata, de alguna forma, de extorsionar a los representantes del gobierno de Colombia en dichas conversaciones de paz. El ex presidente Vicente Fox de México conoce y fue una de las víctimas de esas consabidas bajezas y prácticas desleales al estilo y edición del magno Al Capone caribeño que mantienen su deshonesta vigencia. Se especula, por algunos desertores de la inteligencia castrista, que incluso el señor Gabriel García Márquez, también fue una víctima más de la escucha y las grabaciones ilícitas para atarlo a la voluntad del dictador.

Por otra parte, y lo que creo constituye el mayor gran peligro, es abrir las puertas de la legalidad democrática y el reconocimiento político a esos grupos con grandes capitales ocultos en bancos y caletas dispuestos a comprar el voto y asaltar por las urnas la república que no han podido nunca conquistar con sus armas asesinas. ¿Cuántos ex guerrilleros subversivos han ostentado y actualmente incluso ostentan el honroso título de presidentes electos por vía democrática en América Latina y otras posiciones de relieve constitucional? ¡Señor presidente alias Timochenko! o quizás ministro Iván Márquez ¿Se imaginan? Claro que puede llegar a ser muy posible de proseguir y aprobarse el acuerdo en discusión. Quien siembra mala semilla mal fruto recoge.

Las FARC ya han manifestado su decisión, su elaborado plan de transformarse en un movimiento político legal y han pedido muy importantes reformas en las fuerzas militares, la policía y los servicios de inteligencia del estado colombiano como parte de los negociados compromisos de paz, incluso crear una comisión de esclarecimiento del paramilitarismo que les permita trabajar junto al gobierno. ¿Será posible?

El gobierno de Colombia y el propio presidente Santos han sido a través de la historia exitosos luchadores contra el narcotráfico y la guerrilla, esa es la estrategia correcta, la que dió de baja a Pablo Escobar, a Rodríguez Gacha, a los hermanos Castaño, destruyó los carteles de la droga de Medellín y Cali, ajustició, muy posiblemente, a Marulanda tiro fijo, dió de baja a Raúl Reyes, al Mono Jojoy, a Cano, etc., los comunistas y los terroristas no negocian si están ganando, ellos negocian para ganar tiempo y rearmar sus cambiantes estrategias, una vez que tomen el poder harán lo que los Kirchner y asociados en Argentina, lo que Chávez y Maduro en Venezuela, el cocalero Evo Morales en Bolivia, lo que Daniel Ortega en Nicaragua, lo que el señor Correa en Ecuador, tratarán de perpetuarse a todas en el poder por diferentes métodos o vías ficticias de legalidad, mediante la manipulación, la compra de votos y corruptos favores, el chantaje y la institucionalización del miedo, la represión y la falta de libertad. Estoy seguro que eso no es lo que desea el pueblo colombiano para su futuro, la nueva dictadura electoral del siglo XXI también conocida como socialismo del siglo XXI tiene mal asignado el nombre, porque esa estrategia es del siglo XX y fue ensayada hace ya más de cuatro décadas en Chile, a continuación una breve reseña.

Todos recordamos el ascenso de Salvador Allende a la presidencia de Chile el 4 de noviembre de 1970, después de cuatro intentos, a través de una gran coalición de partidos de izquierda, que le costó mucho esfuerzo y compromisos para que esa misma coalición lo eligiera como su representante o delegado a dichas elecciones, y su apagado triunfo con un modesto 36.6 % del voto electoral lo cual significa un bajo respaldo popular. El señor presidente Salvador Allende fue ratificado por el congreso chileno y se convirtió en el primer presidente marxista en obtener el poder a través de elecciones democráticas; su gobierno fue depuesto por un golpe de estado en el que participaron las tres ramas de las fuerzas armadas, así como los Carabineros el día 11 de septiembre de 1973, el cual culminó con la muerte del presidente constitucional Salvador Allende.

Se ha especulado mucho acerca de si se suicidó o si fue ejecutado por un agente cubano encargado de su cercana protección de nombre Patricio de la Guardia, por encargo anticipado del letal dictador de la isla caribeña ante ciertas situaciones, donde la rendición ante un golpe de estado era una causa grave que a todas justificaba la radical acción. El procedimiento no parece ilógico, acorde a la forma histórica de actuar, a los métodos neonazi-fascista del tirano cubano, incluso con sus más allegados servidores cuando ya no le sirven y son estigmatizados por el caudillo ancestral, lo que conllevó en múltiples probadas oportunidades a que fueran asesinados o traicionados y abandonados a su suerte de una forma vil y engañosa como son los ejemplos más relevantes de: Ernesto Guevara de la Serna más conocido por el Che Guevara, traicionado y abandonado a su suerte en las selvas bolivianas junto a un numeroso grupo guerrillero entrenado e infiltrado desde Cuba comunista, el cual fue capturado y ejecutado en Octubre del año 1967 por el ejercito boliviano asesorado por la Agencia Central de Inteligencia de los Estados Unidos de América, CIA por sus siglas en inglés, Francisco Alberto Caamaño Deñó, militar de la República Dominicana, traicionado y abandonado a su suerte en Playa Caracoles, en el mes de febrero de 1973 donde desembarcó proveniente de Cuba con ocho hombres más, después de ser entrenados por los ingerensistas castro-comunistas para establecer un foco guerrillero en esa hermosa isla antillana; muchos otros como el para nada santo general de división Arnaldo Ochoa Sánchez, etc., fueron asesinados y fusilados en la propia isla de Cuba. Las revoluciones comunistas son *monstruos que devoran sus propios hijos,* eso lo dice y confirma la propia historia, esa es la forma deshonesta en que el dictador cubano acostumbra a sacudirse los pesos o cargas de encima, cuando le conviene hacerlo por vil temor terminal o presiones de las potencias amigas o enemigas, desde el primer día fue, y continúa hoy siendo, así.

Varias autopsias, a través del tiempo, se le han realizado a los restos del extinto presidente chileno Salvador Allende debido a ciertas dudas, ya que se habla de dos perforaciones de bala diferentes, lo cual ha sido confirmado y al menos implica que alguien más colaboró en su muerte, el último resultado indica que se suicidó. Patricio de la Guardia vive en La Habana, Cuba, ahora en prisión domiciliaria dedicado al arte de la pintura de cuadros, cumpliendo una condena de 30 años de cárcel relacionado con la causa por la cual su hermano gemelo, miembro de la obscura gestapo castrista, del represivo ministerio del interior, Tony de la Guardia, fue condenado y fusilado por el régimen dictatorial junto al general Arnaldo Ochoa, el 13 de julio de 1989, acusados de tráfico de drogas, diamantes, marfil y muy enfáticamente de alta traición; es posible que algún día, el ahora tan relajado artista Patricio de la Guardia pueda quizás aclarar lo que pasó en el Palacio de la Moneda aquél día 11 de septiembre del año 1973 cuando era miembro de la nomenclatura que lo utilizó y que él también disfrutaba mientras servía, ojalá y algún día pueda pintar la sonrisa de una joven república que se esforzaba por consolidar su democracia, de una Cuba que soñaba muy feliz en múltiples colores, que cometía errores pero seguía soñando, que no merecía lo que le ha pasado, la sonrisa de *cuando Cuba reía*, esa sonrisa que él, entre otros, ayudó a borrar, pero que sin dudas renacerá.

Lo cierto, lo probado, es que Cuba comunista y la extinta Unión soviética financiaron el ascenso al poder de Salvador Allende en el marco de la Guerra fría, en el mismo marco del enfrentamiento de potencias, que entre otras cosas ha permitido la subsistencia del comunismo en la bella isla del Caribe, y también que los casi tres años de gobierno de Allende fueron desastrosos para la economía de Chile y que incluso por instrucciones expresas del dictador cubano, se estaba conformando un ejercito paramilitar o milicia armada para combatir a las instituciones militares chilenas, para lo cual el gobierno marxista chileno ya había recibido grandes lotes de fusiles de asalto y otros tipos de armas.

Hay que dejar muy claro lo siguiente: no hay dictadura buena, todos los golpes de estado, todos, que interrumpan un proceso democrático son repudiables sean de izquierda o de derecha, todos por igual pero, cabe el análisis; como dijimos anteriormente el marxismo soñador había cambiado su estrategia para tomar el poder, ya la llamada guerra de guerrilla no rendía los grandes frutos esperados después de los rotundos y estrepitosos fracasos en campaña bélica del movimiento Tupamaros en Uruguay, de Lucio Cabañas en el estado de Guerrero, México, al cual también el dictador cubano abandonó por conveniencia política, del cubano Antonio Briones Montoto y compañía en Venezuela, del importado y exportado Che Guevara en Argentina, en el Congo y en Bolivia y de cuanto terrorista asomara la cabeza en América y el mundo, para terminar en causa fracasada, por otra parte, el régimen totalitario comunista de Cuba y su cúpula castrista estaban interfiriendo directamente y de forma muy grosera en los asuntos internos de Chile, todo lo cual propició el golpe de estado, fue doloroso pero quizás si no hubiera sido así, el pueblo de Chile, que a partir de entonces ha sido una de las economías más florecientes de la región, llegando incluso a estar a la cabeza del auge, crecimiento y desarrollo en toda Sudamérica, estuviera hoy en la misma miseria y caos de Cuba y Venezuela, eso nadie lo discute, de testigo la historia.

Reitero, ninguna dictadura es buena, como tampoco los contemporáneos son los más rigurosos y acertados críticos; es muy posible que cuando generaciones futuras analicen los sucesos de esa época en Chile y lo comparen con la Cuba de los Castros, con la Venezuela de Chávez y Maduro y con otros nefastos y manipuladores estados marxistas y populistas vigentes, con el sacrificio y el horror que esos pueblos se vieron obligados a pasar y a pagar, contra sus propias voluntades, esas otras generaciones futuras, con los elementos resultantes de la práctica histórica, lancen más flores que piedras a la estatua del General Augusto Pinochet y le den gracias, el tiempo dirá, al menos hoy, Chile no es otra Cuba. No existe dictadura marxista que ceda el poder.

La gran diferencia entre las dictaduras de derecha e izquierda es que la de derecha ocasiona menos mal a la economía y a las necesidades diarias del pueblo porque convive y respeta más a la empresa privada, mientras los marxistas siempre tratan de nacionalizar o confiscarlo todo, creando una profunda miseria y desabastecimiento total. En ambos casos la empresa privada siempre pondrá fin a la dictadura: por la imperiosa necesidad de regresar al camino constitucional, en el caso de las dictaduras de derecha y por la obligada necesidad de subsistencia y reinvento urgente del capitalismo en el caso de las dictaduras torpes marxistas de izquierda; la eficiente empresa privada es la fuerza élite aplastante, el primer ejercito de defensa de cualquier tipo de democracia y no le es posible un desarrollo integral, en un mundo cada día más global, sin el ejercicio pleno de la misma, por otra parte es el paciente sepulturero que siempre aguarda el momento preciso y oportuno de su reinstauración por necesidad de subsistencia en los sistemas económicos marxistas clásicos, a los que de una forma inexorable, ha de sepultar por ineficientes, por represivos y por faltos de todo tipo de libertades, y así lenta pero constante, firme y segura, terminará enterrando a todos esos *cafresistemas* comunistas internacionales, que aún respiran en fase terminal, y a todas y cada una de sus múltiples actuales, amañadas, populistas y manipuladas derivaciones: las nuevas dictaduras electorales.

La empresa privada es en esencia el ADN mismo de la democracia, quien rige y regirá por siempre los destinos de la humanidad, su desarrollo continuo y la forma lógica de pensar y actuar, podrá perder una batalla pero, siempre la libre empresa capitalista de propiedad privada, de manera repetitiva, se alzará con el triunfo en la guerra del curso lógico y civilizado de la humanidad, porque *la humanidad es sinónimo de mercado* y de esa ciencia los comunistas nada saben nada, ellos solo son muy diestros en el arte de confiscar, nacionalizar, o sea de robar todo lo que no les pertenece, lo que no sudaron. Analicen una por una todas las biografías de los máximos exponentes, de los filósofos y lideres del marxismo mundial, comenzando por el señor Karl Marx, jamás trabajó, Engels, Lenin, Stalin, Castro, etc., todos son parásitos sociales, virus sin vínculos con el trabajo laborioso, populistas gastadores de saliva que hablan del esfuerzo y el sudor de otros, pero que piensan, cuando los incluye, que: *"Dios lo hizo como cruel castigo"*. Tienen todos esa coincidencia *"adeénica-vaguitativa"* en común.

No hay que ser sabio ni economista para observar los resultados entre los sistemas democráticos capitalistas y los sistemas marxistas, por ejemplo: Alemania, o Berlín, estuvo en el pasado dividida en dos, la parte capitalista prosperó notablemente en libertad mientras la otra parte comunista se hundió en la miseria, la pobreza absoluta, el atraso y la total involución, en inhumana falta de libertad con un alto grado de represión, lo mismo sucede con Korea del Sur y Korea del Norte, o países completos como Cuba y Venezuela y qué decir del ejemplo de los dos Viet Nam, ya unificados, donde el Sur progresaba y el Norte se moría de hambre bajo una cruel represión, ahora, extendida a todo el país.

Es muy cierto que el sistema marxista establece lo que pregona, la igualdad plena para toda la sociedad, cuando a todos los ciudadanos por igual los envuelve y hunde en la miseria y la falta de todo tipo de progreso, de libertades civiles con supresión de los derechos más elementales para el ser humano y el más alto grado de frustración personal y social; el marxismo es un fatal gran accidente económico, político y social en la historia de la humanidad, responsable de la muerte de más de 120 millones de seres humanos en el siglo XX, muchos de los cuales murieron por inanición.

Los pueblos tienen la ingenuidad de los niños y de eso se aprovechan los rufianes populistas y vulgares escaladores oportunistas con genes de dictadores. Yo discrepo en ciento ochenta grados de Joseph de Maistre cuando afirmó que:

"Los pueblos tienen los gobernantes que merecen"

Creo y pienso con certeza que: los malos gobernantes, los sutiles populistas escaladores, no merecen a los pueblos que engañan y traicionan con premeditación de forma vil, los pueblos son soñadores, los políticos oportunistas son los traidores de esos sueños poéticos, además esos populistas casi todos provenientes de altas y distinguidas familias con recursos, tienen acceso a estudios superiores, que en vez de poner a disposición de los menos favorecidos, ahondan en la incultura esclava de empobrecidas naciones con discursos falaces y otras esperanzas utópicas, que en muchos casos llaman revolución o socialismo siglo 21 o afines sandeces.

La buena noticia es que este mal reeditado fenómeno regional, *made in Cuba*, pegado a la chaqueta del extinto presidente venezolano Hugo Chávez Frías # XXI, como una estrategia ideológica, subversiva regional comunista, tiene un carácter muy provisional, debido a la correlación cada vez mayor de las fuerzas democráticas internacionales en contra del mismo, y en especial a que a los pueblos se les puede *"engañar un tiempo pero no todo el tiempo"*. La inocencia social es una etapa que la realidad mísera y el deseo de perpetuidad en el poder transforma ¡El tiempo pasa, los niños y los pueblos crecen y el dolor educa!

El pretexto de la paz añorada y un largo conflicto de más de cincuenta años pierde un poco de brillo en el escenario político colombiano cuando se conoce sobradamente que ha durado tanto producto de la corrupción a altos niveles que incluso le permitió a bandidos como Pablo Escobar llegar al Congreso de esa gran nación; estoy seguro que los insignes patriotas y mártires colombianos, Rodrigo Lara Bonilla y Luis Carlos Galán Sarmiento, no hubieran pactado nunca con las terroristas FARC. La honorabilidad es eterna.

Hoy Colombia menos que nunca necesita darle tregua a asesinos terroristas y narcotraficantes que durante tanto tiempo han llenado de luto y horror a ese heroico pueblo, hoy Colombia es una economía capitalista sólida, la tercera en importancia en la región y lo ha logrado dedicando muchos de sus recursos a combatir el mal, la subversión y el narcotráfico. ¿Por qué hipotecar el futuro ahora?

Recientemente escuché al presidente Santos decir que había autorizado personalmente dos viajes del terrorista jefe de turno de las FARC Rodrigo Londoño Echeverri alias Timochenko a la ciudad de La Habana, Cuba, por ser parte del proceso normal de negociación, pienso que el presidente Santos, lo que autorizó personalmente fue la participación del terrorista en las conversaciones en La Habana, pues hace muchos años que alias Timochenko vive en Venezuela lejos del ruido de las balas y que viaja a Cuba cuando desea, sin la autorización expresa del señor presidente Santos, sin requerimientos de visa alguna, de pasaporte ni de nada en especial. Otros bandidos genocidas como el siniestro Henry Castellanos, alias Romaña, Carlos Antonio Lozada, Pastor Alape, etc., también han viajado a Cuba comunista para participar en estos llamados diálogos de paz.

Es posible que el presidente Santos a estas alturas, ya se haya dado cuenta que ha gastado una gran cantidad de capital político en estás mediáticas conversaciones, a las cuales muchos se oponen, pero por el bien de Colombia, ojalá se haya dado cuenta también que la estrategia de las terroristas FARC es dilatarlas lo más posible porque para ellos resulta muy favorable; mientras más se dilaten esas conversaciones, más imperioso y necesario será para el presidente Santos que el pueblo colombiano las apruebe en el libre referéndum y eso lo está utilizando las FARC como un arma estratégica de presión contra el democráticamente elegido presidente Santos, que es igual a decir, contra la mayoría de todos los colombianos que lo eligieron, eso es lo triste de esas conversaciones donde hay mucho que perder y nada que ganar ante unas FARC terroristas derrotadas sin futuro y en desbandada, que en esas negociaciones de paz ven una tabla salvadora de último momento y un recurso para seguir subvirtiendo el orden constitucional de la hermana nación y su objetivo final: tomar el poder sin disparar un tiro para después perpetuarse en el mismo, ojalá el presidente Santos no sea hoy rehén de sus iniciativas.

La FARC terrorista sabe que los crímenes de guerra, como los que ellos han cometido contra el noble pueblo y la nación colombiana no prescriben, por eso tratan por todas de legalizarse, además se cubrirán muy bien las espaldas y no renunciarán a su lucrativo negocio de las drogas. ¿Cree en realidad el presidente Santos que entregarán todas las armas y que no quedará un remanente para garantizar el desarrollo y la continuidad de funcionamiento del rentable negocio que heredaron de los carteles de las dogas y que tan hábilmente manejan? Nuevos grupos afines surgirán.

Ojalá que el pueblo colombiano tome la mejor decisión, la correcta en las urnas electorales, *si en realidad la llevan a escrutinio popular,* (?) y determine, si una paz aparente e injusta, un tipo de paz donde muchos criminales no pagarán por los delitos cometidos en el nombre mismo de la semipaz y de la nueva ley que promueve el presidente del país, que precisamente está ganando esa guerra, es lo que desean.

La magistrada Fatou Bensouda, fiscal jefe de la Corte de la Haya está en pleno desacuerdo de que los máximos líderes del grupo terrorista las FARC, no cumplan la pena correspondiente de prisión por los innumerables crímenes de guerra y lesa humanidad cometidos, a fin de obtener un acelerado y acomodado acuerdo de paz. La ilustre fiscal de la corte internacional es clara y precisa cuando afirma que:

"Sin prisión efectiva no hay justicia".

No hay ética posible ni equidad cuando se habla de castigos o condenas alternativas a la privación de libertad de quienes la merecen, la organización no gubernamental Human Rights Watch ha denunciado esas intenciones del fiscal general de Colombia Eduardo Montealegre, la justicia tiene una venda en los ojos que significa imparcialidad, es posible que en ocasiones se confunda con ceguedad. ¿Es que acaso la justicia no es de suma importancia para lograr los objetivos de paz en una agenda política de gobierno? ¿Qué pensarán los familiares de todas las victimas de existir impunidad para los verdugos de sus seres queridos? Colombia ya tuvo un modelo de cárcel Catedral, ¿Será que el señor Montealegre está pensando en construir algún resort similar, pero con laboratorios requeridos e internet, para estos nuevos huéspedes? No es el premio Nobel de la Paz lo que está en juego, es la justicia y el bienestar del gran pueblo de Colombia. Me llama la atención la confusión del presidente Santos en dos conceptos hoy tan elementales, tan básicos como son la justicia y la paz, es muy sencillo señor presidente, por encima de todo está la justicia y la prueba más fehaciente es que: *es muy posible, siempre, la práctica y aplicación de la justicia, aunque no exista la paz, pero es imposible un solo segundo de paz sin justicia.*

No es un paradigma creer que la justicia es igual a cárcel al no ser que el presidente piense que la cárcel, en algunos casos específicos de crímenes perpetrados por la FARC, es demasiada benévola en relación al cruel delito cometido. Investigar y condenar los delitos de lesa humanidad es una obligación para cualquier estado o país que no dejará pasar por alto la Corte Internacional de Justicia. El mundo global tiene ventajas pero exige equidad y respeto, gracias por eso, *del lobo, al menos un pelo.* ¿Por qué resulta tan difícil la paz en Colombia? Sencillamente porque se quiere reeditar o reescribir el concepto de justicia y el mundo observa y el mundo opina y el mundo condena. Yo nunca entenderé lo que realmente significa el término cabildero que habla de un tipo de: *"justicia transicional"* ese *lobby nuevo* que según se argumenta, nada tiene que ver con la impunidad ¿Entonces qué es? ¿Acaso un merecido premio por deponer las armas?

Por otra parte hay esperanzas de que los Estados Unidos de América renuncien a todas las peticiones de extradición pendientes sobre los líderes de la narcoguerrilla subversiva de las FARC. Es posible que el presidente Juan Manuel Santos pueda, quizás desde el poder, influenciar en parte a la justicia colombiana pero, le costaría mucho, si lo logra, lo cual yo dudo, poder convencer a la justicia norteamericana. En Estados Unidos existe la separación de poderes.

Otro hecho digno de analizar por insólito en cuanto a su desarrollo es el anunciado secuestro del general de 55 años Rubén Darío Alzate Mora y dos acompañantes más, el cabo primero Jorge Rodríguez y la abogada especialista Gloria Urrego, por parte de las FARC en Chocó. Esta situación parece un mal elaborado guión de telenovela. ¿por qué?: lo primero que hay que preguntarse es: ¿a quién benefició? y la respuesta es que el secuestro no benefició a nadie ya que las atribuladas FARC están participando en el diálogo o conversaciones de paz en La Habana por propio deseo y conveniencia pero, hay otra pregunta: ¿A quién benefició la inusual pronta liberación del general y demás secuestrados? aquí la cosa cambia, pues benefició tanto a los subversivos terroristas de las FARC y muy en especial al presidente Santos, ya que por una parte nos presenta a una FARC humanitaria y muy interesada en la seria continuidad de las conversaciones y por la otra parte refuerza el cada vez más desteñido respaldo al presidente y su imagen de fortaleza, muy deteriorada, ante los bandidos insurgentes. ¿Para qué secuestrar y liberar en apenas dos semanas a un general del ejercito? solo para que la prensa cubra la noticia, hable y publique. ¿Para qué interrumpir con un secuestro lo que ambos no desean interrumpir? solo para reforzar posiciones ante *la ingenua* opinión pública. ¿Qué hace un general en zona guerrillera desarmado y sin adecuada escolta? Facilitar el secuestro, casi pedirlo a gritos; esa es la lógica, la verdad algún día se sabrá, por el momento pienso que no serán muchos los que asimilen el circo de ficción.

Deseo, al dar por terminado este sintetizado análisis del llamado proceso de paz, expresar un sincero reconocimiento a la gran labor patriótica y altruista del expresidente y actual senador de la República de Colombia, el señor Álvaro Uribe Vélez, por su entrega y dedicación, en favor de los genuinos valores democráticos de su país y del mundo libre.

Capítulo 8   La unión ante el peligro

Siempre, por efectiva probada estrategia, los terroristas, argumentan y justifican sus actos vandálicos desde el punto de vista de la desigualdad social, que es muy cierto que existe pero, que ellos, cuando al fin logran por cualquier vía tomar el poder, prolongan y profundizan aún mucho más, otro argumento muy eficaz es el tema religioso, porque la religión también es un arma efectiva, como sucede con la religión islámica en el mundo actual, que también ha sido secuestrada y utilizada por los vándalos en su activismo paralelo de desinformación y terror. *La ingenuidad política existe y se pone de relieve cuando se sigue con ceguedad a caudillos populistas y no a las instituciones democráticas*; existe también esa ciega ingenuidad religiosa y genocida, en aquellos que creen que pueden llegar a su Dios matando y asesinando a personas inocentes, la mezcla de ignorancia y fanatismo es tan terrible y poderosa que es capaz de socavar las bases mismas de la civilización, del bienestar y la paz mundial, hay que educar, hay que ilustrar siempre, para poder cosechar hombres de bien a tiempo.

Por otra parte están los oportunistas de turno, esos que salen a pescar raudos en aguas revueltas, casi siempre con características coincidentes, como traje a la medida, donde se destaca la gran abundancia de palabras y la ausencia total de soluciones a los problemas que enuncian. Nunca la razón será vencida pero, puede ser muy afectada y hay que saber diferenciar entre una crítica constructiva y una crítica con ambiciones marcadas por el oportunismo marxista, o de otra índole derivativa, que nada nuevo representa y todo ofrece pero, cuando la ingenuidad les ha dado una oportunidad, siempre hacen trizas al país y sus más nobles esperanzas. Poco cambio existe del oportunismo clásico al moderno.

No se negocia con terroristas y hay que aprender a sonreír ante las soluciones cristaleras y alternativas mágicas de arreglarlo todo, que prometen los oportunistas marxistas modernos, recordándoles a tono, entre una frase y otra, que esa ideología además de absurda es responsable de millones de muertes, solo en el pasado siglo y que jamás y nunca ha significado un centímetro de avance a los pueblos que la han abrazado, todo lo contrario; que le pregunten a los dolidos: a Polonia, Bulgaria, Rumanía, República Checa, Hungría, a Eslovaquia, al pueblo de la antigua Alemania Oriental y a cuanto país loable haya sido capaz de sacudirse el yugo mísero, represivo y dictatorial que representa esa aberrada ideológica que pregona la izquierda marxista.

8.1 ETA y Podemos

Existen diversas experiencias positivas de unión en el tiempo, como la larga y triunfal lucha emprendida contra el extremismo radical que llenó de luto a España, y que logró derrotar con firmeza al sangriento y cobarde terrorismo de ETA; hubo ciertos contactos pero, ningún trato especial acomodaticio con los mandos subversivos del orden y la ley, *España no cedió al chantaje*, eso es encomiable, muy ejemplarizante y esperanzador. Se debe tener presente como un digno y noble hecho civilizado histórico, que salió bien; en lo particular, no creo que conversar con grupos radicales sea una buena estrategia de estado pero, la democracia trató.

El grupo terrorista ETA, que de ninguna forma es un representante genuino de los inmensos valores que acreditan al noble y laborioso pueblo vasco, es conocido con el nombre despampanante de Euskadi Ta Askatasuna, ETA por sus siglas, pienso que fue, sigue siendo o es, eso nunca se sabe con seguridad del todo bien, un temible grupúsculo terrorista radical con amplio y diverso apoyo de todo tipo del terrorismo internacional y del narcotráfico, en especial de Cuba comunista, el cual se declaró o autoproclamó a sí mismo como una organización nacionalista independentista beligerante, revolucionaria y sin dudas socialista en esencia y contenido; otro engendro desvelado del mal radical, otro sueño trasnochado de tomar el poder por la fuerza, que fue ampliamente rechazada, combatida, derrotada y condenada, política y socialmente, por su terror y prácticas criminales que causaron más de ochocientas víctimas inocentes entre julio del año 1961 y octubre del año 2011 al pueblo español. Otros pueblos de nuestra América también sufrieron y tuvieron que pagar un alto precio por la acción de estos miserables asesinos radicales, uno de los más afectados la gran república hermana de Colombia, donde estos señores terroristas, por dólares y por egoísmo personal, que nada tienen que ver con ideas patrióticas y mucho menos con el pueblo Vasco, sirvieron de maestros a los sicarios de Pablo Escobar Gaviria y otros carteles más, así como también a grupos paramilitares y subversivos como las FARC en el adiestramiento y manipulación de explosivos, en diferentes prácticas terroristas muy cruentas y novedosas en aquellos entonces, que incluida la técnica operativa, de detonación más segura de las mortíferas cargas, por control remoto.

El terrorismo de ETA fue como la antesala misma del infierno para el pueblo y la joven democracia española que hoy debe enfrentarse al infierno mismo disfrazado de esos argumentos populistas, fuera de época, tan retrógrados y tan absurdos, soñadores de pesadillas para otros y en extremo oportunistas del movimiento o mediático partido Podemos y asociados. Hoy la técnica es diferente pero desastrosa igual, hoy los grandes líderes de Podemos no están en función asesora en Venezuela porque en parte, por sus consejos, el país está a punto de la bancarrota declarada, de hecho ya lo está, pero además, ya no hay de donde sacar para pagar por la ineptitud, y todos los marxistas detestan el capitalismo pero aman lo dólares, ¿o no? Si el bolívar pierde valor hay que conquistar el Euro, las revoluciones sociales cuestan y los pueblos, *piensan ellos*, están condenados a pagar por su emancipación o desgracia, que en esos casos no difieren, ya que el marxismo las hace 100% coincidentes, además: *el que parte y reparte le toca la mejor parte*, dice un refrán.

Es indudable que Podemos significa un cambio ya que puede hundir las esperanzas, el desarrollo y el bienestar de toda España, si los españoles, como sucedió en Cuba, se llegasen a mirar en el espejismo lastrante de esa fuente oportunista, que quedará sin agua de lograr triunfar, puesto que todas esas erráticas y absurdas políticas son sinónimos de desabastecimiento, hambre y penurias, que de paso, es lo único que saben repartir muy bien, de forma igualitaria a los demás, excepto a la cúpula dirigente, en esa igualdad mísera a la que conlleva esa ideología antieconómica y decadente. Por otra parte, está el nerviosismo característico del capital, que ante un triunfo virtual o real del partido Podemos en unas elecciones generales en España, escaparía raudo del país al unísono de una gran disminución considerable de la inversión, especialmente extranjera, o sea, el comienzo de una muy grande y profunda debacle, muy justificada por los antecedentes mismos que brinda la historia nefasta de ese inoperante sistema económico, basado en una ilógica y absurda ideología, enarbolada por sus máximos dirigentes.

Si los ilusos seguidores y también ilustres asesores muy bien pagados desde el mismísimo Palacio de Miraflores en Caracas, que los convierte en cómplices del descalabro total de Venezuela, del no tan iluminado golpista tradicional y neogolpista electoral Hugo Rafael Chávez Frías, de una muy fatal y triste recordación ayer, hoy, mañana y siempre,

"Por qué no te callas" ¡Bravo Majestad!, para la gran mayoría del noble pueblo venezolano, que ven a su país en ruinas, consiguen con la ayuda y la complicidad mediática, en gran parte, racionalizar también la voluntad del pueblo español, en una cuota ingenua pero mayoritaria de votos, aunque de alianzas de tipo o índole oportunista se tratase; si mediante ese cívico y gran poder electoral se alzaran con el ansiado triunfo, que nadie dude un solo segundo, que acto seguido buscarán por todos los medios de eternizarse, cual dictadura moderna electoral, que lo primero que hace es cambiar la carta constitutiva o ley suprema a su favor y los mecanismos de reelección para un voto controlado y así establecerse por tiempo indefinido, y no ceder por el mismo modo de obtención cívica democrática el poder adquirido; en oportunidades vale la pena escarmentar por cabeza ajena, en especial si de marxismo se trata. Es el nuevo método.

El movimiento o *novicio* partido Podemos es imposible de encontrar en el centro del tablero político español, si hablamos de realidades, tan solo porque es, vive, sueña y se encuentra en la extrema izquierda ideológica.

La democracia, más cuando tan joven es, dista mucho de ser perfecta, la democracia se perfecciona con el ejercicio de la democracia misma: El populismo y el oportunismo de Podemos es un viejo lobo al asecho que se alimenta de las necesarias correcciones democráticas, aunque se muestre moderno, es por supuesto, tan rojo como la capa misma de aquella Caperucita que ya lo venció en lidia frontal, porque al final, la democracia siempre se impone como mecanismo civilizado de convivencia social, por ser el mejor sistema de justicia y desarrollo total que existe y ha existido siempre, el mismo incipiente sistema que hace 2495 años defendió con valentía y heroicidad el siempre grande Leónidas I con sus 300 probados guerreros y Temístocles con su diminuta flota en aquel desfiladero y mar griego, contra el imperio Persa de Jerjes I, ¡qué casualidad!, en la Batalla de Termópilas y Artemisio, donde demostraron que la unión patria contra la expansión y dominación es posible siempre y que cualquier tipo de desavenencias por el amor a los genuinos valores que se profesan deben desaparecer antes de poner en riesgo el ejercicio y derecho de la mayoría, que es posible corregir las diferencias ante el peligro real, igual que hicieron los espartanos y los atenienses 480 años a.C. prefiriendo luchar unidos hasta el mismo final, sabiendo de antemano que era una causa perdida por la inmensa superioridad del enemigo, que se vio forzado antes apartar las pilas de sus soldados muertos, en tumultuarias ofensivas, ante la muralla sólida e infranqueable que constituía la defensa de un grupo de hombres dispuestos a morir unidos, y que solo rompieron esa afilada y punzante estructura cuando al asomo de la traición no fue posible resistir más, y a golpe de espada y de orgullo, se abrieron paso a la gloria y la eternidad. ¿Es que acaso el movimiento Podemos no conoce los resultados de esa nefasta política en Cuba y Venezuela, acaso ignora lo desastroso que sería para España un retroceso semejante, no sabe Podemos que esas aventuras pueden terminar en una guerra civil; en lo internacional, no conoce el movimiento Podemos de las amenazas emanadas del grupo Isis a la Península Ibérica? Sí, la gran España de todos está incluida en el macabro primer mapa negro radical de ocupación y genocidio, es prioridad en los planes terroristas actuales de dominación global, ¿Para qué dividir más? ¿A quién en realidad sirve y representa el partido Podemos? el momento es de unión, no de falaz exaltación oportunista.

Es así como se hace, como hicieron los dos grandes e inmortales, Leónidas I y Temístocles, sin protagonismos es que se defiende la democracia, con uñas y con dientes, pero por suerte hoy, los amantes y defensores videntes de la joven democracia y sus valores en la Madre Patria, en la gran España de los españoles y de todos los que la llevamos en el corazón, es aplastante gran mayoría, pero ojo con el lobo. En paráfrasis de un fragmento de la bella obra literaria de José Martí encontré un adecuado concepto:

"Los agradecidos hablan con fervor de la luz que proporciona el astro rey, esa que alumbra y quema a la vez, los malagradecidos por su parte, solo observan y comentan sobre sus negras manchas".

España tiene muchos líderes y políticos capaces que conocen y aman la democracia que se empeñan en poder consolidar, esa actitud digna debe contar con el respaldo del pueblo español; *Roma no se construyó en un día* y más de uno fue necesario para descubrir el nuevo mundo, pero siempre el sentido fue el progreso, siempre adelante con deseos de desarrollo y ese espíritu debe primar, ese deseo y esa lógica razón que dista mucho de ser lo que representa el movimiento marxista Podemos y sus asociados *trillados*.

Siempre aquellos que no ostentan el poder tienen la gran ventaja de lograr poner de relieve los lógicos errores que en el ejercicio del mismo se producen; generalmente casi todos los errores pueden ser enmendados, la crítica es saludable en la democracia, como lo es también la política, al igual que toda manifestación social y humana, en dependencia de la buena voluntad que le acompañe. No es lo mismo:

"el que canta, sus males espanta", que: *"el que canta sus males, espanta".*

Es por eso que sí, es de suma importancia *la posición* en el contexto de una sola coma cuando confundir y escalar se pretende, sobran intenciones grises que lo demuestran, que tergiversan, con el llamado necesario voto de cambio o con un adecuado cambio de posición, el rumbo más acertado y probado; después hacen falta muchos años de sufrimientos y dolor extremo para corregir el garrafal error, sobran los nefastos ejemplos: Cuba 56 años de penurias, Venezuela 16 años copiando. Con todo mi respeto, en adecuación:

"Españolito que crees en Podemos, te salve Dios".

El gran pueblo español necesita tener especial cuidado en esa hora crucial pensante, al tomar o seguir opciones, porque no es nada fácil distinguir, ante la voraz virtud de una crítica oratoria en formato de rayos X, entre: el arte mismo de actuar y el deseo innato de servir. La habilidad siempre sigue caminos trillados y esgrime entre frases bien conocidas, la inteligencia abre senderos en la tupida selva a golpe de un estribillo o poema inédito, por ejemplo: Fidel Castro fue, porque ya nada queda de él, un caudillo hábil que supo manipular las esperanzas de un pueblo, leyendo a, hablando, gesticulando y actuando como Adolf Hitler, pero de ahí a decir que fue una persona o político inteligente dista mucho, si hablamos con respeto al cerebro humano, en primer lugar porque político nunca ha sido, no es el arte su alta pasión, y en segundo lugar porque inteligente mucho menos, ya que un político equilibrado, de época actual, una persona o líder inteligente, no mata de hambre a un pueblo que lo aclama, a su propio pueblo, a escasas 90 millas de distancia del primer país productor de alimentos del mundo.

Desde el Nuevo Mundo he visto y veo con asombro una izquierda Europea cegada en gran parte por la añeja visión antinorteamericana de una alternativa alineada a un solo concepto, que se enarbola como cuño de autenticidad, que ha logrado distorsionar realidades y convertir en Robin Hood al mismo Drácula. El mensajero puede saber hablar, saber cantar, saber actuar, y hasta convencer de los errores ajenos pero, si no es original, si no sabe o no es capaz de poder pensar antes de hablar, el mensaje que trae, si alguno trae, muy posiblemente es como él, más de lo mismo, no es el guía o el mesías salvador, su cobija no es mensaje nuevo.

Lo más triste es que todavía algunos seguidores por ahí siguen creyendo que en realidad el personaje más tenebroso del Caribe es el *joven y jovial* Robin Hood, algo envejecido, que aún mantiene su acertada visión, en retiro obligado por la imperialista cesación, por ese bloqueo de la CIA llamado sucesión biológica que lo ha condenado al ostracismo. El populismo siempre actúa y encandila por igual, nos ronda, lo tenemos enfrente y no lo vemos pero, es tan incapaz de regenerarse en el espacio *a sufrir* adquirido, en ese espacio donde debe y nunca logra hacer su *camino al andar,* que termina como impecable traje reservado para museo, fuera de época, que no queda, con ese distintivo color verde olivo camaleónico, copia de su odio por envidia, tan abundante, y hasta excitante, en los intrincados Bosques de Sherwood.

Los Estados Unidos de América constituyen hoy la más vieja, la más sólida y ejemplar democracia del planeta con una Constitución adoptada en su forma original el día 17 de septiembre del año 1787, por la Convención Constitucional de Filadelfia, en Pensilvania, por lo cual este presente año 2015 cumplirá 228 años. Se dice fácil, pero no lo ha sido, todo país pasa por situaciones y momentos difíciles, la gran nación norteamericana no ha sido la excepción de la regla; guerras, terrorismo, profundas crisis económicas, conflictos políticos, sociales, desastres naturales, etc., han golpeado y siguen afectando a esta gran nación. ¿Cómo lo han logrado? Son muchos los factores, los patriotas y las personalidades pero, ante todo, la vocación y la decisión de un pueblo que apuesta por la democracia como sistema de gobierno.

He vivido en los Estados Unidos de América los últimos siete lustros, y doy gracias por eso, hay algo que me ha llamado poderosamente la atención y deseo compartirlo con todos ustedes: este país es tan grande porque muy grande es su pueblo, este país es tan noble y generoso porque muy noble y generoso es su pueblo, este país es tan fuerte por la inteligencia, la innovación, por el inmenso orgullo nacional distintivo, la disposición, laboriosidad y amor de su pueblo. Estados Unidos tiene diferentes culturas, muchas etnias o naciones que integran el gran país de inmigrantes que en realidad es; tiene dos partidos políticos mayoritarios, el Partido Demócrata y el Partido Republicano, existen otros, pero casi siempre son estos dos partidos los que disputan las elecciones para cada término, dentro de alineadas pasiones y gran fervor nacional; en muchas ocasiones las campañas son fuertes y crean división, la política fluye al ritmo mismo de la democracia, las críticas al presidente pueden aprobar o desaprobar su gestión, en oportunidades con tonos subidos y dramáticos, ese es el panorama normal, la rutina diaria, *"The American Way of Life"* en toda su magnitud y libre expresión, pero ante un desastre inminente, un vil y cobarde atentado terrorista, ante cualquier dificultad nacional, en ese preciso momento, todo el pueblo es uno, se olvidan de las preferencias políticas y se unen ágil en torno al presidente y al Congreso, en un bloque monolítico sólido, fiel, nadie es Demócrata o Republicano, cesa el partidismo, porque todos escalan al más alto y principal estadio que los identifica como nación, todos y cada uno son norteamericanos, todos y cada uno son soldados de la patria. Así es los Estados Unidos de América que yo conozco y también el que amo. Cada país tiene sus propias características y problemas y la única forma de afrontarlos es uniéndose sin reservas ante la adversidad, y si hoy, en tiempos de global integración el mundo vive, la experiencia positiva es válida, las naciones y el mundo pluralista sin dejar de ser plural deben crear un frente común contra la insidia y el divisionismo, contra el populismo ventajista político oportuno, contra el terrorismo y la distorsión religiosa divisiva, contra los enemigos de la humanidad. La democracia no es perfecta pero, es el único camino sabio y posible de acercarse a la perfección.

Capítulo 9   ¿Qué es una guerra asimétrica?

Las guerras tienen y persiguen objetivos económicos y políticos, los motivos propiamente de carácter religioso casi siempre son una apariencia o una estrategia más.

Las guerras se coordinan y se buscan o establecen las fuentes de los necesarios financiamientos y de propaganda que casi siempre son los dos factores decisivos que inclinan la balanza. Una cosa es ser el agresor y otra es ser el invasor aunque se pueda dar en muchos casos que ambos conceptos coincidan pero, no siempre es así. El agresor es siempre el mayor responsable del conflicto porque no se justifica la agresión nunca y menos en estos tiempos, el invasor puede ser el agredido, que trata de neutralizar los medios del agresor. Invadir un territorio que te agrede o pone en peligro tu estabilidad o la de un aliado, es un acto propio y legal de legítima defensa y no se considera una agresión.

Los pueblos, los países, las naciones tienen fronteras y soberanía, traspasar las fronteras de un país de forma hostil es una agresión y una violación a la soberanía de el país invadido. Cuando un ejercito invade militarmente otro país con intenciones expansionistas de apropiación de territorios vecinos u ajenos, tiene que asumir las consecuencias de su beligerancia. Por otra parte, cuando un país es asediado constantemente y atacado por grupos o ejércitos desde las fronteras de otro país, cuando diariamente se lanzan desde el otro lado cohetes o misiles, así como incursiones por sorpresa o se cavan túneles bajo su suelo para agredirlo, ese país que está siendo agredido, tiene todo el derecho legal a defenderse de la agresión y tomar las medidas que estime necesarias para proteger a su pueblo. Defenderse es eliminar las causas de la agresión, invadir puede ser acto de defensa.

La comunidad internacional tiene todo el derecho a crear coaliciones para defender una región, un país o a cualquier pueblo de una amenaza genocida probada. Cuando todos los caminos a la paz y la cordura se cierran, las coaliciones internacionales son el medio legal ideal de consenso o de acuerdo civilizado mayoritario coordinado, para proteger la paz y los intereses de la humanidad ante un enemigo común que trata de subvertir el orden establecido.

La asimetría es una desproporción entre dos partes de un todo. En una guerra la asimetría es la desproporción entre los dos ejércitos, grupos o combinación de ambos que se enfrentan en un conflicto violento fuera de la tradición militar, es un tipo de estrategia. El terrorismo y la guerra de guerrillas son formas asimétricas de guerra donde no existe un frente determinado ni acciones militares convencionales, pero este concepto también tiene un aspecto civil, del que poco se habla, que está en, y también muy lejos, del área de enfrentamiento y sirve como base de apoyo logístico a las operaciones. Las características de una guerra asimétrica, de ahora, están enmarcadas por dos aspectos fundamentales:

1.- Al menos una de las partes que están involucradas en el conflicto no constituye un ejercito convencional.

2.- La cobertura del conflicto es cubierta por un tipo de prensa y medios de difusión sensacionalista de una forma no balanceada, menos ética e imparcial, mediante pagos considerables u otros obsequios acordados con anterioridad, también por mezquina política ideológica, por muy diversos intereses económicos o personales, fanatismo, etc. Se trata de crear un estado de opinión programado en la ciudadanía del país democrático contendiente a favor de la otra parte terrorista participante en el conflicto, generalmente con la información muy bien estructurada y algún tipo de opinión o razonamiento entre lineas, alineado a favor de la parte que paga la factura. Es la profesión marcada por la ambición y la conveniencia, es la más alta e innovadora tecnología de punta, al servicio del dinero, manipulando la veracidad.

La Guerra Asimétrica comenzó en realidad con la Guerra de Vietnam y fue tan exitosa para los comunistas, maestros de la propaganda, que se puede afirmar que fue el factor decisivo y determinante en dicho conflicto, en la actualidad, en otro escenario, ahora mundial, se está tratando de repetir.

La estrategia de la guerra asimétrica, que se utilizó en la Guerra de Vietnam por primera vez y se está utilizando nuevamente hoy en los conflictos terroristas en el Cercano o Medio Oriente, provocados por Hamás que involucran al Estado Judío de Israel y con más extensión en una cobertura ampliada, en el actual conflicto yihadista radical islamista con características expansionistas globales por parte de Isis y sus asociados, constituye una guerra de terror ilustrado y difundido a través de los medios al mundo libre o mundo occidental, con diferente cultura y forma de ver las cosas, a como las consideran y ven los fanáticos terroristas de la yihad islámica. Se trata de establecer, a golpe de dinero, por todos los medios propagandísticos posibles, un efectivo y sólido estado de opinión en el pueblo de donde procede el ejercito rival y sus aliados que le permitan obtener al grupo terrorista una victoria militar sin disparar un solo tiro. ganar la guerra sin combatir, en el supuesto e indefinido frente de operaciones, que en realidad se traslada a las ciudades y países de las naciones contrarias implicadas en el conflicto armado, a la misma vez que tratan de llenar de macabro terror a todo el mundo occidental que odian hasta la médula.

Es extremadamente efectivo ese método vil, mediante el cual se difunden las imágenes gráficas en videos y fotos de ejecuciones masivas, decapitaciones espeluznantes etc.

También puede incluir atentados terroristas en los países rivales contendientes, muy lejos del conflicto armado, en sus grandes ciudades y principales capitales, los mensajes casi siempre son manipulados, así como las cifras de bajas de soldados por muerte o tomados prisioneros o cualquier información gráfica que ellos consideren denigran y disminuyen la moral combativa de las tropas en campaña y de la opinión pública, especialmente de las potencias o países involucrados en una coalición de naciones o quienes en su contra la apoyan. Cuando los pueblos comienzan a asimilar el veneno surgen las presiones a los congresistas y políticos contra el estado y se desatan las masivas protestas, coordinadas por abanderados de la causa, la inestabilidad comienza a recorrer los centros de opinión pública y las calles y la epidemia se expande con gran efectividad.

Muchas personas se extrañan de que un rehén periodista, soldado o civil que va a ser decapitado ante una cámara se muestre calmado y ofrezca incluso un discurso contra su país de origen u organización a la que pertenece, otros escuchan y creen ciegamente en el mensaje bajo presión. Esto se debe a que esa pobre víctima ya ha pasado en muchas oportunidades por la misma escena, a modo de ensayo, con una cámara enfrente y obligado a leer lo mismo una y otra vez y ha logrado conservar la vida y así se ha ido acostumbrando a la dantesca y macabra escena que un día indeterminado, a la medida vil de la conveniencia cruel para estrategia propagandística de los malvados terroristas, se ha de convertir, sin la inocente víctima saberlo o esperarlo, en una terrible y lamentable realidad, en muchos otros casos son drogados para eliminar cualquier tipo de resistencia. Todos los rehenes están en un extremo peligro siempre y forman parte del mismo juego infrahumano y estratégico propagandístico de estos crueles asesinos, de estos sádicos y malvados terroristas que los decapitarán y difundirán los videos cuando deseen o les convengan ejercer presión sobre los familiares y la opinión pública en general en sus países de origen, por lo cual no es aconsejable estar en las regiones o áreas donde estos bárbaros actúan o tienen su zona de influencia militante. Incluso aquellos ingenuos occidentales que siguiendo los cantos de sirena de los terroristas se les unen, están en gran peligro, cuando estos salvajes necesiten una decapitación mediática y no cuenten con un rehén ideal capturado o comprado a otros grupos terroristas, procederán con ellos, en el nombre de la causa y por qué no, de Alá.

A medida que el grupo terrorista radical tome más fuerza, aumentarán los secuestros y la toma de rehenes inocentes, algunos serán intercambiados por dinero para engrosar sus fondos económicos, otros serán decapitados y mostrados en videos para aumentar su capital político y sumar adeptos a sus filas terroristas. Esas imágenes son muy efectivas y van expandiendo el terror incluso entre las tropas contrarias, muchas de las cuales huyen, como se ha manifestado en diversas oportunidades en Irak, abandonan sus puestos de defensa y todo el arsenal militar disponible, se deshacen de todas sus credenciales, uniformes, atuendos y corren despavoridos. La inhumana grabación y repudiable incineración en vida de un joven piloto jordano capturado responde a esos fines, al igual que la decapitación masiva de coptos cristianos y la utilización de niños como verdugos.

Aunque en las crudas imágenes se denotan, en muchas oportunidades, escenarios rústicos de campaña militar, estos individuos cuentan con la más moderna tecnología, personal calificado e ilimitados recursos financieros para sus planes propagandísticos con detalles específicos y mensajes acorde para cada región de interés, a nivel mundial, donde serán exhibidos, según la estrategia predeterminada a seguir. Los conocedores y especialistas de altas técnicas y tecnología de punta, en grabación y edición, así lo confirman.

Capítulo 10   La guerra asimétrica Parte I

Sin entrar en detalles de otro conflicto lamentable, es bien sabido por los estudiosos que lo conocen a fondo, que los Estados Unidos de América no perdió una sola batalla en el campo militar en la Guerra de Vietnam, repito, en el campo militar, en los enfrentamientos donde las armas hablaron; destrozó la más famosa estrategia comunista subversiva, la llamada gran ofensiva del Tet, largamente planificada y muy analizada a los más altos niveles de la dirección chino-norvietnamita y respaldada con todos los recursos imprescindibles y necesarios para su ejecución. Sólo, para que se tenga una acertada idea, es sabido que en los primeros días de esa artera, cuenta y múltiple ofensiva, los comunistas perdieron diez mil combatientes, mientras las fuerzas norteamericanas experimentaron unas doscientas bajas, las masacres fueron numerosas por parte de los norvietnamitas que en una solo ciudad asesinaron a más de cinco mil ciudadanos, entre ellos muchas monjas católicas, solo por el *peligro* que representaba ser humildes monjas.

Una tras otra sin ninguna excepción, todas las batallas fueron victorias norteamericanas en contra de las más diversas estrategias norvietnamita-chino-comunista, las que tuvieron lugar o se llevaron a cabo desde el principio mismo de su necesaria intervención, en defensa de su aliado el extinto país de Viet Nam del Sur, en su guerra contra el norte marxista apoyado por la República Popular China y la tristemente recordada Unión Soviética, URSS, pero, ya los corresponsales de guerra reportaban desde el frente como algo novedoso, en algo que se ha denominado la primera guerra televisiva del mundo y en miles de oportunidades el sensacionalismo tergiversivo llenó muchas pantallas de la televisión, las portadas de afamados periódicos y revistas, moldeando el sentido del comentario diario y muy oportuno de los principales medios masivos de difusión, unido esto a otros factores como las mediáticas protestas callejeras, en su gran mayoría manipuladas y financiadas por el oportunista comunismo internacional en el marco de la Guerra Fría. Se hablaba de Goliath contra David pero no era así, nada más lejos de la verdad, era el heroico y laborioso pueblo de Viet Nam del Sur y su aliado los Estados de Unidos de América, contra el comunismo internacional encabezados por China y la extinta Unión Soviética que deseaban la unificación o desaparición total de Viet Nam del Sur por cualquier vía, incluida la fuerza militar brutal, para garantizar el triunfo del satelital títere agresor comunista del norte; los goliaths eran ellos y la comunidad internacional, en muchos casos, mostró su total ingenuidad política y también un gran desconocimiento de la magnitud y la importancia de la realidad histórica, sencillamente fue manipulada por la muy efectiva propaganda sensacionalista. Algo parecido a lo que sucede hoy en el Cercano Oriente donde se condena a Israel favoreciendo el poder terrorista de Hamás, Hezbolá, de Isis.

Los Estados Unidos de América es el país y pueblo más generoso del mundo, el que a todos ayuda pero, también es el más difamado, cuando los Estados Unidos intervienen en un conflicto regional muchos arremeten y descargan su odio contra la gran nación americana acusándola de invasora e imperialista, cuando un país o región se desangra por un conflicto armado y los Estados Unidos se mantienen al margen lo acusan de actividad pasiva e indiferencia. Hay algo que nadie debe olvidar, cualquiera decisión de los Estados Unidos de América que implique su participación en un conflicto, incluye el sacrificio de su pueblo, el llanto de muchas madres y la sangre de sus heroicos soldados, hay que quitarse el sombrero primero y después hablar de los Estados Unidos de América y las eficientes y diversas ramas de su gran primerísima, avanzada y tecnológicamente única, sus tan aguerridas fuerzas militares estratégicas de choque, de su asesoramiento, siempre al servicio de la humanidad, siempre dispuesta a luchar y entregar, de ser necesario, la propia vida en defensa de la democracia, el mundo libre y la civilización, dondequiera que se cometa una injusticia o la comunidad internacional lo solicite, incluso de alimentar a Europa, a todo un gran continente que se encontraba en ruinas, en el umbral de una terrible hambruna después de finalizada la Segunda Guerra Mundial mediante el plan Marshall y como hace siempre, sin vacilar, el generoso pueblo norteamericano, ante las dificultades de cualquier país o nación necesitada.

La cultura de un pueblo es fundamental en todo pero más en un conflicto bélico, si en una batalla actual hipotética, contra un amplio contingente de terroristas radicales de Isis, en Irak, mueren muchos norteamericanos, el pueblo de los Estados Unidos se llena de dolor y lágrimas por los caídos y sus familiares y el luto se hace manifiesto en todas partes del gobierno y la población pero, si en esa misma batalla las pérdidas de los terroristas son el doble que las pérdidas de los soldados norteamericanos, ellos no se sienten para nada afectados ya que en su cultura morir peleando es un honor que abre las puertas del paraíso y se recompensa con la asignación de por lo menos 72 vírgenes al caído y otras recompensas más, por su heroísmo, lo que convierte una acción suicida en algo común y heroico en esa cultura de guerra y muerte; eso no significa que la vida de cualquier ser humano no sea importante y su pérdida por tanto lamentable, desde nuestro propio punto de vista occidental, eso significa lo relativo de la importancia de la vida de un ser humano, desde otros puntos de vista, donde depende en ocasiones de la cultura o religión que profesa. Cuando los terroristas de Hamás matan a civiles o militares judíos en Cisjordania y mueren en sus actos suicidas generalmente la fuerza pública israelí inicia pesquisas en sus residencias y al personarse encuentran grandes celebraciones, que incluyen a sus familiares más allegados, por el acto donde incluso se inmoló el integrante de Hamás, su hijo o familiar querido; es un problema de idiosincrasia religiosa cultural, lleno de un profundo fanatismo y culto a la muerte violenta.

Un tipo de comentario, en ambos sentidos de la crítica actual, es que los Estados Unidos de América es o pretende ser considerado el policía del mundo. Si los Estados Unidos son el policía del mundo es porque el mundo le ha conferido ese honorable, nada barato y muy peligroso cargo. ¿Cuántos países están dispuestos a cumplir con ese necesario rol o papel? Muchos países de forma abierta e individual, muchas organizaciones incluida la ONU, e incluso el Vaticano, el Papa mismo desde Roma, Italia, en ciertas oportunidades y de diferentes formas solicitan la intervención internacional en un conflicto y todo el mundo sabe que en primer lugar se están refiriendo a la intervención de los Estados Unidos de América, unilateralmente o al frente de una coalición de naciones; las injusticias existen y siempre han existido pero, si no fuera por el policía *Supermán* del mundo, aún existiera la esclavitud. Acusar a los Estados Unidos de América, en forma crítica y negativa por el servicio de alto costo que significa la seguridad internacional, de gran prepotencia al creerse el policía del mundo, es una doble moral de muchos que gozan la libertad que poseen gracias a los Estados Unidos de América y al sacrificio de su generoso pueblo.

Personalmente me siento muy seguro, al saber que habito un mundo con un policía tan justo y tan humano, tan bien entrenado y con disposición de combatir el mal en cualquier rincón del planeta, pienso que los genocidas y sus mejores discípulos internacionales no tienen esta misma opinión y pienso también, que todos deben cooperar un poquito más, aportando más recursos económicos, cuando se requiera, y agentes entrenados a esa fuerza policial de avanzada para que pueda seguir operando en bien de todos, porque de todos es la responsabilidad del bien común.

Si algún revés sufrió los Estados Unidos de América en la llamada Guerra de Vietnam, donde murieron de forma heroica más de cincuenta y ocho mil valerosos jóvenes soldados norteamericanos, defendiendo la democracia fuera de sus natales fronteras, e innumerables soldados y civiles vietnamitas, no fue un revés militar en esencia, fue un revés en los medios de opinión, un revés de nueva y peligrosa índole que estaba creando un terrible, y de cerca observado, mal precedente, eminentemente propagandístico y político, un revés *made in* occidente *versus or against* occidente, un revés en lodazal que ha creado estos pantanos de hoy, un revés que en resumen inició, consolidó y abrió de par en par las puertas a un nuevo tipo de guerra: la Guerra Asimétrica

La opinión pública norteamericana fue influenciada por la propaganda distorsionada y ejerció cada vez más presión sobre muchos de sus electos congresistas, que cada día se fueron oponiendo más y más al cruento conflicto bélico, en respuestas a sus electores y al ambiente creado por la propaganda y las innumerables imágenes que llegaban del frente incluidas los ataúdes de los soldados norteamericanos caídos, envueltos en la bandera norteamericana, se fueron así, sin tacto o previsiones futuras, recortando los necesarios recursos financieros y el gasto militar, se fue estrechando el cerco en los propios pasillos y salones del Congreso de los Estados Unidos de América, limitando de forma gradual el buen desenvolvimiento y la ampliación de la acción de los diferentes contingentes tácticos y los altos mandos militares envueltos directamente en el conflicto armado. Los Estados Unidos de América es un país de grandes y democráticos políticos, de economistas notables, de brillantes científicos, pero nada de lo anterior se pudiera haber logrado y mucho menos mantener, sin la destreza, la inteligencia y el valor de los grandes, de los insignes valerosos e intrépidos generales y oficiales, de todos los mandos intermedios, del más joven y humilde soldado, de la CIA y el FBI, de todo lo anterior que constituye gran parte y esencia misma del noble pueblo norteamericano, de su grandeza y deseo de vivir en paz

Es una apariencia irreal o foto fuera de foco decir que el Vietcong comunista obtuvo una victoria militar en la Guerra de Vietnam sobre o contra las entrenadas y profesionales tropas norteamericanas envueltas en el cruento conflicto, la realidad objetiva y balanceada es decir que: Estados Unidos perdió la guerra de Vietnam por sus propios medios de difusión, con la manipulación premeditada de un inmenso sector de la opinión pública norteamericana, en sus propias calles y ciudades y en su Congreso democrático por efecto directo, de algo nuevo, la desconocida hasta ese entonces, por esa hoy tan familiar y trágica denominación, la llamada guerra asimétrica que se realizó como complemento a la red guerrillera del Vietcong y del comunismo internacional, la desinformación total a la par del conflicto armado, la insidia contra la indefensa verdad, esa es la realidad, no importa como la disfracen. Solo nos queda aprender de los errores.

Esa estrategia ha regresado, una vez más está presente en el panorama político propagandístico mundial, es la misma estrategia *update,* la que hoy se utiliza otra vez como factor desestabilizador y desinformador en el Cercano Oriente, los enemigos de la democracia tienen memoria y acuden a las estrategias que en el pasado les funcionó; ahora la utilizan contra el Estado Judío de Israel y eso es algo muy grave y extremadamente peligroso para toda la humanidad en estos precisos momentos históricos, donde la ingenuidad puede tener un precio mucho mayor, doloroso y trascendental ante organizaciones terroristas numerosas con amplios recursos económicos y militares, conformando ejércitos invasores asimétricos, comprando voluntades, respaldados incluso por países y naciones despistados en base a una determinada etnia, con una agenda de dominación global; hoy no es ayer, hay una marcada diferencia en los objetivos del conflicto, la guerra asimétrica yihadista radical actual es la primera fase solamente de una guerra amplia que a medida que avance se tornará más convencional, con la sumatoria de ejércitos profesionales muy completos, de los países conquistados. Vislumbrar la estrategia enemiga es parte del triunfo.

Si alguien tiene dudas de las intenciones y la buena fe que tuvo desde el principio y tiene hoy el gobierno de los Estados Unidos de América en garantizar y proteger el bienestar del pueblo vietnamita en su totalidad, que vaya a Vietnam comunista y le pregunte al pueblo y al gobierno de ese país, que sigue siendo marxista como el Norte de ayer, cómo son sus relaciones con el gigante de América y qué opinan de la cuantitativa y cualitativa ayuda post guerra que en todos los aspectos los Estados Unidos de América le han brindado en el pasado y le continúan brindando; por otra parte, pregúntenle también de paso, qué piensan de China y la extinta Unión Soviética, de esos no tan fieles camaradas y aliados y saquen entonces sus propias conclusiones.

Nadie conoce mejor la verdad en reales detalles ni podrá responder más balanceada y objetivamente que el propio y sufrido pueblo de Vietnam y su aún dictatorial y en especial antidemocrático y represivo gobierno, el Vietnam que ganó esa guerra y hoy vive peor, que sigue siendo un país sin libertad pero, que comienza a pensar y cuando los pueblos piensan dejan de ser esclavos. Hoy ese pueblo conoce mejor que nadie lo que la mala propaganda puede alcanzar.

Capítulo 11   La guerra asimétrica Parte II

Esta Guerra Asimétrica actual, en su Parte II, comienza a engendrarse el día 16 de enero de 1979, después de varios meses de revueltas callejeras, cuando el difunto Sha de Irán Mohammad Reza Pahlevi abandona su tan convulso país definitivamente, padeciendo cáncer terminal y piloteando su propio avión junto a su familia, lo cual posibilita la toma del poder por el oportunista teólogo exiliado en Francia, el consumado agitador político Imám Jomeini o el ayatollah Ruhollah Khomeini, como líder supremo y vitalicio de Irán, el cual establece la República Islámica de Irán, se origina de esa manera la era de los ayatollahs iraníes que dura hasta nuestros días. En cuanto Ruhollah Khomeini se posesiona en el poder, comienza a fortalecer el estrecho respaldo del estado islamista de Irán al régimen sirio alauí-chiíta de Hafez al-Asad primero y con posterioridad, todos los demás gobiernos iraníes, al de su heredero hijo, Bashar al-Asad, hasta el presente y a la organización terrorista Hezbolá, también chiíta, en el Líbano. Khomeini llegó a Irán, besó la tierra y habló de exterminio, esa ideología no ha cambiado.

La terrorista organización Hezbolá ya existía en Irán desde finales de la década de 1970 y se asume que con más poder en el Líbano desde 1982. Es en esos tiempos donde se pone en práctica los elementos que hacen posible la Guerra Asimétrica parte II que toma al Estado Judío de Israel como el pretexto estratégico ideal para llevarla a cabo por dos motivos contextuales aún vigentes:

1.- El triunfo de la revolución islamista en Irán que había envalentonado a los terroristas más radicales.

2.- El conflicto libanés-israelí con amplia cobertura de la prensa y fácil posibilidad de manipulación.

El fundamentalismo musulmán radical en esencia es muy complejo y las diferencias irreconciliables entre sunitas y chiítas se exacerbaron en las guerras de Irak y en la guerra civil que aún se mantiene en toda Siria. La correlación de fuerzas en la Guerra Asimétrica parte II, hoy está a favor de la facción sunita Isis que asumió o copió la estrategia o plan iraní inicial, por lógica o conveniencia terrorista ya que Isis y el Irán de los ayatollahs son enemigos, en esta primera etapa de aspiraciones globales de dominación. En las filas de Isis hay muchos soldados y mandos del anterior ejercito profesional del ejecutado Saddam Hussein y su tenebroso partido Baas, el dictador sunita Iraquí Hussein siempre fue un acérrimo enemigo del islamista Irán, por otra parte, Isis es la organización terrorista más numerosa y más exitosa, la mejor financiada y preparada y mucho más radical, cruel y agresiva, con mayores ambiciones globales de dominación y erradicación de la cultura occidental y con un nunca hasta ahora visto poder de efectiva y real captación de militantes terroristas a su causa pero, Isis e Irán son enemigos con un punto común: el deseo de destruir al Estado Judío de Israel.

El nuevo régimen chiíta de Irán, desde el primer día se convierte en patrocinador activo del terrorismo, permite la invasión a la embajada norteamericana por fanáticas turbas respaldadas por el régimen y la toma de rehenes lo cual crea una larga crisis entre ambas naciones. Su vecino, el Irak gobernado por el dictador sunita Saddam Hussein bajo pretexto de una disputa fronteriza comienza en 1980 la llamada Guerra Irán-Irak que duró ocho años. Los Estados Unidos apoyan al Irak sunita de Saddam Hussein con armas y asesoramiento y otros recursos contra los cuales tendrían que luchar más tarde en la guerra contra el dictador iraquí. Hoy se discute mucho si fue inteligente por parte de Estados

Unidos el derrocamiento de Saddam Hussein, yo pienso que tarde o temprano había que salir de este dictador, genocida de su propio pueblo, que hoy sería un obstáculo más a la estabilidad de la región, hay que convencer al mundo que solo un sistema democrático de gobierno es garante de la paz y el desarrollo, eso Saddam Hussein nunca lo hubiera aceptado, un dictador menos es un problema menos. No es el objetivo en este preciso momento el realizar un análisis pormenorizado del derrocamiento del dictador iraquí, pero estoy seguro que el haberlo sacado de circulación beneficia notablemente a la causa de la democracia en la región, lo cual hoy es más importante que la propia tenencia de armas de exterminación masivas, tan discutidas, por parte de un dictador sin escrúpulos y la posibilidad misma de que en cualquier momento las pudiera, no tan solo adquirir, si es que en realidad no las tenía casi listas, lo cual tampoco se puede asegurar con plena exactitud, más cuando el mismo dictador fue capturado en un profundo hueco camuflado, sino también su disposición por alta probabilidad histórica a utilizarlas, sin ningún tipo de reserva o limitación contra el Estado judío de Israel, al cual ya había atacado con misiles, o en diseño controlado contra el propio pueblo kurdo en el Kurdistán iraquí, que ya había sido victima de sus mortales armas químicas o una que otra población chií a su antojo.

En otro importante conflicto armado paralelo, la extinta Unión Soviética invade Afganistán, en respaldo de su aliado la comunista República Democrática de Afganistán, que de democrática no tenía nada. Los Estados Unidos y muchos otros países apoyan al bando contrario, los insurgentes muyahidines, a los cuales le entregan grandes cantidades de armas, dinero, asesoramiento, etc., esta guerra afgana contra el imperio soviético duró diez largos años, formó parte de la Guerra Fría y en ella participó del lado de los muyahidines apoyados por Estados Unidos, el saudita Osama Bin Laden y el grupo terrorista Talibán del Mullah Omar, ambos con fundamentos sunitas, como resulta de forma mayoritaria en toda la población de Arabia Saudita. Posteriormente estos dos individuos crean una estrecha alianza mientras el Mullah Omar gobierna Afganistán bajo las estrictas leyes y códigos de la ley Sharia islámica; ambos se convierten en acérrimos enemigos del pueblo y gobierno de los Estados Unidos y entre otros bárbaros hechos fraguan y llevan a cabo los sucesos lamentables del 11 de Septiembre del 2001 que culminó con el derrumbe de la Torres Gemelas en la ciudad de New York, así como del también brutal ataque terrorista al Pentágono ese mismo día.

Osama Bin Laden fue el fundador de la red terrorista Al Qaeda responsable además de los ataques a las embajadas norteamericanas en Kenia y Tanzania, en el mes de Agosto de 1988, y otras connotadas actividades terroristas más. El domingo 1 de Mayo del 2011, hora de Washington D.C. el presidente de los Estados Unidos Barack Obama anunció al mundo el ajusticiamiento en Pakistán del terrorista Osama Bin Laden jefe de la red terrorista Al Qaeda mediante una acción de comandos élites de los Navy Seals de los Estados Unidos de América; la terrorista red Al Qaeda ha seguido operando después de la muerte de Osama Bin Laden bajo el mando de su médico y mentor egipcio Aymán al-Zawahirí. En el año 2013 como una escisión de la misma, surge el grupo terrorista Isis, dentro del contexto de la guerra civil siria pero, con una muy amplia experiencia forjada en la guerra contra la intervención armada de los Estados Unidos en Irak, donde los anteriores fieles muyahidines aliados de Afganistán, eran ahora fieros y mortales enemigos en Irak. Este conflicto que concluyó con la destitución y captura del dictador Saddam Hussein profundizó el odio y el rechazo de todos esos grupos, ya muy radicalizados, contra los Estados Unidos de América e Israel como principal aliado.

Antes de las dos intervenciones militares de los Estados Unidos posteriores al 9/11 en Afganistán e Irak, el régimen del ayatollah Khomeini y otros posteriores ayatollahs en Irán, estaban muy ocupados en sus enfrentamientos con Irak y también con los rivales Talibanes del vecino Afganistán, a los cuales nunca habían reconocido a pesar de ser ambos estados fundamentalistas islamistas radicales con solo esa gran y más polarizada diferencia de que Irán es chiíta y los talibanes son sunitas. La región se seguía calentando más a medida que el proceso en Irán se continuaba radicalizando.

La justa y necesaria invasión de los Estados Unidos en Afganistán después de los sucesos del 11 de Septiembre del 2001, en respuesta al ataque terrorista más brutal que ha sufrido la nación americana, así como la Guerra de Irak que depuso al dictador Saddam Hussein, fueron dos factores que favorecieron mucho al Irán terrorista en su lucha contra el estado israelí y sus enemigos occidentales, al eliminarle o disminuirle notablemente la presión en sus fronteras del este con Afganistán y al oeste con Irak, pero el golpe fatal lo fue la designación mediante el triunfo en Irak, en las elecciones post Saddam Hussein del señor Nuri al-Maliki como primer ministro del país que según la constitución del año 2005 le otorgaba todo el poder ejecutivo; fue algo así parecido a entregar Irak en bandeja de plata a los ayatollahs de Irán, algo con lo cual Estados Unidos, el mundo occidental y el propio pueblo iraquí que lo eligió, tuvo que lidiar más que como una buena solución como otro grave problema para el país y la inestable región.

Nuri al-Maliki fue un opositor chiíta de Saddam Hussein pero además de ser chiíta, había vivido en Irán y tenía muy viejas, conocidas y estrechas relaciones con los ayatollahs del país vecino, él debió crear un gobierno de inclusión nacional que tomara en cuenta no solo a los chiítas, que en Irak son mayoría, sino también al pueblo kurdo y la etnia sunita, pero no lo hizo, por el contrario, discriminó y persiguió a kurdos y sunitas y los limitó notablemente en el ejercicio del gobierno. En agosto de 2014 Haider al-Abadi, también chiíta, fue nombrado nuevo primer ministro de Irak en sustitución del corrupto y sectario Nuri al-Maliki, lo cual trajo la esperanza de una mayor integración de las tres principales etnias del país y un mayor y saludable respiro para occidente, veremos, aunque yo personalmente creo que otra es la óptima solución, les explicaré más adelante.

Mientras Maliki la emprendía contra kurdos y sunitas en Irak el grupo terrorista Isis sacaba ventaja desde Siria en la preparación de su invasión a Irak, con la idea de crear un califato islamista en la región y se aprovecha de la represión de Maliki contra los sunitas iraquíes para sus planes de apoyo. Los kurdos son enemigos a muerte del grupo Isis y defienden sus territorios valerosamente contra la expansión terrorista en Irak, son excelentes guerreros, con apoyo de Alemania y muchos países occidentales en su lucha contra el agresor, constituyendo para Isis el mayor escollo en sus aspiraciones califáticas. El Estado de Israel apoya al pueblo kurdo en sus justas aspiraciones de tener un país o estado independiente; podemos resumir este aspecto diciendo que la nefasta política de Nuri al-Maliki facilitó la invasión de Isis a Irak ya que exacerbó la indignación de los suníes iraquíes y permitió el apoyo e integración de muchos de ellos a la causa islamista radical de Isis, mientras los kurdos como defensores de su propia causa y su etnia dentro de su región autónoma en Irak, no se sentían identificados y mucho menos comprometidos para nada con la defensa de un gobierno que los excluía y discriminaba.

No era secreto para nadie el apoyo de Irán al gobierno nefasto de Nuri al-Maliki, lo cual profundizaba aún más las contradicciones, haciendo más fértil todavía el terreno para el cultivo y cosecha de la planeada política expansionista del movimiento terrorista Suní denominado Isis, o EI, o Isil o como decida llamarse mañana, porque en realidad todos los días cambia de nombre pero no de estrategia terrorista expansionista con el objetivo de implantar un califato en los territorios ocupados. La guerra civil en Siria está dentro del marco de la Primavera Árabe y del despertar de una región que cada día será más activa y convulsa a medida que la renta por concepto de petróleo disminuya. Isis se engendró como una escisión de AL-Queda en Irak, por protagonismos insalvables, durante la resistencia a la intervención militar norteamericana, se organizó en la guerra civil en Siria como organización independiente e invade Irak posteriormente muy estructurada creando un gran corredor entre ambos países y proclamando la creación de un estado Islámico o Califato islamista, regido por la ley Sharia, es tan genocida y violenta que hasta los terroristas de otras denominaciones hablan de sus excesos, más allá de la crueldad mas vil.

La Primavera Árabe, yo considero, que es el despertar árabe ante la opresión y la corrupción acumulada de sus propios gobiernos y gobernantes. ¿Cómo es posible que países tan milenarios, mucho de ellos con grandes recursos naturales, tengan pueblos tan sojuzgados y tan oprimidos bordeando la más terrible pobreza? La Primavera Árabe es ante todo una rebelión social contra las injusticias al tope y las viejas dictaduras imperantes y excluyentes en la región.

Es muy posible que esos pueblos se rebelan hoy ante la injusticia social pidiendo con todo su derecho, mejoras y reformas que derivan en situaciones políticas, sin saber en esencia que lo que en sí ellos desean y piden se denomina democracia occidental y estado de derecho inclusivo.

Las manipulaciones contra occidente han sido efectivas, especialmente esa que vincula o considera nuestra cultura occidental como un resumen de la doctrina del gran Satán, ya que introduce el factor religión, como un elemento aliado a una estrategia política y económica en esencia. Ese es el trabajo principal del occidente líder, ayudar, capitalizar la Primavera Árabe, que nunca se detendrá aunque pause, hay que servir de guía a esos pueblos y decirle que están en lo correcto, que somos amigos, que ya los tiempos de la esclavitud pasaron y que hay una comunidad de naciones dispuestos a ayudarlos diáfanamente en su emancipación total y definitiva. La democracia no solo se gana con balas y bombardeando a Isis, hay que hacer lo que hace el Estado de Israel: hierro contra hierro, respeto por respeto y verdad contra mentira, esa es la fórmula del éxito.

La democracia tiene el deber continuo de educar de ser proselitista, faro y guía y más que una esperanza tratar de convertirse siempre en una bella realidad. No por casualidad la juventud más actualizada y con mayor nivel educacional encabeza esas protestas, la visión del futuro es más nítida ahora, no existe forma de evitar que los pueblos, la llamen como la llamen, ansíen vivir en plena democracia ya que no hay mejor manera de vivir, ese es el camino, está ahí, existe, no hay que inventarlo, no tomen populistas veredas.

Estimado lector, investigue usted mismo si existe algún ciudadano árabe que viva mejor y sea más respetado que aquellos que viven o conviven en el Estado Judío de Israel. Los pueblos despiertan y saben de que lado está la razón, pero le adelantaré algo interesante: muchos árabes que antes luchaban contra Israel, ahora están dispuestos a dar la vida por la soberanía y la supervivencia del estado judío, del que se consideran parte, integrados a su sistema democrático.

Podemos situar los inicios de la Primavera Árabe algo antes del año 2010 cuando diversos elementos comenzaron a concatenarse y tomar fuerzas en el Sahara Occidental y Túnez. Dos factores influyeron: las redes sociales, o sea, el internet y la estrepitosa caída del muro divisorio de Berlín; la comunicación permitió la difusión y coordinación de las protestas; la caída del muro de Berlín, la convicción de que toda injusticia, por poderosa que sea, no soporta el empuje de un pueblo unido en busca de reformas o de democracia, cuando los reclamos son justos y auténticos. El mundo ha cambiado, la manipulación cada día es más difícil.

Al desaparecer el dictatorial llamado campo socialista, se multiplicaron todos los diferentes y ambiciosos modelos de protagonismos, anteriormente alineados en torno a las dos grandes potencias, los terroristas agazapados del mundo árabe, muchos de ellos amamantados y entrenados por la Unión Soviética, encontraron una nueva y buena estrategia, para oponerse a los Estados Unidos y al mundo libre, el marxismo había fracasado, pero el Islam había sido muy sólido como doctrina por aproximadamente unos 1400 años y lo secuestraron para sus macabros fines como punta de lanza, lo interpretaron a su estilo y manera lo reeditaron y lo hicieron abanderado y negra consigna para así convertir el enfrentamiento ideológico en una guerra religiosa, por eso resulta muy necesario que se sepa bien la verdad, que los máximos lideres religiosos de la religión islámica continúen diciendo a sus feligreses y seguidores, que los terroristas han traicionado la palabra de Alá y del profeta Mahoma, que Isis no es el Islam, que Isis es una burda manipulación genocida del Corán, que los yihadistas y los que los siguen se han apartado de la doctrina verdadera tergiversando sus más sagrados postulados, que ellos son los impíos.

Hay que educar a los fieles a nivel global para evitar que se conviertan en fáciles presas y victimas, rescatarlos de esos ambiciosos mercaderes del Islam, evitar que engrosen las filas terroristas, pero ante todo, hay que asumir todos los días, cada hora, la responsabilidad ante la verdad y la vida que debe tener y manifestar siempre un verdadero y honesto imán de forma clara, u otro cualquier legítimo y responsable líder religioso, sea cual sea su denominación o jerarquía.

Después de las protestas en Túnez siguieron las protestas de Egipto, donde el conflicto tuvo otros matices, comenzó a complicarse porque los activos terroristas de la Hermandad Musulmana estaban involucrados de forma protagónica. En apariencia eran protestas para destituir al gobernante Hosni Mubarak pero, detrás de las intenciones del pueblo egipcio estaban las aspiraciones de los terroristas lo cuales, como sucedió, se alzaron con el poder que aunque no les duró mucho tiempo, sí lograron manipular la protestas y lograr sus objetivos; esto despertó más las mezquinas ambiciones terroristas y se dieron cuenta que era posible manipular las protestas y conquistar países, después le siguió Libia, donde se tornó en confrontación muy violenta que al final terminó con la deposición y muerte del gobernante libio Muamar el Gadafi y los terroristas integrantes de la oposición se dieron cuenta en la práctica que además de ser posible era también una hecho contar con el apoyo de occidente, si se utilizaba el genocidio como útil propaganda y se disfrazaban a la vez de opositores por justos reclamos civiles o democráticos; la estrategia funcionó y se trasladó a Siria donde hay tres frentes, y en mi opinión, solo una digna de apoyar por parte de occidente, que al parecer no piensa exactamente igual: el primer frente lo constituye el dictador y genocida sirio Bashar al-Asad, el cual debe ser destituido por cualquier medio que occidente entienda prudente, este genocida en ejercicio del poder desde el año 2000, está apoyado por Irán, por Rusia, por los chiítas de Irak y otras naciones, también es protector y un gran aliado del grupo terrorista Hezbolá en Líbano. Una vez destituido y convertida Siria en una nación democrática, supervisada por occidente y la ONU, debe ser cerrada la base marítima rusa de Tartus, en el Mediterráneo, y expulsados del país todos los militares que la ocupan para eliminar toda la influencia rusa en dicha nación, que sería una amenaza desestabilizadora perenne para la naciente democracia y un rezago discordante, un mal recuerdo de la política dictatorial anterior.

El segundo frente es la oposición al régimen de Bashar al-Asad, excluyendo a ciertos kurdos, es muy posible cuente con algunos efectivos realmente opositores pero, plagada de terroristas y colaboradores de Isis, Hezbolá, Hamás, etc.

La ya larga guerra civil en Siria y la estrategia de armar y entrenar a la llamada oposición armada en ese país es un arma de doble filo, es solo eso una estrategia que al final se pudiera convertir en una mala estrategia. Lo que en realidad sucede es que se está escogiendo entre dos grandes males y seleccionando al menor. En una parte tenemos a Isis o también al llamado estado islámico EI, Isil, etc., por la otra parte, a la oposición al nefasto régimen sirio denominada moderada, yo no creo que existan terroristas moderados ni que esa oposición sea convincentemente muy confiable para occidente, porque ese perro ya ha mordido la mano que lo alimentó en otras oportunidades y en circunstancias muy parecidas, lo que pasa es que se trata en sí, que la oposición siria realice el trabajo, que pare la ofensiva e influencia de Isis en Siria, lo cual no sería suficiente si no se incluye el derrocamiento del gobierno o régimen de Bashar al-Asad; eso es lo lógico y es lo bueno de la estrategia, lo malo es entrenar a esa oposición y armarla porque muchos de eso recursos irán directamente a Isis por traición, abandono en el campo de batalla militar y deserción ante el empuje y posiblemente, una gran mayoría de los recursos y medios bélicos, por negocio o venta al enemigo. No es la primera vez que sucede y volverá a suceder, porque no hay terrorista moderado que sea un honrado y motivado patriota, no hay uno solo en el cual se pueda confiar y todos por igual odian a occidente y muy especialmente al Estado Judío de Israel.

El Ejército Libre de Siria ELS es el principal grupo de oposición armado en ese país, está comandado por el general de brigada desertor del ejercito sirio Abdullah al-Bashir un militar islámico sunita, hay muchas evidencias de excesos, robos, desmembramientos brutales de prisioneros, ejecuciones masivas, torturas y asesinatos por parte de esa fuerza opositora, tan similares a los que comete el régimen sirio de al-Asad, muchas de ellas achacadas a mercenarios pagados que combaten en sus filas. Después de algunas victorias importantes, al comienzo de la guerra civil siria, la corrupción fue haciendo estragos y en agosto 2014 el ELS tuvo que disolver su consejo militar supremo aquejado por ese mal, se especula que muchos de los prisioneros que Isis decapita y graba en crueles videos promocionales de su guerra califática de expansión y terror, son capturados en Siria y vendidos por miles de dólares a ese grupo islamista; en la actualidad la real capacidad ofensiva del del ELS es muy reducida con pocos territorios bajo su total control.

El tercer y único frente en Siria para concentrar toda la atención y ayuda de occidente parece ser, por lógica y estrategia sin otra opción, el Partido Unión y Democracia PYD kurdo, el Comité Supremo Kurdo y cualquier otro representante del pueblo kurdo que opte por la opción de derrotar al terrorismo diverso de Isis y Al Qaeda, ambos enfrentados también en la guerra civil Siria, así como otros grupos alineados a ambos bandos, unido a la terminación o derrocamiento del régimen de Bashar al-Asad. De todos los kurdos, los abanderados, los más confiables, que en realidad merecen toda la masiva ayuda de occidente, los verdaderos representantes de ese olvidado gran pueblo, son o deben ser para el mundo libre, los dirigentes kurdos del Kurdistán Iraquí y a través de ellos se debe coordinar toda la acción, la ayuda y la representación contra Isis y Bashar al-Asad.

Los kurdos constituyen la minoría más numerosa en Siria, con aproximadamente algo más de dos millones de personas concentradas en el noroeste de la nación en guerra, tienen también sus divisiones de conceptos y sus pugnas internas que deben ir limando para ganarse el total apoyo de occidente y prepararse para el futuro, cuando tengan su propio país soberano ya que no es posible a estas alturas de la humanidad, que un pueblo de alrededor de 40 millones de personas, viva sin tener un estado soberano o país en una región llamada Kurdistán, que abarca fundamentalmente territorios de Turquía, donde vive la mayoría, seguido por Irán, Irak, Siria, Armenia, etc., eso hay que resolverlo.

Muchos de sus lideres, especialmente los del Partido de los Trabajadores de Kurdistán, el PKK, por sus siglas en kurdo, fueron y son connotados marxistas, comunistas y activos terroristas, como muchas de sus organizaciones también lo fueron y lo son en la actualidad, algunas han ido mutando ideológicamente hacia posiciones más a la derecha democrática, por eso hay que ser cuidadosos a la hora de canalizar la ayuda y que como condición inicial prevalezca o se establezca como prerrequisito el espíritu democrático de la lucha para no tropezar dos veces con la misma piedra. Existen muchos terroristas y comunistas entre los kurdos que combaten a Isis, Al Qaeda y Bashar al-Asad en Siria para lucrar, por eso es importante toda la coordinación representativa presente y futura a través de los líderes más democráticos del Kurdistán Iraquí.

Al principio, los kurdos se mantuvieron al margen en el conflicto sirio pero poco a poco la guerra los fue arrastrando y hoy día luchan contra el terrorismo sunita de Isis, EI, casi todos en su gran mayoría son también musulmanes sunitas y otros yazidistas, chiítas, cristianos, judíos, yarsaníes, etc. aunque históricamente el pueblo kurdo en general, más que un marcado interés religioso lo que han buscado siempre es su independencia y la conformación de un estado soberano: Kurdistán. Es lamentable que no posean en estos momentos todo el armamento moderno adecuado que necesitan.

El pueblo kurdo se opone y lucha con valor contra otras organizaciones terroristas como Al Qaeda, también sunita, todas plagadas con cientos de miles de extranjeros en sus filas, muchos de ellos son mercenarios de diferentes países y otros fanáticos deslumbrados por el conflicto. Los kurdos tienen la necesidad de defender a su pueblo y sus territorios en Siria y prepararse para una etapa posterior a Bashar al-Asad, que es un musulmán alauí, de la rama chiíta, un protegido privilegiado de Irán.

Hay que tener también presente que cuando la guerra de Irak contra Irán, los kurdos iraquíes se pusieron de parte de Irán, lo cual desató la furia y la ira de Saddam Hussein y el posterior genocidio de ciudadanos kurdos arrasando aldeas completas y bombardeando poblaciones con gas mostaza y los gases nerviosos Sarín, Tabun y VX como sucedió en la ciudad de Halabja, en el mes de marzo del año 1988 todo lo cual produjo la muerte de unas 5000 personas inocentes. En Irak los principales partidos políticos kurdos son el Partido Democrático del Kurdistán o PDK y la Unión Patriótica del Kurdistán o UPK por sus siglas.

La más efectiva resistencia al terrorismo expansionista de Isis es la resistencia kurda que se perfila como un bloque homogéneo aguerrido y experimentado en la lucha. A través de la frontera con Turquía, muchos kurdos día a día se suman a la resistencia contra el terrorismo genocida del EI, occidente los apoya con armas, pero necesitan más y más modernas, también se les brinda asesoramiento y apoyo aéreo mediante bombardeos selectivos a los terroristas de Isis y otros grupos enemigos que amenazan sus posiciones, lo cual parece ser la estrategia correcta o quizás la única estrategia en la región en estos difíciles momentos, por otra parte, Turquía se muestra desconfiada porque ha sufrido y sufre el terrorismo kurdo comunista del PKK por años en su propio territorio y no desea que salga más fortalecido en el actual conflicto bélico. El gobierno turco solo considera verdaderos representantes del pueblo kurdo al Kurdistán Iraquí y tiene mucha razón, pero también hay que tener en cuenta lo acontecido en el año 1920 cuando se firmó el tratado de Sèvres en Francia, específicamente el día 10 de agosto, entre el Imperio Otomano y las naciones aliadas de la Primera Guerra Mundial, el cual nunca entró en vigor por no ser ratificado por los firmantes, en ese entonces, sí se reconocía el derecho a la autonomía del pueblo kurdo y fue precisamente Turquía quien se opuso, posteriormente ese tratado fue reemplazado por el de Lausana de 1923 donde ya se establecía el Kurdistán bajo la soberanía de Turquía, Irak, Irán, Siria y la Unión Soviética, en lo que para mi constituyó un gran error histórico de reparto post guerra.

Todas estas premisas han convertido a Isis o al Estado Islámico en el protagonista de la Guerra Asimétrica Parte II, que muy posiblemente a escala global, sea la última de la saga si occidente no deja alguna que otra tarea pendiente en este conflicto. Como he enunciado anteriormente esta nueva y minuciosamente premeditada, Guerra Asimétrica Parte II, tiene una segunda fase estratégica vital, más global, ya no asimétrica, si estos terroristas logran sus tan ambiciosas aspiraciones de consolidar su poder en un califato islámico yihadista, lo cual es muy difícil que logren porque el mundo irá despertando a medida que la democracia se enfrente a más peligros, los golpes marcarán la diferencia y el mundo árabe tendrá que decidir de qué parte está, es la hora de las definiciones, ya no será tan fácil estar con dios y con el diablo, los recursos no serán los mismos y los pueblos cada día maduran más y saben distinguir mejor, las dictaduras serán poco a poco cosa del pasado y la fe tendrá un elemento superior adquirido: el razonamiento, ese factor cerebral inherente al ser humano que lo libera y le da a la pupila un 20 x 20 de visibilidad, de perspectiva y confianza.

Capítulo 12   La estrategia de esperar

Si usted se dispone a marcharse de su casa y observa por una ventana que frente a su propia puerta, a una distancia prudencial hay tres o más enemigos suyos pero además esos enemigos están peleando entre si, ¿qué debe usted hacer? ¿cuáles son sus opciones más inteligentes?

Si usted decide salir de su casa, muy posiblemente esos enemigos al verle, se unirán contra usted y no le quedará más remedio, seguramente, que pelear contra todos a la vez, en diferentes frentes, con mucho desgaste pero, si usted espera, ellos seguirán su riña particular hasta quedar, quizás ninguno, o solo uno en pie y entonces usted podrá salir y derrotarlo fácilmente pues, seguro debe estar muy agotado, desgastado y sin recursos, posiblemente hasta desee pactar con usted y de esa forma usted habrá obtenido una rotunda victoria sobre todos con cero gasto de energías y sin apenas realizar un notable esfuerzo o gran sacrificio personal; hay muchos boxeadores que en los primeros asaltos también utilizan esa técnica de desgaste de su contrario y reservan sus energías para la mitad y final del combate con buenos resultados, proporcionados más por la inteligencia de su acertada estrategia que por la fuerza demoledora de sus puños, igual sucede con corredores y otros deportistas, todo bajo un plan para obtener, o alzarse con el anhelado triunfo.

En eso consiste la efectiva estrategia de esperar, la más inteligente ante ciertos y diversos grupos rivales en pugnas con profundas divisiones y ambiciones de poder pero, con uno o más puntos de coincidencias ideológicas o fanáticas que dificultan descifrar sus verdaderas intenciones.

147

Hay que utilizar ante el enemigo las mejores tácticas basadas en los aspectos que los separan, que los dividen y tener cuidado de no cometer errores que los puedan unir y alargar el conflicto aunque estemos seguros de la victoria final. Las guerras son una especie de arte donde además de: *"dinero, dinero y más dinero"*, como dijera Napoleón, se ganan con: la más alta inteligencia humana y científica en conjunto, la elección justa del momento estratégico propicio y oportuno y la disposición de todos los recursos necesarios que garanticen el triunfo en cada una de sus diferentes etapas. No se entra a un guerra para perder cuando está en juego la paz y el futuro de la humanidad que se puede ver seriamente comprometido, si apoyamos y entrenamos al grupo equivocado, como tantas veces a sucedido y que tantas vidas y recursos ha costado; debemos confiar en las estrategias de los países y potencias abanderados del mundo libre y respaldarlos en su empeño. Cuando se lucha contra varios enemigos a la vez, enfrentados en diferentes bloques disímiles, en una región específica, sin una idea clara de su ideología y sus objetivos, hay que esperar para que la lucha entre ellos aclare o ponga de relieve sus intenciones futuras, es la mejor estrategia ante la posibilidad de cometer errores; esperar el momento oportuno, no es una estrategia nueva.

La Segunda Guerra Mundial comenzó el 1 de septiembre de 1939 con la invasión de la Alemania nazi a Polonia, con el beneplácito de la Unión Soviética de Iósif Stalin, que en su pacto con Adolf Hitler obtendría una parte del territorio polaco, posteriormente, Adolf Hitler traiciona a Stalin e invade la URSS y comienza el enfrentamiento entre ambos ejércitos, mientras los Estados Unidos observa y espera el momento oportuno para intervenir, e incluso apoya a la URSS con tanques y otras armas contra Alemania, ya que parte de la estrategia es también apoyar al más débil para prolongar el desgaste entre los dos enemigos. El trágico día

7 de diciembre de 1941 la armada imperial japonesa ataca la base naval de los Estados Unidos en Pearl Harbor, Hawai, lo que de forma inmediata provocó que la gran nación americana entrara en el conflicto mundial: El día 6 de junio de 1944, casi 5 años después de iniciada la conflagración mundial, se produce el desembarco de los ejércitos aliados por Normandía, el día D, que el dictador Iósif Stalin pedía a gritos, pero que Estados Unidos y los aliados realizaron a la medida de sus planes y estrategia conjunta; el final, todos los conocemos, Hitler se suicida el 30 de abril de 1945 y las tropas soviéticas toman Berlín, la que posteriormente es dividida por acuerdo y se forman las dos estados alemanes uno comunista bajo la bota soviética denominado República Democrática Alemana, que de democrática solo el nombre, y la República Federal Alemana, alineada con occidente.

La estrategia de los aliados fue la correcta pero, como estaba previsto, la Unión Soviética era el nuevo enemigo de la democracia en el mundo y se origina *la Guerra Fría* que al final termina con la caída del Muro de Berlín y la desintegración del llamado campo socialista que quizás, aunque pasaron varias décadas, *no duró más y fue más dominante, por la estrategia norteamericana de esperar el momento oportuno de intervenir en la guerra*, que posibilitó el debilitamiento gradual, que no le fue posible superar a la URSS, para el prolongado enfrentamiento que se avecinaba y se produjo entre las dos potencias mundiales.

Otro ejemplo de saber esperar tiene características muy personales, me refiero al presidente norteamericano John F. Kennedy, su visión y su amor por la humanidad evitó la destrucción nuclear del mundo en la llamada Crisis de los Cohetes de Octubre de 1962, creada por un irresponsable dictador caribeño y un inepto y atrevido líder soviético. Los altos mandos militares en los Estados Unidos varias veces recomendaron al presidente Kennedy tomar la iniciativa nuclear y el presidente siempre decidió esperar, siempre le ofreció una oportunidad a la paz; el riesgo era real pero, hay factores que yo pienso no pudieron escapar al equipo de inteligencia y a la visión responsable y firme del presidente norteamericano, para salvar la paz e integridad planetaria, existían antecedentes que quizás fueron evaluados.

El primero de mayo del año 1960 mientras ejercía como presidente de los Estados Unidos Dwight Eisenhower, fue derribado sobre la Unión Soviética un avión espía U2 de los Estados Unidos. Hacía mucho que los aviones U2 volaban y fotografiaban el territorio de la extinta URSS, incluso sin que la llamada gran potencia comunista protestara porque sencillamente no tenían un misil o cohete capaz de derribar un avión espía U2 a la altura habitual que volaba y realizaba su tarea de espionaje, parece que eso apenaba más que un poco, bastante, a Nikita Khrushchev y al soviet supremo y por eso mantenían un estricto silencio al respecto.

Apenas transcurridos dos años y medio, estalla la crisis de los misiles de alcance intermedio en Cuba. La pregunta es: si dos y medio años antes no tenían un simple misil para derribar un avión U2 sobre su territorio, ¿Podría la URSS aspirar a una victoria aplastante en una total confrontación nuclear con los Estados Unidos de América? Los hechos dieron la respuesta: el presidente Kennedy supo evaluar las alternativas salvando la integridad del pueblo soviético y también del cubano y la contaminación planetaria, ante el desafío irresponsable. Los soviéticos se apresuraron y sin consultar siquiera al dictador satelital caribeño, que fue una vez más utilizado y abandonado, hicieron lo único que podían hacer, se llevaron todos los misiles nucleares de Cuba comunista a la carrera y evitaron la confrontación directa, que muy personalmente pienso, que jamás, ni antes y menos ahora, han estado en igualdad de condiciones para jugar esa carta sin punto de retorno, independientemente de

150

las habladurías. Confrontar abiertamente de forma nuclear a la primera potencia del mundo, a los Estados Unidos de América, más que una irresponsabilidad y una locura es un suicidio, ellos lo saben muy bien.

Los cuerpos de inteligencia de los Estados Unidos, del Estado Judío de Israel, de Inglaterra, son de los mejores del mundo, cuando se escucha a un presidente de los Estados Unidos, la nación más poderosa del planeta, decir que no tienen una estrategia actual, es porque muy posiblemente la estrategia es en sí esa, aparentar que no se tienen una, la verdadera estrategia pudiera ser: *La estrategia de esperar.*

El presidente de los Estados Unidos, sea quien sea, del partido a que pertenezca y en el momento histórico que sea, está rodeado de muchos eficientes y muy bien actualizados asesores, es responsable único pero, siempre su altamente calificado equipo le ofrece alternativas para que tome la decisión que él crea sea más acertada. No pienso que nadie tenga dudas acerca de lo difícil de la posición de primer ejecutivo del mundo libre, pero, cualquier tipo de decisión en relación al cercano o medio y lejano oriente relacionada con el apoyo que debe ofrecer los Estados Unidos a un país, gobierno o grupo opositor en *la lucha contra el terrorismo, no tiene una fórmula mágica efectiva*, es muy complejo, ya que constantemente estos grupos se desdoblan, cambian de bando y aliados, se confabulan, traicionan, venden al mejor postor, la historia reciente es testigo, a continuación algunos ejemplos pasados, con total vigencia hoy, en esa convulsa región donde muchos *nos mastican pero no nos tragan*:

-Estados Unidos apoya, arma y entrena a los grupos combatientes en Afganistán contra la invasión soviética y posteriormente esos rebeldes protagonizan el mayor acto terrorista en territorio de la Unión Americana, el día 11 de septiembre del 2001, precedidos por otros anteriormente también muy destructivos y cruentos.

-En la confrontación entre Irak e Irán sucede lo mismo, se apoya a Saddam Hussein contra los ayatollahs y después el presidente iraquí se convierte en enemigo acérrimo de los Estados Unidos de América. Posterior al derrocamiento de Hussein llega Nuri al- Maliki, mediante elecciones, siendo apoyado por occidente pero, con su nefasta política de exclusión de las etnias sunita y kurda ayuda a levantar el polvo del lodo que hoy significa el grupo Isis, EI, o Isil y sus aspiraciones califáticas, además de ser un abanderado de los dirigentes chiítas del vecino estado terrorista de Irán, Maliki es un lamentable y profundo error histórico para la política de integración y democratización de Irak, es en gran parte el mayor responsable de la desconfianza, exacerbación y el apoyo al terrorismo de Isis en Irak.

-Cuando surge la Primavera Árabe en Egipto nadie podía predecir cuál sería el resultado final por la amalgama de organizaciones de la oposición, la situación de los Estados Unidos era muy difícil y lo sigue siendo, pues Egipto es, generalmente, una pieza estabilizadora en el conflicto entre Hamás e Israel y para toda la región, con fronteras con el estado judío y que además recibe una gran ayuda económica anual del gobierno americano que lo convierte en aliado, al menos por intereses mutuos. El resultado se conoce, triunfó en las elecciones resultantes el candidato Mohamed Morsi un representante islamista de la madre de casi todas las organizaciones terroristas más radicales activas, la siniestra Hermandad Musulmana, contó con el apoyo de los Estados Unidos pero solo duró un año al frente del gobierno egipcio.

-En Libia se apoya a la heterogénea oposición que logra derrocar al dictador Muammar Gaddafi, llena de radicales y posteriormente turbas terroristas violentas asaltan y queman premeditadamente el consulado norteamericano en ciudad Bengasi, matando al embajador estadounidense Christopher Stevens junto a varios soldados y funcionarios más.

-La composición de las diferentes organizaciones y grupos opositores en la guerra civil Siria es aún mucho más compleja. Se sabe sin discusión que Isis es un enemigo y particularmente pienso que a la par de eliminar a Isis y sus sueños de establecer un califato terrorista en la región, hay que derrocar, en cuanto la estrategia así lo aconseje, al gobernante genocida Bashar al-Asad; de toda la oposición pienso, con algunas reservas, que se debe apoyar a los combatientes Kurdos pero, con compromisos de antemano, pues muchos integrantes del movimiento kurdo pertenecen al PKK, especialmente en Turquía, los cuales fueron y son connotados comunistas y vulgares terroristas.

-Tradicionalmente Arabia Saudita, un aliado de Estados Unidos y miembro de la coalición contra EI ha apoyado los movimientos sunitas wahabí, incluyendo Al Qaeda, Isis, a los talibanes, que como se observa están entre los grupos más radicales fundamentalistas del mundo musulmán.

-Turquía es un país miembro de la OTAN con un gran ejercito que por si solo podría destruir a Isis, la mayoría de los terroristas han llegado a Siria a través de sus fronteras. Como todos los países árabes y musulmanes tiene su propia agenda, desea derrotar a Isis, deponer al gobernante egipcio Bashar al-Asad y acabar con el problema kurdo en su país lo cual es válido, si solo se refiere a los kurdos terroristas y comunistas y no a todo el pueblo kurdo que vive en Turquía formando parte de la denominada región del Kurdistán que además incluye parte de Irak, de Irán, de Siria e incluso de Armenia, a lo cual se le debe encontrar una solución futura y definitiva mediante conversaciones internacionales.

El grupo terrorista Isis se financia fundamentalmente con el petróleo que vende en el mercado negro, del cual se apropió en los territorios invadidos y ocupados a la fuerza, mediante la agresión en Irak y Siria. El camino o vía para la venta de la mayoría del caudal de ese crudo robado, y para otras transacciones y suministros de su mercado negro, pasa y es precisamente Turquía. Esta situación también afecta el precio del crudo a la baja en el mercado internacional que autodestruye a Isis y es por eso que también se financia con secuestros, venta de arte robado de la rica región cultural milenaria, tráfico de seres humanos o ilegales hacia Europa y otras regiones, venta de cadáveres de soldados e inocentes asesinados y de órganos para trasplantes, contrabando de drogas y armas, videos y noticias como primicias y cuanta cosa que produzca moneda dura convertible.

-Qatar es otro estado árabe de tendencia o base suní que ha ofrecido apoyo financiero y gran protección a diversos grupos terroristas incluyendo la Hermandad Musulmana egipcia, al grupo Hamás en la Franja de Gaza y a Isis en su actual guerra o yihad expansionista islamista radical global.

-Kuwait, otro país árabe más con una muy singular doble agenda, apoya al terrorismo radical de Isis y de otros grupos fundamentalistas y a la vez, forma parte de la coalición y los combate, las contradicciones oportunistas abundan.

Lo que si debe ser una constante política de los Estados Unidos en la convulsa región es la ayuda con apoyo aéreo, inteligencia y armas efectivas, pero nunca intervenir con tropas terrestres, nunca, porque eso es hacerle el juego a los terroristas de Isis que desean involucrar a tropas terrestres de Estados Unidos para proclamar al mundo la invasión y así recibir voluntarios y financiamiento masivo de todas las latitudes para reforzar su ejercito y su actual estrategia expansionista. *Una intervención militar de tropas terrestres de Estados Unidos, no es aconsejable* ya que obligaría a la gran nación norteamericana a desplegar 250 mil, o quizás más soldados, en una guerra contradictoria interminable, de gran desgaste y en extremo costosa en vidas y en recursos, que comprometerían la recuperación económica en Estados Unidos y en todo el planeta, *sería una trampa mortal.*

Los países fronterizos afectados directamente por el gran peligro que representa la ocupación y expansión de Isis en Siria e Irak deben defenderse y contraatacar, con la ayuda y el apoyo necesario de la coalición internacional encabezada por los Estados Unidos, y sus ejércitos en tierra deben de forma decidida y valiente confrontarlos y derrotarlos porque eso es posible. El ejercito regular de Irak debe ir tomando conciencia y aprendiendo del valor de sus hermanos, de los valientes soldados autónomos kurdos iraquíes, los bravos y disciplinados guerreros peshmergas, e ir presentando día a día una mayor resistencia y ofensiva coordinada contra el invasor genocida, ya que abandonar las posiciones solo es abrir las puertas a la ocupación enemiga. Otros países de la región en conflicto, *aquellos estados árabes y musulmanes* involucrados *que los han estado financiado desde el inicio*, muchos de los cuales incluso forman parte de la coalición ahora, porque ya se dieron cuenta de la gran amenaza que Isis representa y del monstruo de mil cabezas que ellos mismos crearon, *esos países son los que deben poner ahora las numerosas tropas de tierra que hacen falta y que son indispensable para el triunfo aplastante y total* contra el yihadismo radical de Isis, para poder limpiar cada pulgada del territorio ocupado. No hay que esperar a la inhumana, bárbara y despiadada muerte de un soldado piloto jordano incinerado en vida o de la muerte de 21 inocentes egipcios cristianos coptos decapitados de forma vil para enojarse y actuar de forma decidida, cosas peores están por suceder, esos países deben entender que no es una guerra particular, Isis es una gran amenaza para todos, una tragedia global.

Hay otro elemento muy importante y posible que mucho le conviene a la estrategia de los terroristas del denominado Estado Islámico, es arrastrar fuera de sus fronteras al Estado de Israel por provocación y agresión militar, que lo obligara a inmiscuirse de lleno en el conflicto y así poder decirle a todos los musulmanes y árabes, como siempre termina sucediendo, que el verdadero enemigo es el estado judío y su protector y aliado, los Estados Unidos, incluso pienso que la lucha de Isis cerca de la frontera siria con Turquía, por el control de la ciudad kurda siria de Kobani, además de provocar a Turquía que practica la estrategia de espera ante los enfrentamientos de Isis y fuerzas kurdas del PKK en territorio de Siria, lo cual para los turcos significan tres enemigos en el terreno con dos de ellos en franco desgaste, pudiera ser un sueño pensado, una *great* estrategia yihadista *futura* bien pensada para dividir a las fuerzas que enfrenta y enfrentará en su plan global, una idea posible: confrontación provocada de tropas turcas e israelíes en Siria, orquestada por Isis, sería una derrota y una tragedia para los deseos del mundo libre, de la coalición y de occidente en general. No hay dudas que Israel está en el tablero ajedrecístico de Isis y que el estado judío debe estar muy atento a la movida para saber cuando enrocarse, el gambito está en la partida.

Pienso que la intensificación de los actos terroristas de Hamás contra el Estado de Israel, cuando Isis planeaba y llevaba a cabo su invasión a Irak, no es casualidad sino que fue una estrategia para entretener a Israel. A medida que la lucha y el asedio terrorista se acerque a la capital Siria de Damasco, muy posiblemente con tropas turcas ya en el terreno luchando por el control de la capital contra Isis y otros grupos en tres frentes opuestos, la presión sobre Israel aumentará notablemente, así como también el riesgo para su seguridad. Otra forma de presionar a Israel es invadiendo Jordania pero nadie olvide que Isis sabe que su competencia en el mundo árabe musulmán es Irán, por eso le conviene lo que sucede en Yemen y hasta ve con muy buenos ojos los entendimientos entre Arabia Saudí e Israel al respecto. Si la estrategia de arrastrar al ejercito israelí a la zona de combate les funciona, lo cual el Estado de Israel debe evitar mientras pueda, sería un golpe muy duro para los esfuerzos de los Estados Unidos de mantener una coalición de combate unida en la región con la inclusión indispensable de los países árabes e islámicos, si le funciona a Isis la estrategia de dividir a las fuerzas opositoras, la guerra tomará otro tipo de rumbo y las esperanzas terroristas de continua expansión se verán favorecidas. Es hora para estadistas pensantes, Irán e Isis son los enemigos, en bandos opuestos, no resulta fácil.

Turquía e Israel son *harina de otro costal* para Isis que aún no ha enfrentado en tierra a ejércitos profesionales de tamañas características y tan probada disciplina de combate; el otro escenario muy comprometedor para la estabilidad del Estado de Israel es el Reino de Jordania, que está en los objetivos próximos de Isis y que posiblemente no posea la suficiente capacidad homogénea para combatir, detener y destruir el avance impetuoso y sostenido de las bárbaras hordas terroristas, aunque cuenta con un magnífico ejercito. Si Jordania es invadida, al igual que el Líbano, el peligro para Israel es inminente, muy alto, ya que ambos países tienen aproximadamente unos 335 kilómetros de frontera común, de la cual casi la tercera parte está en Cisjordania donde opera también la organización terrorista Hamás, fiel aliada de Isis, junto a otros grupos palestinos radicales más.

Es conocido que invadir y destruir al Estado de Israel y masacrar al pueblo judío es el objetivo máximo intermedio de Isis para lo cual trata de establecer un cerco alrededor de Israel. Soñar no cuesta nada, si Isis crea un desbalance en la seguridad del Estado de Israel, su sueño terminará en una pesadilla; el Estado de Israel es imposible de ser ocupado, la pregunta extrema es: ¿cree alguien que un pueblo con tanto sufrimiento acumulado, en lucha milenaria de subsistencia, hoy constituido y reconocido como un estado soberano e independiente, con cientos de ojivas o bombas nucleares de diferentes diámetros de acción, yo pienso y creo, y uno de los países más tecnológicos del mundo, se dejará invadir, se dejará ocupar y masacrar entregando en bandeja de plata sus letales armas al enemigo? Hay que ser muy ingenuo para pensar que algo así pudiera suceder, el Estado judío de Israel llegó para quedarse, porque además, es lo justo, lo legal y lo que al mundo civilizado conviene.

Los terroristas son tan fanáticos y autosuficientes en sus pugnas internas que se siguen y seguirán destrozando los unos a los otros mientras el Estado de Israel observa desde la puerta de su casa con seguridad y protección en sus fronteras y los Estados Unidos, Inglaterra, Alemania y las demás potencias y naciones que se oponen a esos grupos maléficos, realizan operaciones selectas de contención que los mantenga alejados de puntos u objetivos sensibles. En esta Guerra Asimétrica Parte II todos los grupos terrorista tratan de arrebatarle al otro su territorio para consolidar el poder, unos defienden, otros invaden, todos en fiera disputa, lo que demuestra lo lejos que está de ser una Guerra Santa.

Hay tres formas de planificar, de concretar y llevar a la práctica los objetivos de una estrategia ante un situación asimétrica de este tipo: ambición global + chiítas vs sunitas.

1.- Confrontarlos hasta el final y derrotarlos de forma definitiva lo más rápido posible.

2.- Contenerlos y esperar. Dejarlos actuar bajo control por conveniencia táctica, en áreas sensibles consideradas no estratégicas o de comprometimiento futuro.

3.- No enfrentarlos por no ser de propia incumbencia.

Los grupos terroristas no constituyen, no son un ejercito convencional, por eso resulta tan difícil de extirparlos, por ejemplo: en ocasiones asedian Bagdad, la capital de Irak y establecen una escaramuza a millas incluso de la embajada norteamericana, después se marchan y regresan al tiempo y establecen otro intercambio de disparos, incluso se marchan hasta del frente de guerra, se ausentan y toman vacaciones en otros países y después al tiempo, relajados regresan a los escenarios activos de las operaciones militares. Los países occidentales deben ajustar sus prácticas a las nuevas normas de lucha asimétrica y perseguirlos dondequiera que ellos se metan o relajen hasta que se elimine esta contagiosa plaga.

Haciendo un análisis de la estrategia de esperar en el conflicto contra Isis en Irak y Siria tenemos lo siguiente:

1.- Cuando Isis se enfrenta a Irán, a Bashar al-Asad, a los terroristas chiítas, a los sunitas de Al-Qaeda e incluso a los terroristas comunistas kurdos en Siria, militantes del PKK, está haciendo el trabajo de los ejércitos de occidente, de la coalición, de las tropas norteamericanas y del ejercito turco.

2.- Cuando Isis lucha contra los chiítas de Hezbolá en Líbano, ayuda a occidente y ayuda a Israel.

3.- El peligro real que Isis presupone para el régimen fundamentalista terrorista de Irán, que apoya a los chiítas terroristas de Irak, Siria, Líbano e incluso al grupo sunita Hamás de la Franja de Gaza, favorece a occidente y a Israel. Los ayatollahs de Irán están preocupados y eso es bueno para el mundo libre civilizado, aunque creo que ya es muy preocupante la acción e influencia creciente de Irán en Irak.

4.- Para Turquía, Isis está haciendo el trabajo de su ejercito, lucha contra sus enemigos kurdos del PKK y desea destronar militarmente a Bashar al-Asad.

5.- La amenaza que representa Isis para la base naval rusa de Tartús en Siria, así como las diferentes amenazas enunciadas en la red por Isis, dirigidas al mandatario ruso Vladimir Putin, concernientes a las regiones bajo control ruso de Chechenia y el Cáucaso en sí, hacen que Rusia, gracias a la amenaza que representa Isis, se muestre más colaboradora y comprensible con occidente. Es una ayuda indirecta para Ucrania, mientras China toma nota y no deja de estar preocupada con los 21 millones *rising crescendo* de musulmanes chinos y las revueltas en la región Uigur, muy contrariada también está la *escuela* rectora suní Hermandad Musulmana en Egipto y muchos terroristas en Libia, Líbano y todo el mundo árabe y musulmán, incluso aquellos con doble agenda, que ayudan y atacan a Isis a la vez.

Occidente gana cuando se caen las caretas, es mejor saber siempre quiénes son los verdaderos amigos y eso, en este conflicto, Isis lo está ayudando a materializar, a que se produzcan las definiciones y los alineamientos, ya que Isis por encima de todo sabe lo que desea y está definida como organización terrorista radical extremista, su claro objetivo es dominar al mundo y no parece ceder ni tener términos medios en su agenda yihadista genocida de expansionismo global. En última instancia se puede asegurar que Isis ha sido de gran conveniencia ante la hipocresía política de la región, un catalizador de muchos años para le definición necesaria de quienes predican la verdad viviendo en la mentira y eso lo ha propiciado la estrategia de esperar, en las malas todos conoceremos a nuestros verdaderos amigos.

La estrategia de esperar se ha utilizado muchas veces en diferentes escenarios bélicos y conflictos mundiales, desde siempre, en diversa y diferentes condiciones a través de las historia antigua, media y moderna, ya que cuando resulta lógica y posible, es aconsejable su implementación debido a que resulta la estrategia menos costosa y más inteligente; nos estamos refiriendo a estrategia militar exclusivamente, ya que desde el punto de vista humano, esperar no es muy aconsejable, la mayor parte de las veces pues, casi siempre incrementa el número de victimas civiles ajenas al conflicto, por lo cual debe estar presente siempre el factor humano, en todas las consideraciones primarias de disminución del daño colateral, en cualquier estrategia militar, a fin de preservar la vida y evitar la muerte de personas inocentes.

Capítulo 13   La actual alineación mundial

Después de la Segunda Guerra Mundial y comienzo de la caliente Guerra fría, el mundo quedó dividido o alineado en tres grupos de países o estados con ideologías afines: el primer mundo, el democrático, integrado por los Estados Unidos, por Canadá, Europa Occidental, o sea los miembros fundadores de la OTAN, el segundo mundo constituido por los países de la esfera soviética comunista, los dictatoriales, miembros del coactivo pacto militar o Pacto de Varsovia y sus satélites aliados y por último el llamado tercer mundo que incluía a todos los demás países no incluidos en el primer y segundo grupo, los denominados países neutrales.

Después de la añorada y sorpresiva caída del Muro de Berlín el 9 de Noviembre de 1989 se inicia el principio del fin de la Guerra Fría y comienza a desintegrarse la Unión Soviética, a extinguirse el Pacto de Varsovia y el llamado campo socialista, con su CAME económico de dependencia, producción regulada y atraso; toda esa estructura cambió muy rápidamente y muchos, o la gran mayoría, de esos países de Europa, que antes pertenecían a esa atrasada y fracasada alianza, esa, de la inoperante y dictatorial esfera comunista soviética, hoy forman parte de la OTAN y de la Comunidad Económica Europea, del gran mundo libre pero, fueron quedando ciertos espacios cedidos por la ideología comunista que empezaron a ser ocupados por religiones y fanáticos muy oportunistas y manipuladores, de forma más activa, directa y efectiva, especialmente en etnias, países y organizaciones árabes y musulmanas receptivas al llamado del terror contra la exitosa cultura occidental, que se fueron radicalizando y creando una nueva forma de terrorismo mundial asimétrico, en principio, con un plan global muy bien organizado, coordinado y financiado. Ahora los aliados sumisos de los comunistas enarbolaban agendas propias.

Actualmente, el llamado Primer Mundo corresponde más bien a potencias económicas altamente industrializadas, con sistemas democráticos definidos y estables, que a los pactos militares alineados alrededor de ideologías compartidas y filosofías afines, aunque ambas características sigan siendo influyentes. El mundo libre sabe alinearse en coaliciones efectivas cuando la democracia se siente amenazada o en peligro, y es su deber hacerlo; otros no tan libres y menos democráticos, también se unen a los frentes internacionales por defender sus propios intereses.

Muchos analistas piensan que todas esas estructuras de clasificación de países, en cuanto a los diferentes tipos o sistema de estados, de repúblicas, unidades monárquicas, etc., están por cambiar pronto, debido al nuevo fenómeno, al modernismo que representa la globalización mundial, las redes sociales y lo ágil y fácil de la información hoy, estoy de acuerdo, sólo, en algunos aspectos o principios básicos.

Las regiones y áreas de influencia económica primero y política después, irán transformando y eliminando día a día todos los inoperantes conceptos atrasados que aten el desarrollo económico y social o se conviertan en un freno al mismo, es la verdadera dialéctica democrática de más y mejor para todos la que se impone. La globalización es mucho más compleja de lo que se piensa y sus efectos son impredecibles por la acción de las leyes espontáneas del mercado pero, algo no cambiará nunca: los genuinos valores democráticos, de los cuales y en especial, la libre empresa es su abanderada, así como los diversos deberes y derechos en democracia y el deseo mayoritario de seguir disfrutando de la misma, con un mejor y mayor grado de perfección e integración, siempre ascendente. La globalización como tal, posee otros aspectos complejos que expondré en otro libro.

El futuro no será de los ejércitos poderosos, el futuro corresponde a las economías fuertes, bien organizadas y dirigidas, muy innovadoras y productivas. Los gobiernos serán aún mucho más económicos que políticos, por eso aconsejo a los jóvenes hoy, estudiar las carreras, cursos y especialidades superiores que indudablemente marcarán la gran diferencia, y que deben estar relacionadas o incluir fundamentos económicos, muy avanzados, de mercado, de producción, de tecnología y comunicaciones.

En realidad nunca ha habido un primer, segundo o tercer mundo, como tampoco, nunca han sido tantos, como han aparentado, los llamados países no alineados, que más bien se resumen a los países considerados *neutros* como Suiza, Suecia e Irlanda, todos los demás, siempre, de una u otra forma estaban y están alineados potencialmente por la esfera de influencia, oportunidades, ideologías y religiones.

Según mi opinión, lo que siempre ha existido y existe, con más relieve actualmente, son en realidad dos grupos de países o de estados muy diferentes atendiendo a su forma de gobierno o de ejercer el poder, dos grupos de naciones sin términos medios donde poder esconderse, la democracia no admite *pero delante*, dos grupos de países bien definidos:

1.- Los países o estados democráticos

2.- Los países o estados no democráticos.

Los países o estados democráticos son aquellos con una convivencia social basada en la libertad y la igualdad, donde el estado responde a la voluntad soberana de todo el pueblo de forma directa o también a través de la elección de sus representantes *por mayoría* de votos. Para que un país sea considerado como una democracia tiene que cumplir los siguientes requisitos:

1.- Estado de derecho enmarcado en una constitución, en una ley básica o en una ley central de gobierno.

2.- Separación de los poderes del estado.

3.- Elecciones periódicas libres y multipartidistas.

4.- Igualdad de género, oportunidad y justicia social.

5.- Libertad de religión y separación estado-iglesia.

6.- Derecho de propiedad

7.- Economía de mercado y libre empresa capitalista.

8.- Libertad de expresión, de prensa y asociación.

9.- Respeto a los derechos humanos.

10.- Protección de las minorías y de sus derechos.

El incumplimiento de tan solo uno de esos diez puntos básicos, descalifica a un país o estado para ser considerado un país democrático ya que algo esencial no funciona bien y lo incluye en el grupo no democrático, lo cual siempre es y será posible de superar. Ese es el objetivo, el primer grupo, estimulando así, la práctica democrática a nivel mundial.

Si analizamos esos diez puntos nos damos cuenta que la gran mayoría de todos los países occidentales son países democráticos y que es muy sencillo para cualquier nación con voluntad democrática y respeto a sus ciudadanos poder cumplirlos. Lamentablemente se observa que ningún país árabe o musulmán puede en esencia ser considerado como un país democrático y eso da una idea aproximada de la raíz del problema mundial que actualmente confrontamos, es así de simple, vivimos en un mundo actual globalizado donde la guerra es más bien entre la civilización y la anacrónica barbarie, entre el progreso y el retrogadismo cavernícola. Está a la vista: *to be, or not to be: that is the question: . . .*

Occidente no impone nunca la práctica democrática ni la civilización porque ambas no son una doctrina o ideología de mando, pero la estimula: democracia y civilización son derechos de la humanidad que incluye lógicamente a todo ser humano, sin importar dónde vive o cómo piensa, sin importar su fe religiosa, porque la democracia es la más alta cima o estadio que el ser humano puede alcanzar para convivir y coexistir en paz; enseñar a comparar, a pensar libremente a cualquier ser humano de forma democrática, es un deber de quienes la disfrutamos, todo camino obscuro necesita luz para ser recorrido. Hay que estar alineados con la libertad, con el progreso y con la defensa de los legítimos derechos ciudadanos en un estado de equidad, que permita y facilite la observancia de su justa práctica, en pro del bien común y la garantía total al derecho de ejercerla libremente.

En la actualidad la ONU agrupa a 193 naciones o estados miembros, más Ciudad Vaticano y la Autoridad Nacional Palestina, ambos a condición de observadores con carácter permanente. Dentro del mundo árabe-musulmán, Egipto, Jordania y la Autoridad Nacional Palestina tienen tratados o acuerdos con Israel pero, ni ellos ni ningún otro país árabe o musulmán ha reconocido el derecho del Estado de Israel a existir como estado judío; Qatar, Marruecos, Omán, Túnez y quizás otros, han realizado en el pasado algún tipo de acercamiento, diferentes contactos o relaciones comerciales con el Estado Judío de Israel, sin que eso implique un pleno reconocimiento de la nación judía como estado judío libre y soberano; Ciudad Vaticano nunca ha reconocido al Estado de Israel pero, en el mes de diciembre del año 1993 la Santa Sede sí estableció relaciones diplomáticas con el estado judío mediante ceremonias coordinadas realizadas en Roma y Jerusalén respectivamente. Existen otros 30 países más, pertenecientes a la ONU, que no han reconocido al Estado Judío de Israel, en su gran mayoría árabes y musulmanes.

Hay que tener mucho, pero mucho cuidado, hoy día con los apologistas de los llamados nuevos valores o conceptos que tratan de redefinir la democracia ya que las estrategias cambian a medida que el oportunismo político se desarrolla. En la actualidad la cosa es más compleja porque se trata de abuelitas que son lobos disfrazadas de abuelas, se habla de que en esta época moderna no resulta tan importante ya, la separación de los tres poderes del estado, falso; hablan de modernismo, de tecnología y de redes sociales y predican conceptos *marxviejos* muy disfrazados con gran elocuencia. *Nada de lo que dicen es nuevo*, así mismo pensaba y lo dejó escrito en su único libro: Main Kampf, mi lucha en español, Adolf Hitler, era la manera de pensar de Benito Mussolini, de Iósif Stalin, es como piensan hoy los comunistas chinos, los norcoreanos, los hermanos Castros, etc. Son los mismos socialismos en esencia en otros socialistas en decadencia.

Existen varios conceptos nuevos que tratan de redefinir el capitalismo, que hace tanto tiempo trataron de abolir de una forma similar Karl Marx, Lenin y Mao, y han costado a la humanidad 120 millones de vidas inocentes: *marxnuevos*.

El expresidente de Uruguay el señor José "Pepe" Mujica, exguerrillero del grupo terrorista Tupamaros, de muy triste recordación, por lo cual pagó condena *parcial* de alrededor de 15 años de prisión, y gracias *al retorno de la democracia* en su país logró el indulto, mediante un decreto de *amnistía* en el año 1985, nos habla de que el capitalismo:

"Ahora parece haber dado todo de sí; lo lógico es que el socialismo democrático lo remplace". Pero también dice:

"Por supuesto, porque cuando se te achica todo, tenés que caer en la ferocidad represiva".

A una pregunta del periodista: ¿Marx estaría de acuerdo con vos?, responde:

"Mejor dicho, yo estoy de acuerdo con Marx" de esa forma el señor Mujica nos da la respuesta exacta, sin lugar a dudas, de lo que es el *Socialismo Democrático*.

Capítulo 14 Los mayores peligros para Occidente

El mundo terrorista árabe y musulmán no conforman un bloque monolítico sólido pero, en ambos bandos abundan los extremistas radicales y ambos odian profundamente al Estado Judío de Israel y al mundo occidental, también a los musulmanes que no compartan sus tan absurdos métodos, a todos los cristianos, incluyendo coptos egipcios, a católicos, ortodoxos, yazidíes, budistas, hinduístas, etc., y a todo aquél considerado impío que no acepte su filosofía religiosa y genocida y sus métodos radicales, lo cual les proporciona un punto común de coincidencia donde muchas veces ocurre que el enemigo actual puede ser un aliado mañana. No importa el nombre de quien desea tu extinción, no importa que se llame: Hamás, Hezbolá, Isis, Isil, Al Qaeda, Estado Islámico, Boko Haram, los Talibanes, Al Shabab, Khorazan, Frente Al-Nusra, etc., todos sin excepción, son movimientos terroristas, todos y cada uno son un peligro muy grave, latente y real para el mundo occidental en su conjunto e inexplicablemente cada día más preocupante por lo insólito y altamente contagiosos y atractivos que resultan para algunos sectores sociales. Es precisamente ahí donde considero, radica el mayor peligro para todos los países y muy especialmente para nuestros países occidentales, donde existe una juventud, una minoría, que no sabe distinguir bien entre una canción de amor y un canto de sirena.

El mayor peligro para Occidente y para cualquier país que no desee ser contaminado con esta plaga pandémica radica en varios aspectos que merecen una pronta atención e iniciativas acorde a la magnitud del daño que significan:

1.- Carecer de una estrategia: el terrorismo es una amenaza siempre, pero además, es una activa amenaza muy innovadora con grandes recursos de todo tipo para llevar a cabo sus macabros planes. Estar un paso delante y adelante del terrorismo no es fácil pero, debe ser el objetivo de todo aparato de inteligencia de un país soberano y del conjunto de los mismos en colaboración efectiva a nivel mundial, con un trabajo bien coordinado y ágil de cooperación contra ese terrible flagelo. Si no existe una bola de cristal mágica hay que inventarla porque el terrorismo está ahí, siempre latente y al asecho, siempre tratando de destruir y causar dolor.

Entre los terroristas de Isis, Al-Qaeda, Hamás, etc., hay un denominador común: son todos radicales musulmanes islamistas, ellos han distorsionado la fe sagrada, al Islam, lo han convertido en la afirmación de todo mal al invertir la sagrada palabra y el concepto: el *"Mal sí"* no es: Islam.

Esto es una gran ventaja identificativa, es un segmento de un gran todo, el Islam de fe no es una religión perversa el *"Mal sí"* disfrazado oportunamente del Islam religioso puro, sí lo es, en su esencia fundamentalista extrema, y es precisamente mediante ese camuflaje radical que el trabajo se facilita porque solo constituye una muestra del universo. ¿Qué otra religión profesan los terroristas yihadistas? solo el *"Mal sí"*, solo el Islam al revés que tanto daña al Islam, por eso más, hay que condenarlo, pero eso a su vez facilita el trabajo, reduce y consolida la estrategia contra el terrible mal, ya que la ilustración, el proselitismo y la confrontación están identificados, lo cual constituye un gran paso en el sentido correcto, tan solo falta que los líderes religiosos más prestigiosos del Islam, que todos los países musulmanes y árabes se distancian y condenen las prácticas terroristas de todo tipo y dejen de apoyar a esas organizaciones radicales, así el terrorismo perderá sus bases fundamentales y dejará de existir por carecer de apoyo. Occidente no lucha contra la religión Islámica, o Islam, occidente se defiende de la agresión yihadista islamista fundamentalista radical.

El terrorismo existe porque existe el apoyo interesado y el financiamiento, que por ironía del destino muchas veces procede de las arcas impositivas de los propios ciudadanos y contribuyentes occidentales que pagan sus impuestos y posteriormente esos fondos tributarios se entregan de buena fe, en diversos programas de ayuda, a países que apoyan y contribuyen al terrorismo. Ese es el inicio de la estrategia permanente: saber de qué lado están y dónde emplean, los recursos financieros, técnicos, de capacitación y soporte militar, etc., nuestros supuestos amigos, los países aliados árabes y musulmanes con doble agenda, porque de ahí es de donde proceden las cabezas terroristas y los lideres de los diversos grupos; analizar la procedencia, la constitución y el financiamiento de los 19 fanáticos locos, que efectuaron los ataques del 11 de septiembre del 2001 en Estados Unidos, así como las fuentes de Isis, de Al Qaeda, etc., dan una idea. La realidad no es especulación, los hechos lo confirman.

En tiempos medievales de la tan funesta Inquisición, los terroristas inquisidores, las crueles cruzadas no pertenecían al Islam, su práctica intimidatoria y genocida fue política de estado. Hoy también existen estados terroristas y estados con doble agendas, no declarados terrorista, que apoyan el terrorismo con una política oportunista de ventajas, el terror siempre ha existido como forma de dominación impositiva, lo que cambian o actualizan son las estrategias y las formas de combatirlo, saber es ganar, la información es poder, no precisamente significa que es mejor siempre, estar solo que mal acompañado, significa que si se está mal acompañado es mejor estar al tanto, es saludable conocerlo de antemano.

2.- La prensa, el internet y la educación: los medios de difusión y el sistema educacional son los principales vehículos o herramientas sistemáticas que se utilizan para lograr la implantación de cualquier ideología en el mundo actual, en cualquier sistema. El contacto con la población y especialmente con la juventud es muy importante para la causa terrorista global, ellos gastan millones y millones de dólares en permear la imagen, cultura, la opinión y la mente occidental, con sus estrategias de captación proselitista.

El mundo libre debe tener, siempre, muy presente, que para cualquier movimiento terrorista significa más, un joven que responda incondicionalmente a su ideología radical de odio visceral, viviendo en una gran ciudad de occidente, que un pelotón de soldados en el frente de batalla.

La prensa es el cuarto poder necesario en una sociedad democrática, es tan imprescindible para la libertad como el oxigeno y el azúcar para nuestro cerebro, debe ser objetiva y balanceada, sin alineación por interés y despojada de todo tipo de sensacionalismo de *ratings* directrices y de mercado. Los verdaderos profesionales de la prensa se conocen, se admiran y perduran, los oportunistas y mercaderes de la prensa que confunde, terminan ignorados, se esfuman.

El internet y las redes sociales son avance y desarrollo y a la vez, un arma mortal adictiva, la democracia no le teme a la información porque la democracia es en sí información transparente, pero los enemigos de la democracia se valen de esa transparencia y libertad para atentar contra la esencia democrática misma; ser demócrata no es ser ingenuo, ser demócrata no es bajar la cabeza por temor a ofender a la democracia, ser demócrata, primero y ante todo significa, estar comprometido con la defensa de todos los valores democráticos y el ejercicio de los mismos. Los cuerpos de inteligencia del estado deben monitorear las 24 horas del día los centros terroristas en linea y seguir creando sistemas más eficientes en redes, la semilla del terrorismo es fértil y germina en cualquier terreno de cualquier país. Hay que ser como ellos en forma, no en contenido, *desvirtuarlos.*

Si es necesario se deben imitar las paginas terroristas, que los posibles reclutas no sepan si es de Isis, EI o del FBI, hay que dificultar el trabajo enemigo, no se puede ofrecer a nuestra juventud en bandejas de plata al terrorismo vil.

Ser maestro es un profesión muy encomiable, una de las más trascendentales para toda civilización, es digna y muy bella, tan antigua como la existencia misma del hombre, pero además, reviste una importancia mayor cada día en la formación de las generaciones futuras, por eso es de suma importancia la consideración de ciertos factores, más allá de los docentes, un tipo de carácter selectivo profundo, unido a otros parámetros generales predeterminados, entre los que se deben encontrar los diversos principios básicos lógicos relacionados con el amor, la conducta, la moral, la justicia y la profunda afinidad a los genuinos valores democráticos de una persona, cuando se le evalúa para estar al frente de un aula en cualquier grado o nivel del sistema educacional, con normas más estrictas al respecto y su oportuna y sistemática verificación; tener un modo más efectivo de defensa de los valores democráticos de la sociedad. Calificado para educar.

3.- El proselitismo religioso alineado: es en realidad extremadamente peligroso, se manifiesta una y otra vez cuando se programa y distorsionada, con toda intención, la fe y los principios religiosos a favor del terrorismo, dentro del propio territorio de países occidentales no alineados con sus prácticas, por algunas mezquitas y madrasas, con un fin predeterminado y gran irresponsabilidad en ciertos templos, legalmente establecidos, que socavan las mentes débiles de muchos de nuestros jóvenes, ante nuestras propias narices, convirtiéndolos en futuros y potenciales terroristas, con una marcada rebeldía e inclinación al desafío, vinculados o no a una organización radical pero reclutados para esa causa vil, sembrando y haciendo crecer en sus corazones un terrible odio hacia la cultura occidental donde se han formado.

La religión, que en cualquier sociedad democrática se inmiscuya en aspectos políticos y trate de subvertir el orden constitucional, basadas en falsos preceptos y argumentos tergiversados o fabricados, más que una religión, es un peligro social. Difundir una ideología terrorista disfrazada con un manto de fe, no es ético, no es nada religioso ni debe ser permisible en una democracia hoy día, sencillamente, porque constituye un delito grave. Los congresos de los países democráticos deben revisar sus leyes al respecto para estar seguros que las normas vigentes prescriben la condena a estas prácticas de forma clara; los tiempos cambian y las leyes deben ser adecuadas a los nuevos tiempos.

Este aspecto, como quizás otros, dará sobrado argumento a los ingenuos precoces y a la prensa sensacionalista cuando la justicia actué para reprimir esta posible práctica en un lugar determinado y hablarán de una falta total de tolerancia religiosa, se puede predecir porque *se conoce bien el paño*. Democracia es derechos y deberes en un marco de plena libertad pero no implica la tolerancia del delito ni la siembra de malignas semillas fundamentalistas radicales terroristas y genocidas que comprometan ese estado de derecho.

4.- Los llamados lobos solitarios: son un verdadero peligro dentro de las sociedades occidentales y la población debe ayudar a las fuerzas de inteligencias y policiales en la detección y neutralización de estos terroristas encubiertos y extremadamente peligrosos, son personas que actúan contra la sociedad con el objetivo de crear terror extremo de forma individual y sin un tipo real de integración o militancia en una organización terrorista determinada. La organización terrorista Khorazan se especializa en la captación y en la formación terrorista de estos individuos dentro del mundo occidental, generalmente son inadaptados sociales, muy resentidos, que se dejan arrastrar por el proselitismo y se radicalizan paulatinamente, casi siempre se denotan en ellos ciertas señales o cambios en su conducta tradicional que da un indicio del posible comportamiento individual futuro.

El papel de la sociedad, de toda la población en general, resulta decisivo para la neutralización de estos peligrosos individuos, se debe alertar siempre a las autoridades, si se observan cambios radicales en el comportamiento normal de cualquier ciudadano, que pueda derivar en un acto terrorista o daño diverso, lo cual incluso representa un gran beneficio para el individuo, que puede de esa forma hasta salvar su vida y ser reinsertado a la sociedad, libre ya, de toda esa doctrina manipuladora de terror por y para la que fue conquistado. Existen los cuerpos de inteligencia en las diferentes instancias, la policía, agencias, con sofisticadas y modernas técnicas, con medios muy avanzados, pero nada es más efectivo para neutralizar estas acciones solitarias que la oportuna cooperación y la ayuda apreciada a los mismos, por parte de la ciudadanía a la cual defienden.

5.- Infiltración de estructuras y mandos militares: lo menos que alguien espera escuchar es un ataque dentro de una base militar norteamericana o aliada, perpetrado por algún miembro del personal que la integra, eso ha sucedido varias veces y es doblemente lamentable.

Cuando los japoneses atacaron la base de la armada de los Estados Unidos en Pearl Harbor aquella fatídica mañana del domingo 7 de diciembre de 1941, el ataque vino desde el exterior, muy lejos del territorio continental de la Unión Norteamericana, en la paradisíaca isla de Hawai localizada en el Océano Pacífico, que posteriormente, el 21 de agosto de 1959, se convirtiera en el estado número 50 de la Unión. Los Estados Unidos de América, al otro día, después de la agresión, declararon la guerra a Japón lo cual implicaba su entrada en la Segunda Guerra Mundial contra el eje del mal compuesto además por la Italia fascista y la Alemania nazi que a su vez declararon con gran prontitud la guerra a los

Estados Unidos, el día 11 de diciembre, apenas unos cuatro días más tarde del traicionero ataque a la base naval.

Cada época tiene sus características especiales y en aquel entonces las autoridades norteamericanas tomaron ciertas medidas que consideraron efectivas y preventivas contra los rumores en constante aumento de posibles conspiraciones y levantamientos de una gran cantidad de los ciudadanos japoneses, muchos inclusos de los llamados Nisei, los de segunda generación nacidos en Estados Unidos y otros que eran ya residentes permanentes, establecidos en el territorio continental norteamericano para evitar situaciones de riesgo dentro del país, motivadas por sentimientos nacionalistas.

Cada momento histórico es diferente a los demás y cada acción para un periodo determinado de tiempo está basada en las condiciones históricas de dicho momento; es posible que hayan existido excesos y exageraciones que terminaran en injusticias pero, los Estados Unidos estaban en guerra e hizo en su momento lo que entendió era más aconsejable y el mal no se extendió, hoy no se trata de una posibilidad, hoy se trata de una agresión real materializada en diferentes oportunidades por el peor de todos los fanatismos radicales que existe: el fanatismo religioso islamista yihadista.

No es un elucubración ni una falta a la verdad decir que en varias bases militares de los Estados Unidos, en territorio norteamericano y en el exterior, se han producido ataques de odio violentos con numerosas victimas fatales por acción de miembros integrantes activos, en servicio, de las fuerzas militares estadounidenses por seguidores pertenecientes a la religión islámica, a la fe musulmana. Eso es evitable, eso constituye un arduo trabajo de inteligencia militar dirigido, no a los japoneses, porque ya hace mucho tiempo de aquel diciembre gris del año 1941 en Pearl Harbor y el gobierno y pueblo de Japón, hoy son importantes aliados y amigos, hay que estar al tanto de las actividades de los practicantes de la religión islámica dentro de todas las estructuras y mandos militares que tienen contactos con facciones terroristas y páginas de internet o personas enemigas afines que puedan inducir o producir una radicalización del individuo. Los primeros, los más sensibles a ser captados son precisamente los que ya profesan la religión, lo cual no quiere decir que deban repetirse las acciones de 1941 y mucho menos que todos aquellos militares que practican la religión islámica sean terroristas en potencia, no es la persona por su religión, es la persona por su predilección o por su afiliación, por su contacto con fuentes que difunden la ideología terrorista; *el que nada debe nada teme* pero, tratar de evitar, siempre, un acto terrorista dentro de un instalación militar, tiene que ser, como es, una gran prioridad y un deber para los reclutadores y en especial para la inteligencia militar norteamericana. Si hablamos de salas de control y silos de misiles atómicos, yo diría: naturales del país por nacimiento, sin vínculo exterior.

6.- Las cárceles como centros de captación:

Desgraciadamente un alto por ciento de los jóvenes que delinquen y se encuentran purgando sus condenas en las cárceles estatales y federales, son personas de ciertos rasgos con características comunes, entre las que se encuentran las siguientes: pertenecen a minorías, no han tenido el calor de hogares estables, han sido sometidos a múltiples abusos durante su infancia, son desertores del sistema educacional desde una temprana edad, etc., esas características influyen notablemente en su conducta y vida y aunque el delito no se justifica, van a parar a diferentes centros de rehabilitación y prisiones por sus actos, eso lo saben los ideólogos del terrorismo, eso lo saben los países ricos que los financian y es por eso precisamente que la falta de cultura formal y docente los hace objetivos y presas fáciles de los mismos. Las cárceles occidentales están llenas de libros del Corán y de individuos que manipulan la fe, al Islam y a esos jóvenes

175

reclusos, le ofrecen lo que nunca han tenido: una familia y el paraíso con tan solo inmolarse en el nombre de Alá.

Hoy día las cárceles norteamericanas y muy posibles las de muchos países occidentales constituyen efectivas fuentes primarias de captación de jóvenes para las facciones o causa terrorista, hay que estar al tanto de los predicadores y de lo que predican, si el mundo está cambiando también deben cambiar las estrategias y las leyes democráticas de defensa de la sociedad. Si el Corán llega y está en las cárceles de occidente, debe permitirse la Biblia y el Torá en las cárceles de los países árabes y musulmanes que realizan donaciones de esa índole a occidente, la igualdad en todo intercambio debe ser una premisa de respeto, la fe un libre albedrío.

7.- Intercambio desigual: no tiene lógica, no es ni justo ni equitativo, que estados árabes y musulmanes financien de forma regular en territorios de diversos países occidentales la construcción de mezquitas religiosas y no permitan que las iglesias de las religiones occidentales se establezcan en sus países. Es un intercambio a todas muy desigual que no debe continuar o ser aceptado de esta forma actual, porque esas mezquitas forman o deforman, según el guía espiritual, a parte de la juventud, en una religión sin una reciprocidad de culto en sus países de origen, en un intercambio desigual de espiritualidad y fe sin alternativas. ¿A qué le temen?

Como expresé al principio, en una opinión de carácter muy particular, pienso que: el origen del extremismo radical en gran parte, en un alto por ciento, se debe a la corriente suní musulmana conocida por Wahhabismo, de la escuela Hanbalí, con la mayor cantidad de seguidores, incluyendo a casi la totalidad de los líderes de Arabia Saudí y a las yihadí madrasas que ellos financian para extender la dominación mundial. En este párrafo deseo incluir algo más, no tenemos mucho tiempo para parar esa corriente extremista y evitar ser contaminados hasta la misma médula, creo que muchas de las prácticas diplomáticas deben actualizarse, adecuarse y el concepto de amistad entre naciones redefinido, cuando la supervivencia está en juego, poco importan las ventajas comerciales, además no se trata de *acabar el canibalismo comiéndose al caníbal,* se trata de decirle a esos señores que ya sus prácticas solapadas no serán aceptadas. Estoy muy seguro que a medida que se van desarrollan los diarios y graves acontecimientos actuales, que a todos por igual nos afectan, el mundo musulmán y los máximos exponentes de la genuina fe islámica se tornan más preocupados.

Los líderes más iluminados y brillantes del Islam ya se tiene que haber dado cuenta que hay una necesidad urgente de hacer algo que acelere y ponga fin a la reestructuración interna que se manifiesta en dicha fe, a la lucha interna que casi todo tipo de cultura religiosa o fe multitudinaria de ese tipo, en algún momento de su historia padece pero, el Islam a diferencia de otras religiones monoteístas está regido más bien por un código de normas y leyes de conducta de la vida de sus fieles, segundo a segundo, acto por acto y paso por paso, que incluso trata o específica cómo proceder en cada momento o situación, por lo cual resulta más rígido, además de no contar con una estructura vertical de donde emanen desde arriba todas las directrices hacia la amplia base como sucede por ejemplo en la religión o fe católica donde existe el Vaticano y el Papa, por eso pienso que solo flexibilizando esa rigidez, esa norma de conducta a seguir, adecuándola a los términos de un mundo diverso, global y tecnológico se podrá establecer la cordura y la práctica sosegada. El Islam tiene que poner fin a esa guerra interna entre sunitas y chiítas y otras corrientes integrantes, sin deseo de ofender a nadie pienso que: llegó la hora para los líderes religiosos del Islam de reinterpretar el Islam, de adecuarlo a los tiempos.

El mundo occidental y todo aquél que considere que el peligro real existe, debe pensar que la educación objetiva y el tratamiento científico debe ser utilizado para inclinar la balanza a nuestro justo favor, generalmente existen indicios previos de estos jóvenes con tendencias a ser captados o convertirse en futuros terroristas y enemigos de su propio pueblo y cultura. Cada vez que un joven imberbe cualquiera y especialmente de occidente, es captado y engrosa las filas del terrorismo, es una gran derrota para Occidente; hay que observar los síntomas, la fuente siempre está muy cerca.

Es necesario prestar atención porque la mala hierba se expande al vuelo por las arenas del desierto, por los verdes valles, las cordilleras de montañas, por muchas tribus y las más modernas y cultas ciudades, quizás mañana pueda ser demasiado tarde para la inmensa mayoría y lamentarse no resolverá nada. Es responsabilidad de todos los gobiernos actuales parar la corriente peligrosa que nos puede llevar sin dudas a una hecatombe fatal de magnitudes inimaginables y apocalípticas; llegó la hora de la definición, llegó la hora de actuar; el tiempo es breve, la historia observa.

8.- Occidentales en las filas terroristas: hay que identificar y crear, como de seguro existen ya en muchos países, las bases de datos de los nacionales que han sido reclutados y actualmente sirven, pelean y conforman las fuerzas terroristas internacionales en Irak, Siria, Libia etc. Los aparatos de inteligencia deben tener como tarea infiltrar esas organizaciones y tomar especial cuidado en reunir toda la información necesaria en cuanto a esos nacionales que poseen ciudadanías y pasaportes válidos de los respectivos países occidentales de origen a fin de detectarlos si tratan de reingresar al territorio y así aplicar todos los procedimientos establecidos sobre las bases legales de acción para evitar posibles afectaciones y acciones terroristas futuras. Cuando el mal proselitista está hecho el objetivo debe ser neutralizar las acciones concretas que puedan emanar del mismo, una vez identificados, se debe proceder de forma similar como ante el dinero falsificado, es necesario encontrar la imprenta para evitar que siga falsificando, hay que encontrar el imán.

Muchos de esos jóvenes ingresan a las hordas terroristas motivados por aspectos que distan mucho de tener una verdadera fe suicida o de una ideología con profundas bases antioccidentales, son hijos de occidente, casi seguro con algún tipo de reclamo o frustración social que pudiera explicar su rebelde radicalización como por ejemplo: La obtención de sumas de dinero, de poder tener una identidad que piensan no poseen y que Isis le brinda como defensores de la verdad y la justicia universal, poseer una o varias mujeres como esposas obedientes y esclavas sexuales, por decreto asignadas, sin tener que conquistarlas con afecto, cariño y el respeto occidental, el deseo de una gran aventura militar, etc., Solo sueños que terminarán en una frustración mayor, si es que logran conservar la vida ya que saben y aceptan de principio la inmolación o suicidio por la causa, unido, en última instancia, a un negro y triste expediente como combatiente terrorista en contra de su propio país de origen, el estigma de la vil traición, de una descalificación social mayor que lo acompañará mientras viva.

Occidente no es el total culpable de todos los problemas de occidente, existen causas generacionales, existen causas sociales históricas del desarrollo, no se puede culpar a los médicos de hoy de las muertes por fiebre amarilla antes de Finlay, pero no se trata de eso, se trata de hasta qué punto se pudiera evitar esa práctica que nos roba hijos y los convierte en objetivos del otro lado de la trinchera y de la historia.

La educación es el primer método eficaz de lucha efectiva para el mundo occidental y para todo el planeta, debe ir acompañada de nuevas oportunidades, no solo se derrota la ideología de Isis y del terrorismo internacional con las armas en las manos, hay que atacar también las fuentes que lo originan y nutren, cualquier tipo de esfuerzo en ese sentido significa un gran triunfo para occidente, el mundo libre y aquellos que sueñan con la emancipación.

9.- Puntos débiles en aeropuertos y fronteras: los terroristas que no tienen o poseen un pasaporte occidental válido, que no nacieron en occidente, saben muy bien cuales son los puntos estratégicos o puntos débiles que facilitan la penetración a los territorios y objetivos del mundo libre donde han planeado llevar a cabo sus acciones asesinas. Todos conocemos los lamentables sucesos del día 11 de septiembre del año 2001 en la ciudad de New York que causaron el derribo de Las Torres Gemelas en *The World Trade Center* y la forma siniestra y planificada de los terroristas, para lograr entrar y operar sin detección previa a territorio norteamericano, matricularse con éxito en escuelas de aviación especializadas y ejecutar sus macabros planes. El terrorismo internacional posee los recursos financieros para realizar sobornos y comprar accesos que abren puertas.

Es imprescindible reforzar los puntos estratégicos de entrada a los territorios occidentales, en el caso específico de los Estados Unidos, todos los aeropuertos, la frontera sur pero, principalmente la amplia frontera norte con Canadá, que los terroristas pudieran llegar a utilizar con cierto éxito por la cantidad de bosques existentes y por extensas áreas muy despobladas con posibles cruces indetectables.

10.- Utilización de drones domésticos: en diferentes mercados hoy día, e incluso por diferentes tiendas en la internet, cualquier persona puede comprar un dron, que es en sí un vehículo o nave no tripulada guiada de forma remota, incluso por GPS o Sistema global de navegación por satélite, por un precio módico, que puede comenzar tan bajo como trescientos dólares. Estos equipos pueden ser fácilmente utilizados en actividades terroristas en ciudades y campos con una gran efectividad ya que se le pueden adicionar componentes o ciertos tipos de cargas explosivas y químicas a esos fines y dirigirlos con gran precisión a puntos u objetivos escogidos y analizados que hayan sido predeterminados, también pueden ser utilizados en una vasta cantidad de operaciones espías controladas de video, fotos, como escuchas, etc., No todas las personas compran o tienen en su casa un juguete dron para entretenerse, las preguntas son: ¿Es posible crear una base legal de datos de personas que adquieran drones para fines domésticos? ¿Es posible por ley que los drones posean un tipo de caja negra del tipo irrompible, indestructible con un serial numérico único y todo tipo de información importante que ayude a las autoridades en pesquisas necesarias en un momento futuro dado? La mejor forma, la más efectiva y real de combatir y derrotar al terrorismo es estando un paso delante, tratando siempre de neutralizar sus planes de destrucción, analizando y descubriendo cómo piensan y pudieran actuar.

Como nota adicional deseo puntualizar que en el pasado el grupo terrorista peruano Sendero Luminoso utilizó aves con explosivos para actos terroristas en embajadas y otros lugares que consideraban estratégicos, así como también Cuba comunista hizo estudios sobre la dispersión de virus y bacterias en el estado de la Florida y otros territorios de los Estados Unidos utilizando ciertas aves migratorias. En la actualidad está bien documentado la utilización de aves voladoras con una fuerte constitución física como gansos, diversos tipos de patos, etc., por parte del grupo terrorista Talibán con letales cargas explosivas controladas a control remoto, que además incluyen ciertos aparatos o aditamentos posicionales tecnológicos muy avanzados adjuntos, como cámaras de visión, de video, GPS, etc., también se conoce que durante la Segunda Guerra Mundial se utilizaron miles y miles de palomas mensajeras por los diferentes bandos contendientes y que existe la condecoración o medalla Dickin creada en 1943, en honor a la idea original de María

Elizabeth Dickin, gran protectora de los animales, para premiar la labor de los ejemplares más destacados durante dicho conflicto, la cual fue conferida a 18 perros, 3 caballos, 32 palomas mensajeras y también a un gato insigne, esta justa condecoración sigue vigente en la actualidad y ha sido asignada a varios héroes caninos más, entre ellos tenemos los siguientes: otorgada en homenaje póstumo a Gander un canino de Terranova que se destacó en 1941 en la contienda del ejercito canadiense en Hong Kong y a los perros guías de dueños particulares Salado y Roselle en el año 2002, los cuales brillaron notablemente trabajando al servicio de las autoridades neoyorquinas en el rastreo y localización de victimas entre los escombros del *World Trade Center*, después del artero y cobarde ataque del 11 de septiembre del año 2001 por miembros de la red terrorista de Al-Qaeda, así como también le fue conferida a Appollo, por la misma loable labor, en la misma fecha el cual formaba parte del Departamento de Policía de la ciudad de New York, como un digno representante de todos los perros oficiales que participaron en las arduas y complicadas operaciones de rescate que también incluían las que se efectuaron en el Pentágono; en el año 2003 fueron condecorados Sam y Buster por su gran labor en Boznia-Herzegovina y también en Irak, en 2007 le fue concedida a Sadie y la última en 2010 a Treo, ambos nobles ejemplares de raza Labrador, hábiles detectores de bombas y explosivos en Afganistán.

El documental *"War of the Birds"* de Richard Cane del año 2005 trata muy bien este tan interesante tema de las palomas mensajeras, también se puede añadir que el uso de palomas mensajeras es muy antiguo y se sabe que fueron utilizadas por Genghis Khan para orientar el rumbo de su flota naval, por el emperador romano Julio Cesar para comunicar sus victorias al senado en Roma y que incluso fue una paloma mensajera la que llevó el mensaje de la derrota de Napoleón en Waterloo, Bélgica el 18 de junio de 1815 a Londres, Inglaterra. Como se comprueba, no deja de ser muy efectivo y bien disimulado el uso de aves voladoras en acciones militares y es ahí donde reside la gran sorpresa y por ende, el mayor peligro. Otros animales también son adiestrados para diferentes prácticas de inteligencia y de estrategias varias, entre ellos los delfines, con muy buenos resultados obtenidos.

11.- La dispersión radiactiva: el grupo terrorista Isis en su ocupación de la ciudad de Mosul, provincia de Nineveh, en Irak el pasado mes de junio del año 2014, se adueño de 40 kilogramos de compuesto de Uranio, no enriquecido, que se encontraban en la universidad de esa ciudad, la segunda mayor de Irak, lo primero que llama mucho la atención es qué hacía esa cantidad tan grande de material nuclear en un centro de estudios, si tenemos en cuenta que la bomba que fue detonada en Hiroshima, Japón, contenía solo unos 27 kilogramos más que esa cifra pero, en ese caso de Uranio enriquecido 235. El robo de ese material aviva el gran temor de la construcción de una bomba sucia, que pueda a través de explosivos permitir la dispersión de radiactividad. No es posible que se pueda, con ese tipo específico de material o componente, construirse una bomba nuclear pero, como es sabido, todos los compuestos de Uranio son venenosos.

Isis cuenta con los científicos necesarios y el personal técnico adecuado para materializar sus aspiraciones de crear bombas sucias y muy posiblemente hasta para crear algún tipo de arma nuclear genocida, además tiene mucho dinero y fanatismo religioso de su lado para llevar a cabo sus planes pero, necesita además de ese personal élite, de ciertas instalaciones adecuadas, las cuales deben ser detectadas y destruidas por la coalición, por los solados kurdos e iraquíes o por cualquier fuerza opositora de Isis incluyendo a Israel. Hay que interrumpir ese gran sueño de Isis a tiempo.

12.- Uso de virus y bacterias como armas mortales: existen algunas diferencias entre un virus y una bacteria, los virus son corpúsculos o pequeñas estructuras que necesitan vivir como parásitos en una célula para poder sobrevivir, o sea, no pueden vivir fuera de las células humanas, animales o vegetales que le hospedan porque necesitan el equipo biológico cellular para mantenerse activos, mientras que las bacterias son organismos celulares que pueden tener vida por sí solas, ambos son muy peligrosos. La gravedad del contagio, entre otros factores, está determinada por la virulencia del virus o bacteria causante de la enfermedad, o sea, la capacidad de infectar y por la cantidad de virus o bacteria presente en el momento de la infección.

El virus del Ébola puede convertirse, además de ser una terrible enfermedad, en una gran arma de terror, muy letal, se propaga a través de fluidos corporales de una persona enferma o portadora del virus que entran a la persona sana por una herida en la piel o si por descuido, las manos contaminadas tocan la nariz o los ojos, una vez dentro del cuerpo de la persona, el virus se atrinchera atacando desde el principio su sistema inmunólogico y desactivando las alarmas del mismo. Antes de que el sistema inmunológico de la persona recién infectada lo detecte y comience a luchar contra el mismo, ya el virus del Ébola infectó muy positivamente múltiples tipos de células en el organismo recipiente y solo después de existir una cantidad suficiente del virus acumulado, comienzan a aparecer los síntomas que generalmente se manifiestan con fiebre y dolor muscular, de cabeza y garganta; ese proceso dura aproximadamente 21 días; a partir de ese momento, ya la persona se convierte en contagiosa, en un riesgo; es muy posible que la aparición de los síntomas, antes o después, esté directamente ligada a la cantidad de virus inicial asimilado o contagiado. La mayor cantidad de virus de una persona con la enfermedad se encuentran en su sangre, en sus vómitos y en sus heces fecales, el éxito del tratamiento contra el virus del Ébola es mantener la presión arterial del paciente en los valores requeridos mediante líquidos suministrados sin provocar un edema pulmonar, ese equilibrio es el que tratan a toda costa de mantener los doctores mientras se le suministran los medicamentos indicados al paciente, los más efectivos, los recomendados y disponibles para ese momento, entre los que actualmente se encuentran las transfusiones de sangre de pacientes que pudieron vencer a la enfermedad, todo en espera de que el sistema inmunológico de esa persona ya infectada se fortalezca y pueda salir victorioso en la batalla final contra el virus. Una vez que la persona está libre de la infección hay que tratar de reparar todos los daños que dicho virus causó a los órganos y a todo el organismo en general, de la persona que logró sobrevivir al contagio y la infección del peligroso virus. Existen cinco cepas conocidas del virus del Ébola, la que actualmente se ha manifestado y provocado el contagio en África, Europa y Estados Unidos es una de la más agresiva, la denominada cepa de Zaire.

Es muy improbable que el virus del Ébola se trasmita por el aire, desde el punto de vista infeccioso es muy agresivo, por eso todo aquél que se contagie tiene una muy alta posibilidad de enfermarse pero, no es altamente contagioso como el tipo de resfriado más común que casi todos hemos padecido, o de alguna forma conocemos, aún así, esta enfermedad, el virus del Ébola, posee características propias que la convierten en un virus atractivo para los terroristas suicidas como un arma letal de contaminación masiva y difusión del terror ciudadano; otros virus y enfermedades también pueden ser utilizados por terroristas como armas de destrucción y pánico, por eso siempre hay que estar alertas.

La solo información real por los medios de difusión de la existencia de una persona contagiada que muera en un hospital, hotel o en cualquier calle creará más miedo y posibilidad de contagio, más aún cuando se conozca que es una persona fanática radical contagiada voluntariamente, eso, creará el terror deseado, el que desean implantar en las sociedades occidentales muy lejos de África. No hace falta incluso que contagien a nadie, solo que mueran en nuestras calles, ciudades e instalaciones civiles para crear grandes movilizaciones y gastos inmensos de todo tipo a las economías occidentales en fase media de recuperación.

A diferencia de otros virus mortales, la infección con el virus del Ébola es más letal y mucho más amplia y rápida de contraer al contacto directo personal, mucho más fácil de inocular masivamente a posibles voluntarios terroristas, con un periodo de incubación de aproximadamente 21 días lo cual es un lujo que permite ser ocultado mientras se viaja y en adición, porque no existe aún una vacuna experimentada con probada efectividad para combatirlo y por otra parte, porque mata en cuestión de días o de unas pocas semanas después del contagio inicial, en un alto por ciento de casos sin la debida atención médica necesaria, cosa esta que a los terroristas genocidas no les interesa en lo más mínimo ya que su objetivo está relacionado a la acción suicida, es morir al infundir terror, lo cual sin lugar a dudas lograrían.

Las condiciones efectivas a nivel mundial para tratar con una pandemia generalizada de este tipo de contagio, u otro similar, no existen o son muy reducidas pero, los eficientes aparatos de inteligencia para evitar que esto suceda sí son realidad, sí están ahí, activos, pero además, deben estar bien informados y alertas ante una posibilidad de peligro real, porque esos aparatos especializados tan técnicos, dedicados que no descansan nunca, saben que la información a tiempo es un arma de defensa muy útil y necesaria en la lucha contra el terrorismo global actual, que casi siempre tiene dos caras, dos agendas y muchos otros más camaradas que estrechan la mano afable de occidente con fingida sonrisa. *"De las aguas mansas, líbrame señor"*. Los aparatos de inteligencia están obligados a vigilar 24 horas siempre, los terroristas sólo necesitan un segundo para su letal acción.

El mundo ya se ha acostumbrado a escuchar, una que otra vez, la noticia de que un fanático terrorista, incluso oriundo o procedente de países occidentales, incluyendo a Estados Unidos, se inmoló en acto suicida haciendo detonar una mortífera carga explosiva en un concurrido lugar civil o militar, lo anterior sucede con plena conciencia del suicida acerca del acto, que lleno de orgullo lleva a cabo, incluso, siempre que le es posible cumple lo establecido y se baña y se prepara, para llegar aseado al paraíso donde cree le esperan esas 72 vírgenes que lo colmarán de paz, alegría y satisfacción, en su eterna estancia paradisíaca como justa recompensa a su heroísmo de guerra en el nombre de Alá. La pregunta es: ¿Qué diferencia hay para un fanático orate, entre morir mediante una explosión de forma instantánea, o algunas semanas después, si la recompensa es ocasionar un daño mayor a la humanidad infiel que odia y detesta? Desde el punto de vista del suicidio en sí, ninguna, desde el punto de vista del daño que se le pudiera causar a la humanidad y a toda la civilización, algo comparable o quizás mucho peor que una potente detonación nuclear enriquecida o sucia.

La inoculación del virus del Ébola a ciertos fanáticos terroristas yihadistas escogidos de forma consciente para su propagación en occidente es posible y es una amenaza real. ¿Que es lo que necesitan para lograrlo?

Primero: al mártir terrorista, al obediente y fanático loco yihadista dispuesto a inmolarse; esos señores con mentes embotadas les sobran a Isis y demás grupos terroristas.

Segundo: el virus para ser inoculado; muy fácil hoy de obtener en los países o las zonas afectadas de África, donde la humanidad lucha contra la propagación del mal. Es muy posible que ya existan cepas conservadas a esos fines.

Tercero: el personal calificado para el trabajo médico y científico que realice el proceso técnico para la obtención, la conservación de la cepa y la inoculación del virus; no le será muy difícil a los terroristas hoy, lo tienen garantizado a través de sus camaradas agentes de la inteligencia castrista integrantes de la *cash* misión, del personal médico de Cuba comunista en la abatida región, que como siempre, estará dispuesta y será solidaria con cualquier filosofía o práctica terroristas en el planeta y más, si se lo solicitan y le pagan con los odiados e imprescindibles dólares. Esta misión los entrenó en la práctica, en la manipulación y conservación de dicho virus, más allá de finalizada la misma, pues también parece aprovecharon para promover su mano de servicios médica esclava, en dólares, y abrir nuevos mercados, lo cual garantizará su presencia en gran parte de la zona afectada.

Esos agentes entrenados y falta de escrúpulos tratarán de forma fanática y consciente, utilizando toda la presión y el chantaje de obligar a uno que otro galeno a proceder con el negocio llegado el momento, al que le dirán que se trata de un acto valeroso, heroico e internacionalista, orientado y aprobado por las altas esferas del partido comunista cubano para con sus compañeros de lucha, los de Isis, Isil o EI, Khorazan, Al-Qaeda, etc., que al igual que la Cuba castrista, son luchadores por la erradicación de toda cultura y principio imperialista y sionista. Es muy posible también de paso, y para no perder la costumbre, que culpen al embargo norteamericano, vigente aún, después del cambio político inusitado del presidente Barack Obama, que ellos llaman bloqueo, y a la CIA por la falta de divisas y oportunidades en la isla y en la región, así como también del resurgimiento del Ébola y de cuanto disparate les convenga agregar. Cuba comunista es y será siempre fiel servidora del terrorismo.

Es una posibilidad, como también es casi seguro que pese a todas las medidas coactivas y de vigilancia, algún personal que formó parte de la misión médica cubana, como siempre sucede, logren desertar en algún momento futuro y ofrezcan más información sobre cualquier vil objetivo al respecto de la agencia castrista de inteligencia, porque la mayoría de esos médicos cubanos aman su profesión y viven con una doble moral y no se prestarán para semejante locura si se les propone o tienen la aguda certeza de que están siendo manipulados contra sus genuinos principios profesionales, *hipocráticos* y humanos con fines terroristas. Una deserción de cualquier médico o miembro vinculado a esas delegaciones en África reviste vital importancia para conocer las intenciones castristas y proteger a la humanidad.

Desconfiar del lobo vestido de oveja es una forma de proteger al rebaño, cincuenta y seis años plus de continua práctica subversiva y terrorista son más que suficientes para estar convencido que es imposible confiar en la dictadura comunista de Cuba. Nunca un gobierno de los Estados Unidos debería perder su tiempo en tratar de llevar a los comunistas cubanos por el buen camino, ellos no saben ni siquiera que existe, ojalá, lo cual al estar codificado por el Congreso resulta imposible de forma unilateral por decreto del ejecutivo, nunca intente el gobierno del país líder de la democracia y la libertad, levantar ese embargo comercial que los comunistas castristas, en error gramatical, definen como bloqueo, porque a partir de ese momento estarían abriendo las puertas de diversas fuentes de financiamientos que tomarían a manos llenas sin intención de pagar, ya que Cuba comunista a nadie paga y al final las aseguradoras norteamericanas pagarían a los productores y comerciantes las deudas contraídas no pagadas o *debt default* y los contribuyentes de los Estados Unidos, por último, serían los afectados. Cuba comunista es y siempre ha sido, lo que se pudiera definir como economía parásita pero, aparte de eso, comenzaría los nuevos reclamos en la arena internacional de otra gran elaborada falacia: según Cuba comunista, si se toma en cuenta la depreciación del dólar frente al oro, hasta el año 2010, los Estados Unidos le adeudan por concepto de daño por embargo económico alrededor de 975 mil millones de dólares, hoy piden 116 mil millones, en ningún momento la Cuba castrista habla del daño causado a las empresas y economía norteamericana por las ilegales apropiaciones, sin compensación de las mismas, en territorio cubano al triunfo del macabro ensayo terrorista stanlinista y subversivo que desde principios del año 1959 esclaviza la isla.

No es una exageración decir que los comunistas cubanos, los actuales más viejos en la lista de países que patrocinan el terrorismo internacional, según las normas específicas y consideraciones afines del Departamento de Estado de los Estados Unidos de América, se presten a esa vil locura. ¿Alguien ha escuchado al dúo Castro comunista condenar el genocidio de Isis? ¿Cómo es posible creerles a los mismos que trataron afanosamente de armar una gran conflagración mundial, con la Crisis de los Misiles en el año 1962 donde estuvo en peligro inminente la vida y seguridad de toda la humanidad, sin el menor respeto, sin importarles nada la integridad mundial? ¿Cómo creerles que ahora ellos desean cooperar con el país que más odian para salvar precisamente a la ciudadanía que quisieron extinguir? ¿Será que por los años olvidaron que existe la memoria histórica? Desconfiar es una virtud, ya que no es posible olvidar que después que el primer ministro del Kremlin de Moscú, el osado e inepto Nikita Khrushchev retiró, sin consulta previa, los misiles nucleares de Cuba, todos los dirigentes comunistas cubanos estaban decepcionados con la considerada alta traición del mandatario soviético y en entrevista al sádico Che Guevara, el entonces reportero británico, el señor Sam Russell, del diario socialista Daily Worker, no salía de su asombro y hasta lo creyó *chiflado,* o sea un loco, cuando el connotado asesino extranjero de tantos cubanos, Ernesto Che Guevara y de la Serna, mostró su enorme descontento y acotó:

"Si los misiles hubieran permanecidos, (se refiere al territorio cubano)*, los hubiésemos utilizados contra el mismo corazón de los Estados Unidos incluyendo a Nueva York. Nunca debemos establecer la coexistencia pacífica. En esta lucha a muerte entre dos sistemas tenemos que llegar a la victoria final. Debemos andar por el sendero de la liberación incluso si cuesta millones de victimas atómicas".*

Sobran las palabras, pero adicionalmente, se conoce de planes terroristas cubanos en la década de 1960 para atentar entre otros, contra la Estatua de la Libertad, contra el metro de New York y grandes tiendas por departamentos en dicha ciudad, los cuales fueron interferidos por las agencias de inteligencias norteamericanas y el FBI, o Buró Federal de Investigaciones de los Estados Unidos de América..

¿Es coincidencia el odio manifiesto de los comunistas cubanos contra la ciudad de New York y los atentados que la Capital del Mundo ha sufrido en el pasado por parte de grupos e individuos terroristas que incluyen a Al Qaeda y su vil ataque que ocasionó el derrumbe de las Torres Gemelas el día 11 de Septiembre del 2001? ¿Es coincidencia que la isla comunista del Caribe sea el dulce hogar de cuanto terrorista, narcotraficante, delincuente y ladrón fugitivo anda por el mundo? No importa que sea ETA, los Panteras Negras, el IRA, los Macheteros, la OLP, las FARC, Joanne Chesimard, Robert Lee Vesco, capos como Pablo Emilio Escobar Gaviria, Amado Carrillo Fuentes, asaltantes de bancos y carros de valores, vulgares estafadores millonarios de tarjetas de crédito, del sistema de salud de los Estados Unidos, para asistir a retirados y las personas pobres, los denominados Medicare y el Medicaid, todo delincuente o terrorista internacional ha encontrado y siempre encontrará un paraíso tropical y fiscal en la Cuba comunista de los hermanos Castro. Solo una frase del dictador retirado por la biología, en referencia al permiso de permanencia en la isla del estafador de inversionistas norteamericano Robert Lee Vesco, también acusado por delito de narcotráfico junto al integrante colombiano del desarticulado cartel de Medellín, Carlos Lehder, en un tribunal de la ciudad de Miami, en el Sur de la Florida, define esa política delincuencial:

"A nosotros no nos importa lo que hizo en Estados Unidos. No nos importa el dinero que tenga".

¿Son estas palabras dignas para un jefe de estado serio y responsable? En realidad, parecen más bien dichas por los señores Black Bart, Henry Morgan, Sir Francis Drake o Barbanegra, si es que de barbas se trata.

Robert Lee Vesco murió el 23 de noviembre del 2007 en La Habana, Cuba a los 71 años de edad gozando de total inmunidad. ¿Quién se quedó con toda su mal habida fortuna de 224 millones de dólares o quizás más? Nada han dicho, pero todos sabemos: sus protectores comunistas cubanos.

-Joanne Chesimard aún permanece en Cuba comunista, donde reapareció en el año 1984, con la total complicidad de la cúpula gobernante a pesar de estar en la lista de los 10 terroristas más buscados del FBI por crímenes y el asesinato de un policía en la ciudad de Nueva Jersey en el año 1973.

-Aún no está del todo claro la posible participación del gobierno comunista de Cuba en el cobarde asesinato del presidente John F. Kennedy, el viernes 22 de Noviembre de 1963 en Dallas, Texas, después de su firme digna postura y triunfo en la crisis de los misiles de Octubre de 1962. Según las investigaciones, Lee Harvey Oswald era un activista a favor de la Cuba comunista castrista dictatorial, que repartía propaganda, incluso lo hizo en New Orleans a fines de Abril de 1963, a favor del pro soviético régimen, además, se sabe que una pocas semanas antes del magnicidio del presidente Kennedy, estuvo en la embajada de Cuba en Ciudad de México por más de 5 horas continuas, donde también había tenido anterior contacto con los diplomáticos y agentes de la seguridad comunista tan temprano como el mismo año 1959 en que llegaron al poder, vivió en Rusia desde finales de 1959 y se casó con una joven de ese país que resultó ser hija de un coronel de la KGB, con la cual regresó a Estados Unidos en el año 1962, radicándose en Dallas, Texas. Cada día cobra más fuerza la hipótesis que el presidente Kennedy fue victima de una conspiración donde al menos hubo dos francotiradores involucrados, uno el que fue capturado Lee Harvey Oswald y el otro un funcionario o espía de Cuba comunista; también se habla de otro cubano involucrado, como posible segundo pistolero, vinculado a la mafia. Nuevos documentos del magnicidio fatídico y vil de Dallas, serán desclasificados en aproximadamente 2 años más y quizás ofrezcan una mayor ángulo o luz a los analistas independientes de tan oscuro episodio, por el momento, solo al tener sobre el escritorio a Lee Harvey Oswald, a Fidel Castro, a la mafia y a la KGB soviética en puntos coincidentes, ¿no es como para desconfiar?

El viejo lobo se podrá disfrazar mil veces de oveja pero, seguirá siendo un lobo comunista feroz, ignorar sus *buenas intenciones*, con la que ha empedrado el camino de su particular infierno y estar alerta a sus posibles nuevas estrategias, es la mejor defensa. A modo de recordación, echemos un compacto y rápido vistazo a una insolente y sistemática, terrorista e infrahumana práctica del estado y la dictadura castrista por los últimos 56 años.

-El 10 de Julio del 2013 fue interceptado y ocupado un carguero norcoreano proveniente de Cuba, en el Canal de

Panamá, por autoridades panameñas, cargado de armas y aviones para la Korea comunista que viola el embargo de armas y las regulaciones de la ONU al respecto, repleto de mala fe, premeditación y mentiras camufladas deliberadas, según establece la organización mundial en su reporte. Cuba trató de ocultar dicho ilícito contrabando utilizando sacos de azúcar como barreras engañosas dispuestos a tal efecto. Más recientemente a principios del mes marzo de este año 2015 las autoridades colombianas confirmaron el hallazgo de una cantidad de armamentos y municiones no declaradas en un barco chino con destino a Cuba, *que primero atracaría en dos puertos colombianos,* ¿por qué? si era por combustible bien podía adquirirlo en La Isla de Margarita ¿Esas armas y más, no serían en realidad para la guerrilla colombiana?

-Desde la Guerra de Viet Nam, o quizás desde antes, el gobierno comunista de Cuba comercializa con la sangre del pueblo cubano, la cual vende en el mercado internacional, unido también a ventas de diferentes órganos humanos para trasplantes, renglón económico que le representa en la actualidad millones de dólares. Es una vieja, constante y permanente tarea en Cuba la donación de sangre, lo cual es requisito para ingresar a cualquier hospital aunque no se necesite, incluso para aquellos pacientes que no van a ser intervenidos quirúrgicamente. Los tan repudiados comités de chivatos informantes por cada cuadra, vecinos vigilantes por cada barrio, municipio y provincia, al estilo de la Gestapo y sus colaboradores de La Noche de los Cristales rotos en la Alemania nazi, realizan agresivas campañas y existe incluso el ilustre galardón de ser donante permanente, como algo relevante de patriotismo, lo mismo sucede en los centros de trabajo, los reclutas del servicio militar, los presos en las diferentes y abundantes cárceles del país, se utilizan todo tipo de elementos de engaño y presión política, e incluso, al menos en el pasado, hasta la facilidad de la compra de un necesario y codiciado equipo de refrigeración o televisor a fin de estimular la práctica.

Existen datos confirmados, con nombres y apellidos, de la extracción considerable de sangre a muchos de los dignos patriotas prisioneros, hoy mártires de la lucha anticomunista que fueron condenados sumariamente a muerte, por falsos tribunales alineados, donde el presunto defensor asignado del acusado era el más prejuiciado de todos los fabricados fiscales acusadores y que antes de ser asesinados se les extrajo un alto por ciento de su sangre, incluso, después del fusilamiento, la totalidad a muchos otros más, se conoce muy bien el caso de Juan Pérez Cabrera, que el día 15 de Abril del año 1963, antes de ser llevado frente al paredón de fusilamiento, se rehusó a dar su sangre y lo ejecutaron en el mismo lugar designado a la extracción, mediante disparo en la cabeza. Otros casos documentados a los que se conoce que sí le extrajeron la sangre antes de ser fusilados son: Robert Fuller, el día 16 de octubre del año 1960, Antonio Covela, el día 11 de Septiembre del año 1963, Raúl Díaz Naranjo, el día 15 de Agosto del año 1964 y muchas otras victimas más que harían esta lista interminable. Señores comunistas, los crímenes de este tipo no prescriben, no se discuten, ni entran jamás en ningún tipo de componendas, la justicia se dilata, incluso puede ser lenta pero siempre llega.

Es bien sabido por la organizaciones que defienden los derechos humanos en todo el mundo de la existencia de este tipo repudiable de práctica infrahumana en muchos de los países comunistas, como en la actual China, que aún hoy sigue siendo la China comunista del genocida mayor Mao Tse Tung, donde se extraen o extirpan de forma sistemática, para ser posteriormente trasplantados a otras personas y muy posiblemente también comercializados, los órganos a los prisioneros ejecutados, existiendo todo un complejo sistema establecido alrededor de esta despreciable práctica encabezado por el macabro neomengelista chino Huang Jie Fu. *Hago por este medio un llamado a la ONU para que analice con detenimiento este grave asunto, se manifieste al respecto, publicando y prohibiendo mediante resolución a los países involucrados, la continuidad de cualquier tipo de comercialización gubernamental de sangre y de órganos de procedencia humana, con un riguroso método de sanciones internacionales aplicables.*

La obtención total de la sangre humana necesaria e imprescindible, así como de los órganos humanos para trasplantes, *deben ser una práctica voluntaria gratuita* por parte del donante basada en la conciencia ciudadana y en la necesidad honesta y moral de ayudar a salvar vidas, un acto altruista de cooperación, *no un burdo comercio.*

Los países clientes que, entre otros, han comprado y siguen comprando sangre a la drácula cubana comunista son: Vietnam, Uruguay, Brasil, Venezuela, Argentina, Irán, Rusia, etc., aparte de la sangre humana, hoy Cuba también exporta órganos humanos para trasplantes, derivados de la sangre humana y también de procedencia animal. El pueblo desconoce esa práctica comercial que reporta millones de dólares anualmente al grupúsculo comunista gobernante, que hoy emula muy bien las creaciones fílmicas de Drácula y Frankenstein, que lucra con los órganos y el liquido vital procedente de las venas humildes desgarradas, sin beneficio a cambio, de un pueblo hambriento y desinformado.

Toda la anterior práctica demuestra que el régimen comunista de Cuba conoce muy bien la manipulación de la sangre y de los órganos humanos, en todos sus aspectos técnicos, y que por otra parte no tiene escrúpulos ante prácticas groseras, si de dólares se trata. Hoy se conoce que el califato terrorista o grupo radical islamista Isis, también vende los órganos humanos que extrae de sus numerosas victimas, deben haberlo aprendido de sus iguales camaradas castristas o haber escuchado sus dolarizados y tan sabios consejos, que además de forma muy similar también, estos genocidas fundamentalistas musulmanes trafican drogas, seres humanos en lanchas rápidas, que introducen como ilegales en Europa, toman rehenes para extorsión, roban obras de arte y las venden en el mercado negro ilegal internacional, lo mismo que sucede con el petróleo en las áreas invadidas y ocupadas, dedicadas a la extracción y producción de crudo, o sea, tienen muy buenos asesores y maestros, les encantan los dólares y no escatiman en la forma de obtenerlos ¿A quiénes se parecen?

-El personal médico cubano en la pobre región del África abatida actualmente por el Ébola no llegó allí tan solo por una genuina vocación humanitaria de los comunistas, el gobierno cubano cobró y sigue aún cobrando millones y millones de dólares por el arduo trabajo de esa delegación especializada, es otro gran negocio rentable, otra forma de explotación para cobrarle los estudios cursados, que dicen y alegan a voces ser gratuitos, mientras arriesgan sus vidas y son utilizados a la vez como vehículos de expansión ideológica comunista. Llama la atención que todos los países hacen regresar a su personal médico contagiado con el mortal virus del Ébola, en servicio en la región africana, para ser tratados en sus países de origen, cerca de su hogar, de sus familiares, de sus amigos en la tierra en que nacieron y que Cuba comunista les haga firmar a su personal médico, que envía a esas contaminadas áreas, un documento o contrato que establece que en caso de resultar contagiados, serán tratados allá y que si como resultado de contraer la enfermedad mueren en países de África, serán incinerados o enterrados allá también, incluso les aseguran que solo un 10% volverá o regresará a Cuba. Me imagino que aluden al espíritu internacionalista y al sacrificio por no contaminar el suelo o la patria cubana pero, ¿No será eso parte de un tipo de operación de capa y espada, una forma de servir al terrorismo genocida contra occidente y callar la estrategia o compromiso?, ¿no será quizás, tal vez, que la nomenclatura del régimen sin los medios para luchar contra casi ninguna epidemia tema por ellos y sus familiares mientras envían a otros a recaudar dinero en donde ha surgido una inesperada demanda traducida en negocio?, o bien, ¿no serán las dos cosas? Es posible pero, el que Cuba comunista esté libre de contagio, antes y después que finalice dicha misión, o que el personal de la azotada región no entre en la isla es una gran mentira, esa delegación médica cubana, como toda y cada delegación de la isla que salga al exterior, está y estará muy acompañada por los agentes de inteligencia en funciones y por los llamados diplomáticos chaperones, que son agentes de inteligencia también pero encubiertos al descubierto; estos individuos, sí regresarán a Cuba con frecuencia y como dije anteriormente, si hay dólares *yumas*, los médicos cubanos se quedarán en la zona por mucho tiempo, ya en contratos bilaterales. Si llegara a la isla el virus del Ébola, con las pésimas condiciones higiénicas existente en la isla y la falta de recursos de todo tipo, hará que se propague rápidamente dicho virus, si eso sucede, no tendrán más remedio que solicitar la ayuda de los Estados Unidos de América, su cercano y odiado enemigo, aunque lo dude el presidente Barack Obama, quizás por eso hoy se muestran mucho más conciliadores y solidarios con el gigante del norte en ese vital aspecto, tratarán a toda costa de evitarlo mientras sigan ágil fluyendo los apreciados dólares, porque pedir esa ayuda a la odiada nación imperial, ahora amiga, sería la destrucción del mito de potencia médica, uno de sus pocos negocios rentables, que al igual que la vieja trampa educacional, solo es un mito, que no es materia de análisis en este momento. Si el virus del Ébola llega a Cuba, los Estados Unidos estarán en grave riesgo de contagio debido a los numerosos vuelos diarios programados desde territorio norteamericano y los miles de personas que anualmente, en su mayoría refugiados económicos cubanos, visitan la isla.

No existe justificación legal ni ética para negar el regreso a la isla de Cuba de un integrante de una misión médica que se contagie en su labor y pueda sobrevivir a una contagiosa enfermedad, hoy y siempre, donde y cómo sea, después de ser atendido y resultar, *o no*, curado de forma satisfactoria, incluso que se repatríen sus restos en caso de fallecimiento. Cuba comunista no desea recibir a sus propios médicos enfermos que explota, que denigra con un contrato ante algo que no desean, enfermarse, pero, no tiene forma posible de evitar, que una vez curados, regresen a la isla, porque si no lo permitiera pudiera enfrentar, además de una mucho más que justificada condena internacional, la justa reclamación y rebelión de los heroicos profesionales de la salud y de sus respectivas familias en la isla esclava, por trato inhumano y prácticas discriminatorias.

-Existen en Cuba comunistas laboratorios muy altamente equipados dedicados a la extracción y la conservación de cepas de virus y bacterias con fines militares, la llamada guerra bacteriológica ha sido una prioridad del gobierno terrorista de la isla desde siempre. Definitivamente, Cuba sería la mejor opción para Isis, EI, o cualquier otro grupo terrorista, ante una estrategia de este tipo, pero no deben ignorar los Castros y compañía, que los Estados Unidos y el mundo libre considerarían una acción de ese tipo como un inaceptable y muy grave acto de guerra que pone en peligro la seguridad de toda la humanidad y sí, la muy posible desaparición, con consecuencias impredecibles, del régimen castro comunista cubano, que además, saben jugar muy bien con la cadena pero sin llegar a molestar la paciencia de la fiera. Hay que estar muy atentos, ya en una oportunidad la irresponsabilidad de la cúpula dirigente terrorista castrista cubana, llevó a la humanidad al borde de la desaparición, cuando la crisis de los misiles en octubre del año 1962.

-Casi todo el mundo conoce la admiración del sátrapa cubano por Adolf Hitler y por el único libro escrito por éste considerado como autobiográfico, cuando el führer estaba en prisión, de donde no debió salir nunca, titulado The Mein Kampf, o Mi Lucha en español, acusado por el intento de golpe de estado los días 8 y 9 de noviembre de 1923 en Múnich; otra *coincidencia* con uno escrito por el copiador en jefe con el título de: La Historia me Absolverá, que como sabemos, es en esencia una frase de Hitler frente al tribunal que posteriormente lo condenó por los hechos.

Ante un somero análisis se podrán observar cientos de coincidencias más del dictador cubano, desde su época de estudiante con el führer alemán, la forma en que copió y ha imitado muchos de sus gestos, sus conceptos, estrategias de poder y represión, en su bien diseñada y a la medida creada dictadura de gobierno fascista *selbstverständlich*; también, al igual que el genocida alemán nazi, tuvo en su sanguinario camarada y cuestionado médico titulado, el sádico Ernesto Che Guevara, al despreciable servidor, al igual, a su propio Josef Mengele, los dos *ángeles* colegas de la muerte. Todos estos asesinos y fríos depredadores no sienten ningún tipo de respeto real por la dignidad humana, pisoteando la ética y los derechos elementales de sus victimas. El führer y Josef Mengele tuvieron entre sus diferentes campos de exterminio masivo, de concentración, el de Auschwitz, situado en la Polonia ocupada, donde el dantesco médico nazi, bajo la supervisión de Heinrich Himmler, realizó sus experimentos, prácticas macabras y equizofrénicas, las más infrahumanas, absurdas y repudiables. A la entrada de uno de los diversos campos del complejo que constituía Auschwitz, se puede leer el lema *"Arbeit macht frei"* que significa *"El trabajo os hará libre"*, algo casi idéntico, muy similar al letrero del campo alemán nazi, fue multiplicado por los neofascistas cubanos y colocados en numerosos campos represivos de torturas, de concentración masiva custodiados con nidos de ametralladoras vigilantes, donde siempre se leía a la entrada de los recintos que hacinaban a homosexuales, religiosos y disidentes de toda la isla *"El trabajo los hará hombres"* el primero se estableció a finales del año 1960 en la península de Guanahacabibes, en la provincia occidental de Pinar del Rio, donde según las palabras del cancerbero Che Guevara:

"A Guanahacabibes se manda a la gente que no debe ir a la cárcel, la gente que ha cometido faltas a la moral revolucionaria de mayor o menor grado".

No hay grandes diferencias entre Hitler y Stanlin, entre el comunismo como sistema brutal represivo dictatorial y el nazismo. Los hermanos Castro son sus herederos.

Los comunistas cubanos siguieron con las enseñanzas y multiplicaron en la provincia de Camagüey la experiencia de Guanahacabibes, confinando en las llamadas unidades de ayuda a la producción UMAP a homosexuales, testigos de jehová, católicos, incluyendo al posterior cardenal de la Iglesia Católica, Jaime Lucas Ortega y Alamino, a santeros y otros religiosos afrocubanos, etc.

Es conocida la práctica stalinista castrista de aplicar *electroshocks* a los disidentes al régimen e internarlos en hospitales psiquiátricos, la inoculación de enfermedades, así como también, la prisión obligada aislada hospitalaria para los enfermos discriminados con el virus VIH o SIDA, que una vez detectados con la enfermedad eran detenidos por la policía, muchas veces en sus propios hogares, reportados por el personal médico que le había tratado y conducidos a la fuerza a un campo de concentración habilitado al efecto donde recibían desayuno, almuerzo, comida caliente y el tratamiento médico disponible, lo cual provocó que muchas personas sanas en la isla, incluyendo a muchas parejas de heterosexuales, se inocularan conscientemente dicho virus o enfermedad para así también poder desayunar, almorzar y comer; es algo espantoso, surrealista pero, es la realidad. En la actualidad esos campos de concentración ya no funcionan debido al alto costo económico operacional que significaban y a partir del año 2013 se ha visto un aumento o repunte de la enfermedad en el país, según informa el mismo gobierno, incluso se reporta un nuevo virus más contagioso y letal.

-El 23 de Mayo de 1989 la revista Bohemia del régimen cubano publicó la noticia de que varios científicos en la isla se inocularon conscientemente el virus del SIDA, VIH, o el virus de inmunodeficiencia humana. Una serie de escritos y fotos donde incluso se capta el momento de la inoculación a un joven que ellos denominan voluntario y habla de una vacuna antisida, un antígeno preventivo para hacerles frente al mal de pandemónium. Esta barbaridad posiblemente hace mucho, acabó con la vida de esas 24 personas inocentes, utilizadas por el régimen como conejillos de indias, a fin de lograr una vacuna para poder vender y llenar sus flacas y deprimidas arcas. Todo el mundo sabe que solo el genocida mayor pudo lucubrar y aprobar este mengélico acto nazista de desesperación económica; nunca más se ha sabido acerca de estos 24 infelices que ellos llaman cobayos humanos, pero se supone que todos hayan fallecidos a estas alturas.

-Cuba comunista ha realizado y posiblemente realiza, experimentos neurológicos con fetos vivos para estudios diversos entre ellos el mal de Parkinson, el Alzheimer, etc. Se habla de la obtención de los mismos a través de engaños a las madres y otras prácticas abominables, también profana y roba los órganos y partes de cadáveres sin autorización que incluye hasta piezas dentales, con fines estrictamente económicos, Cuba comunista tiene varias páginas en red, en internet, donde ofrecen servicios médicos diversos en la isla que incluyen hasta trasplante de órganos *y no siempre es imprescindible llevar al donante* pero, sí suficientes dólares. Existen científicos cubanos en el exterior que colaboraron con el régimen cubano y posteriormente rompieron con el mismo, hoy tienen la oportunidad de poner sus conciencias al día y denunciar ante la opinión internacional, con pruebas irrefutables, estas prácticas infrahumanas que en nombre de la ciencia, y en realidad tan solo por dinero, realizan los neomengelianos comunistas brutales del plácido caribe, los genocidas hermanos Castros, no se debe callar la ignominia:

"Ver en calma un crimen es cometerlo". Dijo el apóstol de Cuba José Martí.

Imagino que no denunciarlo resulta algo muy similar. La comunidad mundial y las organizaciones internacionales deben investigar todas estas alegaciones con un profundo y analítico escrutinio de base, deben demostrar sin lugar a dudas posible, que el régimen comunista de Cuba además de ser un activo estado terrorista, narcotraficante y fascista, es la expresión actual de las prácticas nazistas más absurdas y repudiables. No es posible en pleno siglo XXI permitir con impunidad prácticas de tal magnitud. Los que saben y conocen, los que aún callan *¡Hablen, denuncien, muestren las pruebas, para su tranquilidad, por su propia paz!*

-Las diferentes intervenciones mercenarias de Cuba comunista en los países de África como: Angola, Etiopía, Somalía, etc., siempre han tenido carácter económico. Por dinero han combatido y asesinado, por dinero incluso se convirtieron en guardianes de seguridad de las empresas transnacionales capitalistas de petróleo en Cabinda, que en su ideología combaten y acusan de capitalismo brutal. Cuba tiene una cuenta de banco que solo permite ingresos en moneda dura denominada internacionalismo proletario, con la cual es muy consecuente. Todas las misiones médicas cubanas en el planeta, en lo que al gobierno comunista se refiere, son en sí misiones económicas que violan diferentes tratados sobre salario, incluyendo a los de la Organización Internacional del Trabajo, OIT por sus siglas, que condenan y declaran ilegal la práctica de intermediación en política salarial; el gobierno comunista de Cuba es el que realiza todos los contratos y cobra en moneda dura por los servicios y posteriormente paga de forma paulatina, solo entre un 5% y un 20% del precio unitario establecido, a cada médico, en el mejor de los casos, y en los contratos más supervisados internacionalmente como el actual del virus del Ébola con la Organización Mundial de la Salud, OMS. En otros tratados con paises afines como Argentina, Brasil, etc., existen otras trampas, en estrecho contubernio con esos gobiernos, por ejemplo: se envían médicos a cambio de ciertos productos y servicios de dichos países a Cuba, que pagará a los galenos por sus servicios a su modo, lo cual constituye el mismo perro con diferente collar, ya que siguen actuando como los parásitos que son, como mafiosos y viles intermediarios en materia de pago de salarios, estos *proxenetas laborales,* a la fuerza, siguen violando con impunidad todas las normas.

Todo lo anterior implica que las misiones médicas cubanas solo pueden ser consideradas como: *explotación despiadada de mano de obra esclava* ya que deben trabajar en lugares y condiciones tales, que los médicos nacionales rechazan, a la misma vez que son explotados salarialmente. Más de cincuenta mil éticos y honestos médicos desertores de dichas misiones esclavas en todo el mundo, constituyen las pruebas fehacientes de estos condenables hechos.

-En la actualidad, mientras los precios del petróleo caen en picada libre y el subsidio venezolano está en entredicho, como la misma salud terminal de Petrocaribe, Cuba busca alternativas y suaviza su lenguaje frente a Estados Unidos, su nuevo y codiciado aliado por obra y gracia del presidente Barack Obama, que pienso se equivocó y manchó su legado histórico, al hacer lo que una decena de otros presidentes anteriores de los Estados Unidos, al documentarse bien, nunca se atrevieron a realizar, debido a que Cuba comunista no da indicios de cambios democráticos, y a pesar de eso, fue premiada, consiguiendo bastante a cambio de nada.

Los oportunistas cubanos son ágiles y ven en el Ébola una posibilidad triple de capitalización por *hechos de suerte* que le han permitido ganar los apreciados dolares, mejorar sus relaciones, en momento crítico, con los Estados Unidos, al que odian y pretenden manipular, así como mejorar su actual apariencia o imagen fascista en el mundo. Esa es la otra cara de la moneda, si no auxilian o se involucran por odio e interés, en prácticas terroristas. Los neonazis cubanos tienen ese plan B efectivo de ganancias sin que la cúpula o su familia arriesgue el pellejo. ¿Cuántos médicos hay en las diferentes familias de la cúpula, que incluso salen, aunque sea de simples compras, con las diferentes delegaciones que el régimen envía al exterior? ¿Cuántos de ellos conformaron las iniciales brigadas, esas primeras, que constituyen la vanguardia a la región africana y han firmado ese contrato tenebroso de no regreso mutis ante un probado contagio con el virus mortal del Ébola? Los comunistas no deben olvidar su cacareado slogan: ellos decían, repetían y deberían ser consecuentes de que, *"Hay que predicar con el ejemplo"*. Si eso fuera cierto, no existiría el cólera, el dengue, la fiebre chikungunya, la incidencia creciente de tuberculosis, los altos niveles HIV o Sida, la neuritis óptica producida por la falta de vitaminas, la carencia de medicamentos y el estado catastrófico de las normas más elementales de higiene, a todos los niveles sociales, la prostitución tan ascendente, incluso de menores de edad, en ambos sexos, la necesidad vasta y galopante, el hambre, la miseria, la anemia infantil expandida y otras muchas vicisitudes, siempre rondando al infeliz, azotando y castigando al sufrido pueblo cubano, mientras la cúpula gobernante, sus familiares y asociados íntimos, los semicafres políticos lacayos corruptos del lame compadreo, los intelectuales devenidos en cuños ingenuos precoces, todos los dirigentes terroristas vagos de este mundo, los traficantes de drogas más notables, etc., viven rodeados de lujos y prebendas en mansiones aisladas y fortificadas mientras las viviendas del pueblo en toda la isla se caen, se derrumban. La cúpula dispone de privilegiados hospitales, total y altamente equipados, a los que el pueblo no tiene acceso, mientras que en los antihigiénicos centros hospitalarios de la población en la isla, hay que llevar hasta las sábanas y muchas veces el agua por el mal estado y falta de todo que los caracteriza, con gran similitud al infierno de Dantes. Es necesario resaltar la gran frustración del pueblo cubano que se refleja en el hecho de poseer la tasa más alta de suicidios de todo el hemisferio, hoy es más de diez veces superior a la de Haití, y la constante y riesgosa fuga de la isla, por ese deseo de libertad o muerte, en precarias balsas y embarcaciones, especialmente de la juventud que sueña y añora un mundo mejor. Adolf Hitler fracasó en crear la raza superior Aria, los comunistas cubanos, al copiarlo como en casi todo, también fracasaron en crear lo mismo, su hombre nuevo, que solo piensa en escapar de la isla o morir y sigue aumentando, a pesar del reciente acto de restablecimiento de relaciones promulgados por Washington y la Habana.

Sería muy ingenuo creer a quienes han convertido de hecho el estrecho de la Florida en un trágico camposanto, en un cementerio de personas con sueños que solo ansiaban vivir en libertad, a los mismos que asesinaron al joven líder estudiantil Pedro Luis Boitel, a esos que hundieron el Remolcador 13 de Marzo, o derribaron las avionetas civiles de Hermanos al Rescate, a los que asesinaron en un pasado muy reciente a Orlando Zapata Tamayo, a la señora Laura Pollán Toledo, a Oswaldo Payá Sardiñas, a esos, los que mantuvieron tan injustamente encarcelado al contratista norteamericano Alan Phillip Gross, por un supuesto delito fabricado, consistente en llevar a la isla y declarar en la aduana uno o varios pequeños aparatos para la conexión a internet, para ciudadanos civiles judíos, equipos domésticos que toda persona puede comprar en cualquier tienda por departamentos del mundo y que el gobierno comunista esgrimió como ruin pretexto para mantener injustamente en la cárcel a un ciudadano norteamericano, por más de cinco años, como una sucia y cruel estrategia para intercambiar por espías cubanos que cumplían sentencia en Estados Unidos por delitos graves probados en juicios imparciales, apelados y vueltos a condenar por no existir ninguna duda de sus actividades criminales. ¿Cómo creerles a quienes reprimen día a día con turbas gubernamentales armadas con garrotes, que incluyen a profesionales efectivos militares, cobardes disfrazados de civiles, a tantos activistas pacíficos, luchadores de conciencia, que asedian a dignas mujeres, a las inquebrantables Damas de Blanco, en sus trayectoria a una determinada iglesia de barrio con flores en sus manos para pedir al cielo lo que una dictadura en la tierra que nacieron les niega: vivir en libertad? ¿Cómo creerles, sin pecar de ingenuo, después de más de 56 años de lo mismo?

Para terminar este capítulo quiero hacer referencia a la mano larga asesina que tiene el terrorismo internacional refiriéndome a los sucesos del 18 de julio de 1994 cuando un ataque terrorista con coche bomba desbastó las amplias instalaciones de la Asociación Mutual Israelita Argentina, AMIA por sus siglas, en Buenos Aires, capital de la República Argentina, con un saldo de 85 muertes inocentes y más de 300 heridos. Todo parece indicar que este salvaje atentado fue obra de Hezbolá y el estado terrorista de Irán, pero hasta la actualidad se mantiene impune, sin que los responsables hayan pagado por sus horrendos crímenes.

Una serie de tira y encoges legales mantiene este caso congelado en la justicia argentina y mundial, sin poder ser resuelto, ya que el estado terrorista islamista de Irán, con el cual tienen excelentes relaciones la administración actual argentina, se niega a colaborar de forma clara y precisa.

El pasado 14 de enero del 2015 el fiscal encargado del caso en la Argentina, el señor Natalio Alberto Nisman, denunció públicamente a la presidenta del país, la señora Cristina Fernández de Kirchner, al actual canciller Héctor Timerman, al diputado Andrés Larroque, al señor Luis D'Elía y solicitó la indagatoria de todos ellos, según sus propias palabras por:

"Decidir, negociar y organizar la impunidad de los prófugos iraníes en la causa AMIA con el propósito de fabricar la inocencia de Irán".

El 19 de enero del 2015, solo 5 días después de esta grave denuncia, el fiscal Natalio Alberto Nisman de 51 años de edad, debía presentar todas sus evidencias ante el Congreso Nacional, pero no pudo asistir porque un disparo de bala mortal se lo impidió. En declaraciones a la prensa había expresado que temía por su vida pero, se mantenía firme alegando que incluso presentaría, entre otras muchas pruebas, escuchas telefónicas que respaldaban plenamente sus acusaciones. Las hipótesis que se evalúan son suicidio y asesinato, ojalá se aclaren las causas del infortunado deceso y las graves denuncias e imputaciones del señor fiscal Alberto Nisman a la presidenta y sus funcionarios y no pasen 20 años y medios más sin resultados ante la justicia.

Con anterioridad, el día 17 de marzo del año 1992, una camioneta cargada de explosivos, operada por un suicida, fue estrellada contra la sede de la Embajada de Israel en Buenos Aires, Argentina, causando la muerte a 29 personas y 242 heridas. Otro acto vil de Irán y Hezbolá no resuelto.

Capítulo 15   Críticas al presidente Barack Obama

Existen muchas críticas realizadas a la administración del actual presidente Barack Obama por varios congresistas y especialistas en relación a la forma en que ha manejado la política exterior de los Estados Unidos en estos últimos seis años. Estoy *a hundred percent* convencido que una genuina democracia cuando se consolida es indestructible, porque en realidad creo en esos dos axiomas que dicen:

"Los problemas de la democracia se resuelven con más democracia". "Los problemas de libertad se resuelven con más libertad". La crítica objetiva es democracia y libertad.

También estoy convencido que la designación electoral por dos periodos consecutivos, de cuatro años cada uno, del actual presidente Barack Obama, fue muy conveniente para la democracia de los Estados Unidos y del mundo, pues demostró, sin lugar a dudas, la inexistencia de los marcados alegatos izquierdistas, marxistas y populistas en contra del pueblo norteamericano, entre ellos un alto grado de racismo o de discriminación racial obsesiva. Los hispanos, que son aproximadamente 52 millones, de los algo más de los 318 millones de población total que tiene el gran país hoy, según datos del último censo, así como los negros o descendientes afroamericanos, con aproximadamente cerca de 40 millones en los Estados Unidos, constituyen dos minorías, por lo cual es imposible triunfar en unas elecciones presidenciales, para cualquier candidato, sin el apoyo multitudinario, masivo y decidido de la gran mayoría blanca, ascendente a más de 220 millones de personas en la Unión, existen también otros grupos étnicos más, o minorías, entonces llega la pregunta:

¿Puede alguien equilibrado mentalmente alegar hoy día que existe racismo en los Estados Unidos de América cuando Barack Obama salió electo por mayoría blanca? Claro que no, porque en realidad, hace mucho tiempo ya que no existe en los corazones ese maligno racismo, aparte de constituir, el racismo como tal, una práctica ilegal.

La democracia en sí, tiene o presenta en su propia eficaz estructura democrática, la visión y la autosupervisión de sus propios mecanismos de perfección y subsistencia, al estar basada en la decisión mayoritaria del pueblo que escoge libremente a sus líderes. Tiene muchas armas efectivas y para mi, la columna vertebral de todas, su vital defensa es: la separación de poderes dentro del estado de derecho.

Los Estados Unidos de América es una gran Democracia Liberal Representativa, un Estado Laico, con una forma de gobierno del tipo República Federal Constitucional, la más antigua de todo el planeta, constituida por cincuenta estados y el Distrito Federal de Columbia; su forma de gobierno está basada en tres poderes: Poder Legislativo, compuesto por un Congreso Bicameral, integrado por el Senado de 100 miembros y la Cámara de Representantes de 435 miembros, el Poder Ejecutivo, encabezado por el presidente, y el Poder Judicial, integrado por la Corte Suprema, con 9 miembros y las diferentes instancias a niveles inferiores.

Si analizamos superficialmente la anterior estructura, se observa que donde sería más factible la comisión de errores es en el poder ejecutivo ya que está compuesto sólo de un funcionario electo por el pueblo, todos los demás miembros de ese grupo asesor o gabinete presidencial, son designados o propuestos al Congreso, para su final aprobación, por el presidente, acorde a su preferencia y agenda de gobierno.

Todos los seres humanos se equivocan y todos los presidentes y líderes son seres humanos, pero cuando en los

Estados Unidos de América, o en cualquier otra democracia genuina de cualquier tipo, un presidente, primer ministro o jefe del gobierno democrático comete un lamentable error, está la contraparte, el Congreso Bicameral, el Parlamento, etc., para tratar de rectificar al máximo dicho error y por otra parte, la Corte Suprema o sistema de verificación legal para vigilar que toda ley aprobada o procedimiento general admitido, esté basado en la ley primera vigente, ya sea la Constitución, Ley Básica aprobada, o similares en función.

Muchos congresistas norteamericanos y agudos críticos especialistas en materia de política exterior consideran que la administración del presidente norteamericano Barack Obama se ha equivocado reiteradamente en muchas de sus decisiones, específicamente en las relacionadas a la tan compleja y más difícil política exterior. A continuación una breve explicación de las que se consideran algunas de sus más desacertadas decisiones en dicha materia:

15.1 Honduras

Las sutiles trampas electorales de los aspirantes a nuevos dictadores totalitarios con fachada democrática, que tanto abundan hoy en América del Sur y Central, tuvo un nuevo capítulo en Honduras el día 28 de junio del 2009 cuando fue destituido el presidente electo José Manuel Zelaya Rosales por violación de la constitución y de las leyes electorales, el cual fue acusado formalmente por la fiscalía de Honduras y destituido por el Congreso del país en una sesión solemne. De acuerdo a lo estipulado por la leyes, lo sustituyó en el cargo el presidente del Congreso, señor Roberto Micheletti; después de su destitución y salida del país obligatoria, una comisión de la verdad creada a tal efecto, demostró las irregularidades, que incluían también, el uso indebido de fondos públicos y apropiación ilícita de grandes sumas de efectivo provenientes de las reservas del banco central de Honduras. Estados Unidos no debió respaldar la condena al nuevo gobierno de Honduras que lo único que hizo fue defender la democracia a través de sus legitimas y legales instituciones pero, se plegó al llamado chavista y al del señor José Miguel Insulsa, para mi, uno de los presidentes más tibios y falto de personalidad que ha tenido la OEA.

El gobierno provisional de Honduras, con su distinguido representante al frente, el honorable político señor Roberto Micheletti, soportaron de forma estoica, sin recursos apenas y embargados, sin reconocimiento regional que incluía a los Estados Unidos, sin visas para poder moverse, hasta el día mismo de las elecciones libres programadas, y entregaron posteriormente el poder al presidente electo Porfirio Lobo Sosa, sin ningún tipo de reservas ni dilación, como estaba programado, el día 27 de enero del año 2010 salvando así al país de caer en las garras comunistas de Hugo Chávez y por tanto de la Cuba castrista. Creo que aún el Departamento de Estado no ha levantado la prohibición de viajar, no concede visas para ingresar en Estados Unidos al señor Micheletti y a otros dignos funcionarios que con civismo defendieron los valores democráticos de su país y del mundo.

15.2 Rusia

La anexión de la península de Crimea y la agresión a Ucrania, así como el apoyo técnico y militar a los rebeldes separatistas de Donetsk y Lugansk han creado en los líderes del Kremlin un estado de segura impunidad que pudiera alentarlos a futuras aventuras similares en pos del sueño de una reeditada nueva potencia preponderante mundial que viven. El expansionismo ruso no puede ser admitido y es necesario que especialmente la actual dirigencia rusa lo comprendan muy bien, el gobierno del presidente Barack Obama no ha proporcionado al gobierno de Ucrania las armas tan elementales y demás recursos para una efectiva defensa contra la grosera invasión rusa más allá de radares de rastreo y chalecos antibalas, el pueblo de Ucrania ha solicitado fusiles y otros medios necesarios para su defensa, medida esta que cuenta desde finales del año 2014, con la aprobación del Congreso Norteamericano y con la firma ejecutiva del presidente Obama pero, que aún no han sido enviadas, no las han recibido. El 20 de diciembre del 2014 el presidente de Ucrania Petró Poroshenko, durante reunión del Consejo de Seguridad Nacional y Defensa de Ucrania expresó lo siguiente:

"Debemos poner especial atención a la dotación de las fuerzas armadas, de otras unidades de combate y de las fuerzas del orden con armamentos y equipos modernos".

El presidente identificó y acusó a la Rusia de Putin como la principal amenaza del país y añadió que:

"Las autoridades ucranianas hacen lo máximo para tener en cuenta, todas las variables, incluido el reinicio en cualquier momento de una ofensiva del enemigo o una invasión de Ucrania en toda regla. Quisiera equivocarme, pero hay que estudiar las lecciones de la historia y aprender, de una vez, a sacar conclusiones de ella".

El presidente Petró Poroshenko teme y no se equivoca, Rusia sabe que cesar las hostilidades y establecer un clima de paz en Ucrania posibilitaría la integración de la misma a los sólidos bloques regionales, tanto económicos, políticos y militares occidentales y no desea que esto suceda, pero una cosa es el deseo anexionista de la Rusia de Putin y otro es lo que occidente debe hacer para respaldar al pueblo y al gobierno de la hostigada nación y detener la agresión.

Ucrania no está pidiendo tropas, Ucrania tiene un pueblo dispuesto a defender su democracia pero necesita lo más elemental para hacerlo, fusiles y municiones para detener el cruel expansionismo ruso, los Estados Unidos y occidente deben proveer al pueblo ucraniano los medios necesarios para su justificada defensa. El presidente Petró Poroshenko tiene la credibilidad de haber ganado por primera vez en la historia electoral moderna de Ucrania todas y cada una de las circunscripciones del país saliendo indiscutible vencedor en la primera vuelta. Pienso también que cuando Ucrania ponga en orden todos sus problemas, como es requerido, sea admitida en la Comunidad Económica Europea y también en la OTAN y entonces dejará de ser parte del gran sueño anexionista ruso y luchará, en paz, por su desarrollo.

15.3 Libia

La toma y destrucción el día 11 de septiembre del 2012 del consulado norteamericano en ciudad Bengasi, en Libia, donde murieron además del embajador Christopher Stevens, el especialista en tecnología Sean Smith, y dos miembros del destacado equipo SEAL nombrados Glen Doherty y Tyrone Woods. El motivo aparente fue la protesta desde hacía algún tiempo de la exhibición de la película titulada: La Inocencia de los Musulmanes, con una que otro tipo de imagen caricaturesca del profeta Mahoma lo cual generó fuertes protestas, ya que según los islamistas musulmanes, se ridiculiza al profeta Mahoma en la cinta y se cuestiona su existencia; el trailer o resumen de dicho video traducido al árabe, de unos aproximadamente 13 minutos de duración, fue presentado en el portal de internet YouTube y generó disturbios principalmente en Egipto y Libia; los terroristas afiliados a la red Al-Qaeda son considerados responsables de la toma e incendio del consulado norteamericano en Bengasi y de la muerte de los funcionarios y personal de seguridad estadounidenses, lo que se alega pudo haberse evitado, según muchos congresistas norteamericanos, si se hubieran tomado todas las medidas lógicas y necesarias de inteligencia y seguridad. Se considera que será, esta acción terrorista, una constante en la próxima campaña electoral por la presidencia de los Estados Unidos, si Hillary Clinton, entonces Secretaria de Estado, se presenta como candidata.

15.4 Irak

La anticipada retirada de las tropas de combate norteamericanas de Irak es considerada un error táctico, que dejó al país sin las defensas necesarias y facilitó la invasión y toma de territorios del grupo extremista Isis, Isil o EI. En la práctica los Estados Unidos se han visto en la necesidad de volver a enviar tropas a suelo iraquí para servir como asesores y entrenadores al ejercito regular de ese país que no ha tenido buenos, por no decir pésimos, resultados en los enfrentamientos contra la invasión y expansión yihadista del estado islámico. Afganistán es otra preocupación parecida.

15.5 La Operación Rápido y Furioso

Fue una operación fallida para desmantelar el tráfico de armás desde los Estados Unidos hacia México que se salió de control y se perdió la pista a más de 1700 armas de asalto que fueron a parar a manos de los peligrosos carteles de la droga mexicanos. Las criticas en México tuvieron eco.

15.6 Intercambio y liberación de terroristas presos

Se han realizado intercambios y varias liberaciones de terroristas presos en la base naval de Guantánamo, algunos de los cuales han regresado a sus actividades anteriores, a las mismas prácticas terroristas en organizaciones radicales por las que fueron detenidos y encarcelados. Un centro de este tipo de detención de presos terrorista es necesario en las condiciones actuales, se conoce que de ese centro salió la información acerca del misterioso enlace de Osama Bin Laden que facilitó los posteriores trabajos de inteligencia para su ajusticiamiento. La prensa ha tenido acceso a las diferentes instalaciones penitenciarias de la Base Naval de Guantánamo y ha podido comprobar en profundidad las magnificas condiciones de vida de los reclusos; lo único que se ha escuchado a coro como crítica es que han habido o realizado algunas torturas, excesos en los interrogatorios de ciertos prisioneros que le han echado agua en la cabeza simulando sensación de ahogamiento y en oportunidades los han despertado de madrugada interrumpiendo su descanso. *La tortura es inadmisible siempre* pero, la pregunta es: ¿Son estos individuos ingenuos angelitos? ¿Se compara eso con las torturas y presión emocional a las que ellos someten a inocentes periodistas, a inocentes rehenes y sus familiares antes de decapitarlos en cámara y difundir los horrendos videos? ¿No son acaso ellos los que utilizan a niños como verdugos y portadores suicidas de bombas? No es ponerse a la altura de los criminales en sus prácticas brutales, es que no existe comparación posible en el trato humano. Acusar a la CIA, FBI u otra agencia, de tortura extrema y sistemática, es desproporcionado; esos métodos pueden ser enmendados pero, Guantánamo o instalaciones similares, es o son muy necesarias en esta coyuntura actual de guerra asimétrica.

15.7 *Siria, la linea roja*

El presidente Barack Obama le enfatizó al dictador de Siria Bashar al-Asad, en varias oportunidades, que no se toleraría bajo ningún tipo de circunstancia el uso de armas químicas, ni en una sola oportunidad, contra la oposición armada en el conflicto civil de su país, que existía esa linea roja que no debía cruzar. El genocida sirio cruzó la linea en más de diez oportunidades sin respuesta militar adecuada por parte del mandatario norteamericano, posteriormente se logró un acuerdo, propuesto por Rusia, para que el régimen de Asad entregara para se destrucción total, todo su vasto arsenal químico, lo cual no es confiable ni verificable de que así haya ocurrido en el 100% de los casos. Existen también prácticas asesinas del uso de cloro como arma, que no es considerado un arma química cuando sí lo es.

Es muy difícil la posición de ser presidente de los Estados Unidos de América, se sabe que cuando habla todo el mundo escucha, se piensa que lo que diga se cumplirá.

15.8 *Israel*

Han habido muchos lamentables desacuerdos y uno que otros encontronazos más con la política del Estado Judío de Israel que incluso bordean la crítica directa. En Estados Unidos viven casi la misma cantidad de judíos que en Israel, el pueblo americano también en parte es judío y muchos congresistas y senadores practican la religión judía y son descendientes del pueblo heroico de Israel, que entre otros aspectos es uno de los aliados más fieles de los Estados Unidos; el pueblo norteamericano ama a Israel como algo muy especial, el Congreso Norteamericano lo respalda y apoya en su justa causa, por eso esas políticas son objeto de crítica a la administración Obama que incluso ha cancelado reuniones de muy alto nivel con representantes del gobierno israelí en visitas oficiales pasadas a los Estados Unidos, e incluso la Casa Blanca, o sea el presidente Barack Obama, no se reunió a principios de marzo del actual año 2015 con el primer ministro israelí, el distinguido señor Benjamín Netanyahu cuando visitó Washington invitado por el Congreso de los Estados Unidos de América, para dirigirse o hablar ante las dos cámaras del mismo, por otra parte la prensa ha publicado que hay ciertos detalles sensibles de las conversaciones con el estado terrorista de Irán que no se le informan al gobierno o Estado Judío de Israel. El mundo necesita el liderazgo de los Estados Unidos muy unido a los intereses genuinos del Estado Judío de Israel y cualquier discrepancia al respecto solo beneficia a los enemigos de la democracia y la libertad planetaria. De todas formas algo si es cierto, las diferencias de una administración determinada norteamericana con el Estado de Israel, son específicamente las diferencias de un mandato de cuatro u ocho años al máximo, no implica que necesariamente sea compartida por una gran mayoría del Congreso de los Estados Unidos y el pueblo norteamericano, pero, esas diferencias son y siempre serán muy lamentables al materializarse ya que no ayudan a la paz en el cercano o medio oriente y solo benefician a los enemigos de la libertad y la democracia a nivel mundial.

15.9 China, tratado de protección del medio ambiente

Firmado por el presidente con el líder chino, el cual se considera, en términos legales, muy desfavorable para los intereses norteamericanos mientras que le proporcionan a China gran flexibilidad de acción económica y política. El gran gigante asiático es uno de los países más contaminados del mundo y más contaminantes del planeta, los Estados Unidos ocupan también uno de los primeros lugares debido no tanto a las emisiones de CO_2, que también son bastante considerables, sino por la fertilización de los campos y la inmensa industria ganadera.

15.10 Oleoducto Keystone XL

Es un proyecto o inversión trascendental que involucra al vecino país aliado y gran amigo de Canadá lo cual le da características internacionales a este gran y muy importante proyecto, que está diseñado para la transportación de crudo pesado, petroleo no convencional, el denominado shale oil o de esquistos bituminosos desde la provincia de Alberta en Canadá. Diversos ambientalistas se oponen al proyecto que lleva más de seis años tratando de lograr la aprobación del presidente Barack Obama para la ruta del mismo a través de territorio norteamericano, sin haberlo logrado, lo que tiene muy molesto al primer ministro de Canadá Stephen Harper, por lo cual las relaciones entre los dos países se han visto afectadas. En la actualidad ya fue aprobado con la anuencia abrumadora por parte de la Cámara de Representantes del Congreso de los Estados Unidos, que incluyó 28 votos a favor de congresistas del Partido Demócrata y también una mayoritaria aprobación 62 contra 36 por parte del Senado, dominadas ambas cámaras o sectores políticos del Congreso por el Partido Republicano, el proyecto pasó a manos del presidente para su firma y conversión en ley pero, tal como anunció en diferentes oportunidades lo vetó, por no estar de acuerdo con las implicaciones negativas, que asume dicho oleoducto tiene para con el medio ambiente, lo cual es un argumento sin mucha base ya que si no se construye en coordinación con Canadá, tal como está previsto, pasando o atravesando sus instalaciones por territorio norteamericano hasta las refinerías del Golfo de México, el país vecino lo construirá de todas formas en su propio territorio. La gran importancia de este proyecto para los Estados Unidos son:

1.- La creación inmediata de aproximadamente entre 40 mil y 45 mil nuevos y necesarios empleos bien remunerados solo en Estados Unidos y muchos otros en Canadá.

2.- Nueva fuente permanente e importante de ingresos para varios estados por donde pasará dicho proyecto.

3.- Consolida la posición mundial de los Estados Unidos como el actual primer país productor de Petróleo y un futuro líder exportador de crudo.

4.- Fortalece a la empresa privada con una innovadora técnica, acorde a las necesidades presentes y proyección futura de diversificación para estudios superiores en la búsqueda y perfección de nuevos métodos de obtención o producción de energías renovables, lo cual neutraliza los argumentos más negativos de los ambientalistas sobre el futuro de la práctica o método no convencional, que hoy consideran nocivo para el medio ambiente y para el manto freático. La empresa privada es el ejercito silente de todo país y la más fiel garante de la democracia y la pluralidad, la más innovadora y forjadora de bienestar social.

5.- Permite que el pueblo norteamericano pueda seguir disfrutando de precios más bajos en la gasolina y energía que consume, lo cual implica más dinero para gastar en otras áreas, representando de esa manera una reanimación superior o estimulo a la economía nacional en su conjunto y también un aumento del ahorro personal y familiar.

6.- Ayuda al triunfo definitivo de los Estados Unidos en la guerra de los precios del petróleo, lo que he llamado en este libro la Tercera Guerra Petromundial, que se gana en el frente de la economía, de la energía, sin la necesidad de una sola gota de sangre derramada ni de la detonación de ningún tipo de arma, y lo más importante, al menos en este frente de guerra económica, ninguna madre tiene que llorar la pérdida de un hijo en el duro campo de batalla, en ese terreno en el que hay que pensar siempre y tratar de evitar o alejar por todos los medios que sean posibles y que esta coyuntura beneficiosa actual para los Estados Unidos, en el mercado mundial de petróleo permite, porque hace sacar cuentas al enemigo, que sabe contar muy bien los dólares a falta de razonar y crea el *stop* financiero antes de emprender cualquier tipo de aventura peligrosa y siempre costosa. El dinero es uno de los complementos más necesarios de una guerra, hay otros factores humanos que no tienen precio, ni el dinero puede nunca comprar, como el patriotismo y el sentimiento ciudadano consciente y moral en la defensa de los valores democráticos, para lo cual hace falta también dinero, todo un grande y complejo círculo estratégico de diversos factores que el oleoducto Keyston XL nos brinda.

7.- Relacionado con el punto anterior, acerca más el final o desintegración de la chantajista OPEP, detiene a Rusia, Irán y Venezuela en las políticas contrarias al mundo libre, o sea, consolida la democracia mundial.

8.- Crea un ejemplo de independencia energética que será aprovechado por muchos países que hoy observan atentos, donde las condiciones lo permiten, para aprender y practicar esa técnica efectiva, no convencional auxiliar, que los hará mucho menos dependientes del mercado internacional.

9.- El aspecto más importante actual, pienso yo, es que el abaratamiento del crudo disminuye de forma considerable la principal fuente de ingresos del terrorismo internacional, en especial del yihadista radical musulmán; por eso las noticias hablan de que Isis, EI, vende arte robado, órganos humanos, cuerpos mutilados de sus víctimas inocentes, cobra rescate, etc., la venta ilegal de crudo no es una fuente suficiente para financiarse. ¡Ataquemos por ahí! Sin dinero no hay terror.

Son demasiados beneficios para no haberse tenido en cuenta su rápida y total aprobación, pero no pasó, no obtuvo la firma necesaria aunque no imprescindible del presidente.

Este proyecto de oleoducto internacional con un país fronterizo, aliado y un fiel amigo como es Canadá, aparte de contar con el respaldo pleno del Congreso de los Estados Unidos, es muy popular, con un alto grado de aprobación de alrededor del 60% lo cual debió pesar en la decisión final del presidente Barack Obama que mantuvo su anunciada decisión de vetarlo y así lo hizo el 24 de febrero del 2015.

 Ahora, es muy posible que regrese al Congreso para una nueva votación que tratará de levantar o anular el veto del presidente para lo cual es necesario obtener las dos terceras partes a favor, en contra del veto presidencial, por lo cual los congresistas del Partido Republicano deberán contar con la ayuda de algunos congresistas demócratas que yo pienso sería muy posible de lograr entre aquellos más relacionados con la construcción del proyecto en sus respectivos estados. De no alcanzarse las dos terceras partes, habrá que esperar a que el presidente Barack Obama termine su actual y último periodo presidencial, en aproximadamente un año y nueve meses más, para volver a intentarlo, muy probable, con un presidente republicano en la Casa Blanca. La incógnita es si Canadá estará dispuesta a esperar, después de seis años, dos años más, sin garantías de qué sucederá en el futuro.

15.11 *No asistencia a la marcha antiterrorista en Francia*

Comenzó el día 7 de enero del año 2015, durante más de 56 horas consecutivas, dos ataques y una gran tensión, que incluyeron los días 8 y 9 también, conmocionaron a Francia, donde una serie de agresiones y eventos terroristas bien planificados, con un saldo fatal de 17 victimas inocentes, se materializaron. La mayoría de las víctimas, periodistas del semanario satírico Charlie Hebdo, que en el pasado había publicado varias caricaturas del profeta Mahoma, varios ciudadanos judíos fueron también vilmente asesinados en el supermercado Hyper Cacher de París, en otro acto de odio, por un yihadista conectado a la rama yemení de Al Qaeda.

Una multitudinaria marcha de millones de personas en contra del terrorismo y a favor de la libertad de prensa y la libre expresión recorrieron París y las principales capitales del mundo libre. Entre los asistentes, en la capital francesa, acompañando a los supervivientes del semanario Charlie Hebdo, a los familiares de las 17 victimas resultantes y al presidente francés Francois Hollande se encontraban, entre otros líderes mundiales: la señora canciller alemana Ángela Merkel y otros distinguidos líderes y políticos del mundo, como el jefe del gobierno español, Mariano Rajoy, el primer ministro británico, David Cameron, el primer ministro italiano Matteo Renzi, incluso a más o menos 5 metros de distancia se encontraban el primer ministro del Estado Judío de Israel Benjamín Netanyahu y el presidente de la ANP palestina Mahmud Abbas, el gran ausente fue el presidente de los Estados Unidos Barack Obama, por lo cual la Casa Blanca más tarde se disculpó.

15.12 *Conversaciones con Irán*

Este es un tema muy complicado que en primer lugar no tenía por qué haberse iniciado o realizado y en segundo lugar quines conocen al régimen islamista de Irán y el odio que profesan a los Estados Unidos y al mundo occidental saben que no llegará a ninguna parte y que al final tratarán de armar sus ojivas nucleares y que si de verdad avanzan, Israel no se quedará de brazos cruzados, en todo su derecho de evitar que el país, que repite una y otra vez que los borrará del mapa, llegue a tener la capacidad de hacerlo. El primer ministro israelí dijo que estas pláticas con el Irán terrorista son un error histórico, por mi parte sé que Irán nunca tendrá una bomba atómica, y no precisamente por las conversaciones y los acuerdos de la comisión que encabeza la administración del presidente Barack Obama, sino porque precisamente, el Estado Judío de Israel no lo permitirá.

Según el primer ministro de Israel Benjamín Netanyahu un posible pacto con Irán llevará a una pesadilla nuclear que tampoco Arabia Saudí y Egipto aceptarán de buena gana lo cual disparará una escalada en la obtención de tecnología y armas nucleares en la región. En diferentes ocasiones, Irán ha expresado públicamente que desea la desaparición total del Estado Judío de Israel, lo cual es motivo real de gran preocupación, no solo de Israel, sino de todo el planeta.

El mayor problema que expone y reafirma Netanyahu, es que el acuerdo preliminar actual sobre el programa nuclear con Irán, dejará en pie o intacta toda la infraestructura de ese país para poder fabricar una bomba atómica.

"Es por esto que es un acuerdo tan malo. No bloquea el camino de Irán hacia la bomba: allana el camino para que Irán consiga la bomba. ¿por qué alguien querría este acuerdo?" expresó el primer ministro israelí.

Para finalizar quiero decir que en lo particular no estoy de acuerdo con las conversaciones entre los Estados Unidos y otras 5 naciones más que incluye a *China* y *Rusia,* Reino Unido, Francia y Alemania con el gobierno terrorista de Irán sobre su programa nuclear. El gobierno de Irán no es confiable, no es serio y nos odia a muerte, son auspiciadores sistemáticos de diversos conflictos, de sangrientos atentados y practicantes continuos del terrorismo internacional que los convierte en una muy seria amenaza para la humanidad.

Con su acostumbrada sabiduría, el inteligente y analítico pueblo norteamericano, según una encuesta realizada por el talentoso especialista en opinión pública estadounidense y consultor político, el distinguido señor Frank Luntz, en el mes de diciembre del año 2013, se manifestó al respecto:

-El 86% de los encuestados piensa que el gobierno de Irán romperá las promesas de un posible acuerdo durante el proceso de negociación, solo un 14% de la totalidad de las personas encuestadas participantes cree que las mantendrá.

Definitivamente, la gran mayoría de los encuestados, yo estimo que: tienen un concepto muy claro sobre Irán.

-El 84% de los encuestados cree que Irán solo desea, o le interesa, ganar tiempo en las negociaciones para poder desarrollar su capacidad de producir armas nucleares.

-El 77% de los ciudadanos estadounidenses, ocho de cada diez, demócratas y republicanos por igual, estiman que el camino más efectivo y real para eliminar la capacidad del gobierno iraní para fabricar armas nucleares, para detener su ambicioso proyecto o programa nuclear, consiste en: aplicar nuevas sanciones económicas, en aumentar más la presión financiera, en limitar todos sus recursos a tales efectos.

-El 49% de los encuestados considera que el régimen despótico musulmán de Irán representa la mayor amenaza para los Estados Unidos y el 77% teme a sus intenciones.

Esa encuesta refleja de forma muy convincente que una gran mayoría del pueblo norteamericano desconfía, teme y recela de las aparentes buenas intenciones del gobierno de Irán. El riesgo es muy grande, si Irán engaña a los Estados

Unidos, si no cumple, pues entonces, al Estado de Israel le quedará una sola opción: la guerra y eso a todos perjudica; dos preguntas son el resumen: ¿Por qué el Irán islamista no demuestra, antes de firmarse el acuerdo, *su buena voluntad,* reconociendo al Estado Judío de Israel y su legal derecho a existir? ¿Por qué no se le exige a Irán que lo haga antes de ser firmado, con el país más terrorista del mundo, un tratado nuclear en el cual la humanidad pueda, *algo,* confiar?

15.13 *Cuba, reconocimiento a una dictadura*

Pienso que el anunciado restablecimiento de relaciones diplomáticas con el régimen comunista de Cuba es uno de los errores más garrafales cometidos por la administración del presidente Barack Obama ya que legitimiza una cruel dictadura de más de 56 años de existencia.

Muchas complicadas derivaciones y varias preguntas sin respuestas asoman a este cambio de actitud política de los Estados Unidos hacia la nefasta y genocida isla caribeña:

¿Qué sucederá en la región si de repente se manifiesta en cualquier país un golpe de estado? ¿Tendrá Estados Unidos la estatura moral que siempre le ha acompañado para decir que no reconoce la interrupción de procesos democráticos que de hecho se convierten en dictaduras?

Es innegable que el restablecimiento de relaciones con un régimen despótico, represivo y dictatorial solo puede dar la idea a los nuevos dictadores electorales del siglo XXI y a otros populistas más, con genes dictatoriales virulentos, con sueños y esperanzas futuras, que es factible y posible, sin el ejercicio pleno de libertad y democracia, tener o mantener amplias, estrechas y muy buenas relaciones diplomáticas y comerciales con los Estados Unidos de América.

¿Por qué no se tomó en cuenta la opinión generalizada de los diversos representantes y senadores cubanos-americanos del Congreso Estadounidense que de una forma unánime, muy firme y digna, se oponen a ese reconocimiento oficial? ¿Por qué tampoco se tomó en cuenta la opinión mayoritaria de la valerosa oposición dentro de la Cuba comunista de los hermanos Castro, de esa isla que ellos piensan es su finca privada y gobiernan a su antojo, que también se opone a dichos acuerdos? Porque esa oposición en mayoría que vive y lucha dentro del ojo del huracán, sabe muy bien que ese reconocimiento lo único que hace es ayudar a un régimen decadente en fase terminal y obstaculizar la lucha cívica.

¿Por qué se trató y trata de camuflar el intercambio de un ciudadano inocente, del señor Alan P. Gross, por tres espías asesinos condenados por el imparcial sistema judicial de los Estados Unidos y ratificadas sus sentencias apeladas? ¿Por qué no se consultó a los dolidos familiares de los pilotos de Hermanos al Rescate asesinados, cuando tres de los cuatro eran ciudadanos norteamericanos y el cuarto residente legal y fueron pulverizados en aguas internacionales por Migs de combates cubanos por ordenes expresas del sátrapa Raúl Castro y esos sufridos familiares, que en ausencia de los cuerpos de sus seres amados, sólo tenían el triste consuelo de saber que los responsables asesinos fueron totalmente identificados y que una parte cumplían merecida y justa prisión en cárceles federales de los Estados Unidos? ¿Por qué tanto secretismo y tanto hermetismo en torno a dichas conversaciones, durante o alrededor de 18 continuos meses, para algo que la administración entiende y considera que es la estrategia correcta en la coyuntura política actual?

Hay elementos en extremo muy erróneos que tratan de explicar el cambio político y uno a uno les demostraré que en realidad histórica, no son válidos:

Primero: se argumenta que cincuenta y tantos años de embargo no han funcionado ni han propiciado cambios, eso es falso, ya que hoy la oposición en Cuba es cada día más organizada y fuerte, hoy se ha ido perdiendo el miedo y los cubanos expresan críticas al régimen, especialmente cuando se encuentran agobiados por el desabastecimiento y la falta de libertad y esperanzas. Una prueba fehaciente de que el embargo o las relaciones con los Estados Unidos no es el principal problema de los habitantes de la isla esclava es el continuo aumento, post anuncio, de la llegada a las costas y territorios fronterizos de los Estados Unidos y otros países del Caribe de muchos cubanos, casi a diario, que temen la abolición de la Ley de Ajuste Cubano, que tanto ha ayudado al exilio político de un pueblo esclavo, que prefiere morir a resignarse a vivir sin libertad; el verdadero embargo es el de la férrea dictadura cubana a la democratización del país, a la libertad de todo un pueblo que ama y respeta a los Estados Unidos y hoy le sobran motivos pare sentirse decepcionado.

En cuanto al embargo que los cabecillas y calanchines del régimen llaman en mal español *el bloqueo*, hay muchas razones para demostrar que sí ha cumplido sus grandes objetivos, entre los más relevantes los siguientes:

1.- Envió un mensaje a toda la región de que los Estados Unidos no permitirían el robo a la fuerza, la expropiación o confiscación, sin retribución monetaria acordada con sus ejecutivos e inversionistas, de empresas norteamericanas.

2.- Aunque se trate de quitar a Cuba de la lista de países terroristas, Cuba comunista es, por la esencia de su sistema, por sus erradas convicciones, por el odio y la envidia que siente por su vecino, los Estados Unidos de América, por la democracia y el mundo libre, pero ante todo, por sus hechos y por sus pasadas y presentes acciones, el más claro ejemplo de un país terrorista hoy, mañana y siempre porque está en su ADN político. El embargo comercial ha limitado los recursos de ese estado comunista para subvertir el orden en otros países de todo el planeta en su conjunto, pues las narices oportunistas ellos las meten en todas partes donde un parásito o virus pueda habitar a expensas de otro. El embargo ha evitado el sufrimiento a otros muchos pueblos.

3.- Cada vez que Cuba logra un nuevo centavo del narcotráfico o del tráfico de armas ilegales nunca lo emplea en mejorar la situación del empobrecido pueblo cubano, todo lo contrario, perfecciona aún más la represión que les permita permanecer en el poder. El embargo ha posibilitado que el gobierno represivo cubano cuente con mucho menos recursos para oprimir al noble pueblo cubano.

4.- Como régimen parásito, el embargo no ha permitido que Cuba hoy adeude billones de dólares a los bancos de financiamientos mundiales. Cuba comunista nunca paga sus deudas, su máximo cabecilla ha dicho en oportunidades que las deudas externas de los países del llamado tercer mundo son impagables, lógicamente el coma-andante hoy biológico retirado, tenía muy presente que Cuba, ni tenía los recursos, ni la intención de honrar sus deudas. Préstenle y verán.

5.- Para mi el punto más importante y del que poco he escuchado o leído casi nada es que gracias a ese embargo económico de los Estados Unidos a la Cuba castrista, su *chief* extinta, la oportunista y manipuladora Unión Soviética tuvo que gastar muchos billones de sus dólares en la isla comunista para poder mantenerla a flote, así como también para financiar sus actividades guerrilleras y terroristas en muchos países y continentes del planeta, las diferentes guerras en África, etc., porque los comunistas soviéticos usaban a su esclavo del Caribe como fuerza de choque en la Guerra Fría pero tenían que desembolsar los recursos financieros adecuados y fueron precisamente el despilfarro de esos grandes recursos los que minaron su capacidad y destruyeron no solo a la URSS sino también al campo socialista, con el Pacto de Varsovia y el CAME incluidos. *Sí, eso es lo que digo*, que el embargo económico a Cuba comunista ayudó de forma significativa y directa a convertir a los Estados Unidos en la actual suprema, única y por ende, la indiscutible gran superpotencia a nivel mundial, mientras hizo trizas la arrogancia del Kremlin de Moscú y detuvo su expansionismo al quedar sin recursos para otras aventuras.

Otro justificativo también falso es el cacareado: ¿por qué no tener relaciones con Cuba comunista si Estados Unidos tienen relaciones con China y Viet Nam?

1.- Porque Cuba no es China ni tampoco Viet Nam, Cuba comunista está en el traspatio de los Estados Unidos, el cual utilizó y utiliza como base de escucha, y en el pasado, como plataforma para instalar armas nucleares y pedir a la URSS que las usara en un loco ataque preventivo contra la Unión Americana, ¿se puede olvidar eso? Existe la geopolítica y Cuba comunista está en el área de influencia de los Estados Unidos, en el Caribe, a 90 millas de Key West, Florida.

2.- El expresidente Richard Milhous Nixon fue uno de los presidentes más inteligentes de Estados Unidos, además de experimentado político tuvo la positiva influencia del conocimiento militar propio y del que le proporcionó estar vinculado como vicepresidente por ocho años, al insigne presidente y experimentado general Dwight D. Eisenhower lo cual le dio un complemento adicional para una muy efectiva política internacional. Nadie debe olvidar que fue la dictadura comunista de China, el cruel genocida Mao Tse Tung, quien invitó al ilustre presidente Nixon, en la llamada diplomacia del Ping Pong, a visitar China y fue Mao quien trató y logró la apertura hacia Estados Unidos ya que en esos tiempos, después de la crisis de los misiles nucleares de octubre en Cuba, el mundo estuvo de nuevo cerca de una conflagración nuclear marxista, esta vez entre China y la Unión Soviética, y Mao Tse Tung trató te utilizar a los Estados Unidos para persuadir a la URSS de que se estaba quedando sola y Richard Nixon lo aprovecho al máximo, restableció con visión futurista las relaciones diplomáticas y comerciales con China comunista y sembró la semilla de la libre empresa capitalista, que en breves años terminará con la tiranía más genocida que ha conocido la humanidad. Para mí Richard Nixon, después de descansar en paz, sigue aún recogiendo muchos frutos de su estrategia acertada y muy visionaria, para mi el señor presidente de los Estados Unidos de América, el brillante e ilustre Richard M. Nixon es la persona que inicio el desmonte del sistema comunista en China y de la chantajista y ahora muy deprimida OPEP.

3.- Otro aspecto que desmiente ese argumento es que: las relaciones con China y Viet Nam *no* le han dado una mayor libertad a los pueblos de esos países, ambos siguen siendo paises represores, y si algún cambio se muestra, es por la más temprana que tarde, la lenta pero irreversible y total desintegración del inoperante sistema comunista actual condenado históricamente por su inviabilidad práctica de subsistencia económica y el empuje de la empresa privada que contra su voluntad tienen la necesidad de permitir operar. *Es un mito que las relaciones de un país radical comunista con los Estados Unidos de América sean el motor garante de libertad para el pueblo oprimido*, si no existe una agenda oculta o virus de inteligencia incluido para destruir al régimen. El control dictatorial se ejerce desde adentro y desde bien adentro hay que combatirlo, los pacíficos y diplomáticos factores externos influyen pero no determinan, hay que apoyar a la oposición interna, hay que apoyar a la incipiente libre empresa *mientras se obstaculiza el desempeño de los dictadores y de las dictaduras*, todo estrechón de manos con dictadores es una bofetada al rostro de los pueblos que los míseros oprimen y asesinan. *Otro mito es que el hambre tumba gobiernos*, pues no, no es así, no existe evidencia alguna objetiva de que el hambre o las necesidades hayan derribado una dictadura a través de toda la historia de la humanidad, por el contrario, el hambre y las necesidades embotan las mentes y las distraen más en la supervivencia diaria, por eso precisamente es factor común en todas las dictaduras marxistas ayer y hoy. La liberación de los pueblos se produce por asimilación y razonamiento ético, la libertad es fruto de principios y conductas morales, de amor a la patria, y se da por el instinto innato del hombre a la democracia, nunca por necesidades de barriga.

Si *algo* pudiera considerarse positivo de este cambio o nueva política de la administración Obama, muy oportuna y aceptada desesperadamente por Raúl Castro, es la quizás no intencionada condena a muerte del fidelismo, a ras, de Fidel Castro, que no podrá asimilar el desplome de su retórica y el ostracismo evolutivo, en toda la extensión de la palabra, al cual se ve sometido, como dice el refrán: *"demasiado para un solo corazón"* y además muy egocentrista, aunque deseo aclarar que eso de que posea o tenga corazón es pura especulación ya que la historia lo niega. En realidad yo no le deseo la muerte a nadie y menos a Fidel y Raúl Castro para los cuales siempre he tenido el sueño o deseo de verlos parados frente a un gran tribunal democrático, con todas las garantías procesales de *La Constitución del año 1940* y la sala repleta por más de 12 millones de cubanos, en esa gran oportunidad, pidiendo justicia para los miles de muertes causadas por estos dos asesinos, pero parece que la historia en vez de absolver al *coma-andante en jeta*, lo absorberá, es por eso que le ha concedido el lujo de ver su personalista imagen y su doctrina genocida desvanecerse, no dudo que la última palabra del jurásico mayor sea de cuatro letras, en un llamado a su querido hermano, cuatro letras para llamarlo, no por el nombre habitual de Raúl, sino por el último que ha estado pronunciando desde el día 17 de diciembre del 2014:

¡CAÍN. . . CAÍN . . . CAÍN N N N N N N . . . . . . !_____ .

231

Es muy posible que el presidente Barack Obama tenga que decidir en este año 2015 si asiste o no en Cuba a las exequias y funeral de Fidel Castro Ruz, lo único que he escuchado al respecto, es que se especula que ya el Diablo puso en la puerta del infierno un letrerito con la siguiente conocida frase: *"Esta es tu casa Fidel",* y anda con escolta.

El infierno será la última morada del vetusto dictador, que justo se la ganó por el esfuerzo cotidiano de toda su vida, de su desmedido afán y actuar por conseguirlo, por eso me extrañó la actitud del Papa Francisco tratando de *ayudar* a los emisarios del mal en todo el Planeta Tierra. El mundo globalizado nos sorprende sobremanera casi a diario y quisiera aprovechar la oportunidad para sugerirle, con toda mi buena intención y mayor respeto a su Santidad el Papa Francisco, del cual está tan agradecido hoy el dictador heredero Raúl Castro, que es muy posible que este sea el mejor momento también para interceder por los cientos de presos de conciencia que el esbirro comunista asesino aún mantiene en sus ergástulas y de paso, si le es posible, que interceda también por las devotas, dignas y valientes Damas de Blanco que casi semanalmente son asediadas y apaleadas por las violentas turbas gubernamentales en sus marchas con flores a la iglesia de barrio y que no olvide solicitar el esclarecimiento del tan vil y cobarde asesinato de Oswaldo Payá Sardiñas, el cual siempre fue un fiel creyente y un católico ejemplar. Gracias anticipadas doy a su Santidad el Papa Francisco por su tiempo y atención. Sé que el perdón libera, pero en ocasiones como esta, con tanta sangre y dolor envuelto, duele mucho, pero mucho duele, por eso creo: es necesario y conveniente que venga acompañado primero de la correspondiente justicia, sin impunidad.

La práctica, como norma valorativa de la verdad tiene la palabra, si se logra reforzar a la valiente oposición cívica cubana y también de forma importante a la empresa privada *sin la intervención estatal comunista*, que son quienes en realidad pueden propiciar el cambio y dicho cambio se materializa, si Cuba se convierte en un país democrático, tal y como propone la ley Helms-Burton, entonces y solo entonces, daremos las gracias al presidente Barack Obama, siempre y cuando no haya que esperar otros 56 años más. Ojalá surja ese milagro, tengo grandes reservas al respecto, son comunistas y según dicen sin intenciones de cambiar.

Antes de concluir este fragmento quiero aclarar un poco la disyuntiva que tuvo la Cuba Castro comunista con el encarcelamiento arbitrario e ilegal, por más de 5 años, del contratista norteamericano Alan P. Gross: la dictadura castrista sabía muy bien lo complicado que era para el presidente norteamericano un intercambio del contratista inocente señor Alan Gross por los espías terroristas cubanos presos en los Estados Unidos, por actividades probadas y comprobadas, fuera de toda duda, de espionaje y terrorismo cruento internacional, en el caso del derribo de las avionetas de Hermanos al Rescate, pulverizadas vilmente sobre aguas internacionales, todos fueron juzgados y condenados con todas las garantías del sistema jurídico norteamericano, uno de los mejores del mundo, debido a que los Estados Unidos es un país democrático con estado de derecho y separación de poderes, que ellos tanto conocen y temen al punto de no permitirlo en 56 años de férrea y dura dictadura comunista totalitaria. Por otra parte estaba el problema de la salud del no tan joven prisionero y la posibilidad de su fallecimiento en cautiverio que era un gran peligro, un gran lujo para los señores, del periodo Triásico, Jurásico y uno que otro del Cretácico, no recomendable. La real y verdadera causa de la ilegal retención de Alan P. Gross fue un tipo de chantaje para obtener ventajas económicas, tales como la supresión de Cuba comunista de la lista de los países patrocinadores del terrorismo internacional del Departamento de Estado de los Estados Unidos, que permita el levantamiento gradual del embargo económico para poder obtener créditos, ambas medidas respaldadas por el presidente Obama. Lo anterior es fácil de comprobar si tenemos en cuenta que el régimen castrista varió en diferentes oportunidades sus exigencias para la liberación del contratista, o sea, desde el inicio de la crisis, han sido exigencias camaleónicas cambiantes.

Alan Phillip Gross no debió haber pasado ni un solo día en las ergástulas cubanas pero, siempre pensé que iba a ser puesto en libertad de forma incondicional antes del mes de abril 2015 fecha de la programada celebración de la reunión de presidentes, en la llamada y mediática Séptima Cumbre de las Américas, celebrada en Ciudad Panamá donde Cuba comunista fue invitada de forma muy sospechosa, por un presidente panameño en ejercicio no alineado, que se sepa, con el comunismo y que además es un exitoso empresario, demócrata y católico, no sé qué tipo de presiones hubo, pero alguna debió existir, de esa forma Cuba fue invitada sin ser un país democrático *ni de chiste*, sin siquiera pertenecer a la Organización de Estados Americanos, OEA, ¿raro? a la cual repetidamente ha calificado como una colonia del imperio yanqui, de los Estados Unidos de América, lo cual desde antes del inicio, le quitó seriedad y le dio un tipo de función circense social a una cumbre muy manipulada que debió ser interpretada por el presidente norteamericano como la mejor opción de enviar un representante de alto rango en su lugar y no asistir pero, no fue así. Cuba comunista, fue inteligente y le sacó el máximo al ilegal e inhumano cautiverio de Alan P. Gross, se la jugó y no liberó al contratista norteamericano hasta no conseguir un trato totalmente favorable y ahora pretende decirle al mundo que lo hizo por humanidad, lo cual hay que ser un ingenuo precoz para creer pero, algo había que inventar para presentarlo de esa manera ya que el simple canje de espías involucrados en el asesinato de tres ciudadanos norteamericanos y un residente legal del país, a cambio de un contratista inocente, retenido ilegalmente y encarcelado por más de 5 largos años, incluso negándole la posibilidad de visitar a su señora madre, enferma terminal, antes de su fallecimiento, no sería bien visto en la arena internacional, ni por la opinión pública de los Estados Unidos, que sólo deseaba el pronto regreso de Alan Phillip Gross a su casa de forma incondicional y entonces surge la brillante idea que nadie puede creer, la liberación del señor Alan P. Gross por razones humanitarias y el intercambio de los tres espías cubanos en cárceles de Estados Unidos por un espía cubano desconocido, que ya había cumplido 20 negros años de privación de libertad y me imagino muchos maltratos, que seguía preso en las siniestras prisiones de la isla acusado de traición, con cargos por pasar información muy importante a la inteligencia de los Estados Unidos. Siento una inmensa alegría y todo ser de buena voluntad la siente, por la liberación y el regreso a casa del señor Alan Phillip Gross, que pienso debería demandar, si lo desea, por multimillonaria suma en tribunales competentes al gobierno cubano por privación ilegal de libertad y secuestro por más de 5 años y ser resarcido con los fondos congelados que Cuba castrista posee en bancos norteamericanos, en justa compensación por lo que pasó, incluyendo el fallecimiento de su señora mamá, sin poder estar con ella en sus últimos momentos, eso no hay dinero en el mundo que lo pague.

También debe aclararse que no fueron solo 5 los espiás de Cuba comunista en el caso; que en la madrugada del día 12 de septiembre de 1998 fueron arrestados 10 del total de 27 de la llamada Red Avispa y posteriormente varios más que cooperaron con las autoridades norteamericanas y fueron deportados, o al menos no cumplieron prisión y tampoco en Cuba comunista se habla de que todos fueron descubiertos gracias a la colaboración de sus propios entrenados súper agentes o espías, Ariel y Laura, seudónimos proporcionados por la DI, la Dirección de Inteligencia castrista en Cuba, al agente Edgerton Ivor Levi y su esposa, enviados a Cayo Hueso el día 24 de junio de 1993, junto al hijo pequeño de ambos, aparentando una ruptura con el totalitario régimen o deserción desde la base de tropas especiales de Jaimanitas. El señor Levi, en cuanto llegó, contactó al FBI y confesó sus verdaderos propósitos; esos terroristas llegaron a Cuba comunista denotando, a diferencia del señor Alan P. Gross, extremadamente delgado, desencajado, muy agotado y con varios dientes de menos, una excelente salud y muy buena apariencia, incluso hasta el asesino mayor y cabeza de la red, el siniestro Gerardo, abrazó a su esposa embarazada lo cual presupone que estuvieron presos gozando incluso de ciertos tratos preferenciales, como visitas familiares del tipo conyugales, digo preferenciales porque en cárceles federales donde estaban recluidos los espías, no están contempladas dichas visitas en el reglamento. Se dice también y aseguran que el embarazo fue producto de inseminación in vitro a través de la colaboración de un congresista norteamericano, o sea, gozaban de muy buena atención y alguno que otro presentaba incluso muchas libras de más, que los castristas no podían ocultar al mundo. A medida que escribo me voy preguntando: ¿Dónde quedó el títere presidente venezolano Nicolás Maduro? y cuando lo asocio a esos actos me doy cuenta y sonrío, lo mismo pasará con esos fantoches, ya la furibunda dictadura comunista del Caribe no necesitará de la ubre estéril que ayudó a secar, del petróleo venezolano; imagino que Maduro ahora se dará cuenta de lo manipulado y apartado que ha sido y que todo el mundo conoce el gran ridículo que ha hecho, aparte de quedarse solo como el abanderado anacrónico del agotado discurso antimperialista, por otra parte pienso ¿Cuánto tiempo pasará para que estos espías también se percaten de la verdadera intención? Más temprano que tarde, como sucede a todos los servidores de turno del desleal castro comunismo, se convencerán del ajedrez político, que todo el espectáculo montado alrededor de su liberación y el regreso de *los 5 héroes* no era más que una estrategia comunista; dentro de un corto tiempo tendrán que hacer cola y pedir a cualquier familiar o compinche del exilio que le envíen los *fulas* para poder ir a un paladar. Un consejo les voy a dar a los que tienen las manos manchadas de sangre: quédense con su comunismo y con sus amos hasta el final porque la justicia democrática del pueblo cubano, que *no reconoce ese pacto*, algún día los alcanzará y entonces irán a prisión en Cuba, las cuales por lógica, en un principio, de inicio en regreso, no resultarán tan cómodas y confortables como las cárceles de la *yuma yanqui* que les hospedó y entonces volverán los comentarios entre ustedes, con la diferencia de que ya no tendrán que ser en susurro, porque el país al que traicionaron, ese al que ayudaron consciente y oportunamente a esclavizar, ya recobró su soberanía y su libertad, ya sonríe y reconstruye su futuro, en una justa democracia, dentro de un gran marco de estado de derecho inclusivo, eternamente agradecido y aliado por dignos principios compatibles de amor y amistad, hasta las últimas consecuencias de la lealtad, a los genuinos ideales de ese gran pueblo norteamericano hermano, que nunca nos ha traicionado ni vendido. *"Honrar honra": José Martí.*

El día 17 de diciembre del año 2014, *ese día negro sin brillo*, el heroico exilio histórico, y en general, los millones de exiliados políticos cubanos, así como la digna oposición cívica dentro y fuera de la isla tuvimos nuestro Pearl Harbor y resurgiremos como Ave Fénix, sí, recordando esa fecha siempre, con el mismo sentido de las memorables palabras pronunciadas por el tan ilustre y muy querido presidente norteamericano, el gran Franklin Delano Roosevelt, un día después del cruel y artero ataque el primer mandatario dijo:

"Ayer 7 de diciembre de 1941, una fecha que vivirá en la infamia".

Para los cubanos anticomunistas, para los cubanos que no negociamos con dictadores terroristas, también la fecha del día 17 de diciembre del año 2014, ese día triste de dolor y desencanto, vivirá para siempre en la infamia.

-Las prácticas terroristas de Cuba comunista están hasta en su propia constitución, Cuba comunista detesta y odia al capitalismo, el desarrollo y progreso de la libre empresa que hoy permite muy controlada como tabla de salvación de un sistema inepto, corrupto, ineficiente y antieconómico, Cuba comunista históricamente ha dado albergue a cuanto asesino terrorista y delincuente internacional existe, porque Cuba comunista, es la principal defensora y exportadora por años, del terrorismo internacional, esté o no en la lista de países que promueven el terrorismo, porque *Cuba Comunista es y será terrorista por convicción natural e ideología propia.*

Fue un gran error, un desprestigio, haber invitado a Cuba comunista a la pasada Cumbre de las Américas del mes de abril del año 2015 en Ciudad Panamá, y peor aún, que el lider de la democracia mundial, el presidente de los Estados Unidos, Barack Obama, asistiera bajo esas condiciones, que niegan y violan la esencia de los principios y los acuerdos establecidos en la Carta Interamericana del año 2001 donde de forma muy clara y específica se establece que:

"La cumbre es un foro para líderes democráticamente elegidos"

Si esas cumbres no respetan sus propios acuerdos, si no son consecuentes: ¿Qué credibilidad tienen esas cumbres? ¿Es que acaso en esas *importantes* cumbres se redactan las protocolares actas finales *just* con lápices, factibles para ser enmendadas a capricho? *"Donde dije digo, digo Diego"*: un tipo de borrón y *cuento* nuevo. Esa pasada cumbre fue una apariencia, una sutil palestra sin credibilidad de ningún tipo, una reunión de egos apremiados contra reloj con una amplia inclinación a favor de nada, "Acto IV de Manon, Escena 2, no en Le Havre, sino en la VII Cumbre de Panamá, donde la novel mano *zurdaizquierda* de Des Grieux trata sin éxito de reanimar a la disoluta María: *Et c'est là l'histoire de rien*".

Los acuerdos, en espera, no serán relevantes, pienso que las cumbres son importantes pero, si por el no cumplimiento posterior de lo acordado, nada bueno resulta, entonces como ésta, tan pre desacertada, se convierten en eventos sociales.

Cuba no es un país democrático, Cuba no es miembro de la OEA, Cuba es un país que promueve el terrorismo y lo ha practicado, en muchos de esos países, desde el mismo día 1 de enero del año 1959, sin importarle si está, o lo quitan de una lista, porque de donde nunca la podrán quitar es de la historia de intromisión y subversión en la región y en el mundo, incluso, muy recientemente, en la misma nación sede de la VII Cumbre de las Américas, en Panamá, donde se reunieron en abril, *algunos*, presidentes de la región que promueven la democracia. ¿No hay o no existe una evidente contradicción? Sí, claro, y es necesario resolverla primero, si se desea obtener credibilidad y respeto.

Sobre quitar o dejar a Cuba comunista en la tan merecida lista norteamericana de los paises que auspician, patrocinan y promueven el terrorismo a nivel mundial, quiero hacer un señalamiento por si sirve para algo, aunque a estas alturas lo dudo, se refiere a *no dar todo a cambio de nada*. El pueblo y el gobierno de España han sufrido, desde hace mucho, los embates del cruel terrorismo de ETA, de Al Qaeda y otros asociados. Desde el año 1980 viven en Cuba comunista los terroristas de ETA, y colaboradores estrechos de las FARC, de nombres: Ángel Urtiaga Martínez y José Ignacio Etxarte Urbieta, alias Rizos, ambos individuos tienen causas legales pendientes en la Audiencia Nacional española por algunas de sus actividades criminales conocidas. Otros más, también viven plácidamente en la isla terrorista, entre ellos, Txutxo Abrisqueta, asesino del capitán Martín Barrios. Diferentes gobiernos españoles han pedido la extradición de todos esos etarras y la condicionan para que España retire a Cuba de la lista de países patrocinadores del terrorismo, de esa lista tan política, ya que en realidad un cobarde acto terrorista contra personas inocentes, no lo elimina el estar o no en una lista, tampoco es negociable porque tiene carácter irreversible en el tiempo y en la maldad, ya que por sí, todo acto de terror es un hecho histórico condenable e imborrable eterno pero, al menos España algo exige y pide a cambio por su lista.

Pienso que: Cuba castrista comunista conserva todos los deshonores para estar en esa lista y que no debe ser retirada de la misma, hasta no se comporte como un país civilizado.

En una oportunidad, hace algunos años, ante la *20x20 vil* mirada y estrecha complicidad de muchos gobiernos, y no me refiero a pueblos, la cual se regenera y cambia de traje oportunista y sonrisa para igual, en esa oportunidad, escribí o compuse una canción acerca de la frustración, de esa impotencia que da ver de lejos la tierra donde nací y que nunca más he vuelto a pisar, porque la amo y la respeto demasiado para verla llorar esclava; ya, desde mucho antes sabía, que Cuba tiene que obtener su emancipación a través del sacrificio de sus propios hijos. Hoy pienso igual, hoy no le quitaría una sola coma a la letra de esa canción que compartiré con todos ustedes, hoy sigue siendo mi punto de vista muy personal, es mi deseo de libertad con justicia, sin condiciones ni impunidad. Estoy convencido y le digo a mis hermanos, más que las palabras y los hechos que hoy nos separan, por encima de cualquier protagonismo o egoísmo que pudiera existir, por ser todos hijos de una gran nación, por ser sencillamente cubanos del primer peldaño firme, por encima del yo está Cuba: la responsabilidad que nos une.

SABEMOS QUE ES COSA NUESTRA

POR QUÉ TAN POCOS ESCUCHAN
Y MENOS ABREN SUS PUERTAS
SON MÁS DE CINCUENTA AÑOS
PARA ABRIR LA INTELIGENCIA

LA LIBERTAD ES UN DERECHO
NO SE PUEDE NEGOCIAR
LAS SOLUCIONES PARCIALES
IMPOSIBLES DE ACEPTAR

MUY LARGO HA SIDO EL EXILIO
Y MUY DURA LA PRISIÓN
MUERTES POR FUSILAMIENTOS
SUPRESIÓN DE LOS DERECHOS
TORTURAS Y REPRESIÓN

SI DESEAN RESPONDER
SI ALGUIEN TIENE UNA RESPUESTA
¿POR QUÉ EL MUNDO MIRA Y NO VE
ESTA CRUZ QUE LLEVAMOS A CUESTAS?

(DECLAMACIÓN EN EL INTERLUDIO)

LA HISTORIA LO HA DEMOSTRADO
CON CADA GENERACIÓN
SOMOS FIELES HEREDEROS
DE HOMBRES DIGNOS QUE VERTIERON
SU SANGRE POR LA NACIÓN

EL QUE ESTEMOS SEPARADOS
NO IMPLICA UNA DIVISIÓN
VENIMOS DEL MISMO VIENTRE
Y NOS UNE EL MISMO AMOR

ANDAMOS POR EL CAMINO
EL TRIUNFO ESTÁ YA MUY CERCA
Y LO VAMOS A LOGRAR
ERGUIDOS Y CON VERGÜENZA

SI AÚN NO PUEDEN ENTENDER
Y QUIEREN UNA ACLARACIÓN
CUBA, CUBA ES ESA NACIÓN
Y CON SU CRUZ ANDA A CUESTAS

SI DESEAN RESPONDER
SI ALGUIEN TIENE UNA RESPUESTA
¿ES CÓMPLICE QUIEN COLABORA
AL DOLOR QUE UN PUEBLO ENFRENTA?

SI ALGUIEN QUIERE RESPONDER
SI ES QUE EXISTE UNA RESPUESTA
PERO QUE NUNCA LO DUDE, NO LO DUDE
SABEMOS QUE ES COSA NUESTRA

ES COSA NUESTRA . . . SÍ

(CIERRE – FINAL)

En opinión muy particular estimo, que después que el presidente Barack Obama termine su mandato o segundo término presidencial, la Casa Blanca será ocupada durante ocho, doce o quizás hasta dieciséis años consecutivos por presidentes del Partido Republicano, o hasta quizás alguno independiente, pienso que al Partido Demócrata le costará trabajo volver a ser el inquilino de la mansión presidencial.

Otros elementos, en una humilde opinión muy particular que deseo poner de relieve, y ojalá lleguen a oídos de algún congresista norteamericano, son los siguientes:

-Los Estados Unidos de América como primera potencia económica, militar y lider de la democracia y el mundo libre se ven en muchas oportunidades obligados a organizar y participar en coaliciones armadas contra grupos o paises violadores de las normas internacionales y las prácticas civilizadas e incluso también de forma individual. Teniendo en cuenta lo anterior y siendo el presidente de los Estados Unidos de América el comandante supremo de las fuerzas armadas, le sugiero al Congreso de los Estados Unidos de América, considerar una ley que *no permita* a un candidato, después de haber resultado electo como presidente de los Estados Unidos de América, una vez elegido en elecciones libres y democráticas por el pueblo de los Estados Unidos de América, aunque aún esté en espera de asumir como primer ejecutivo de la nación, *una ley que prohíba o no permita aceptar un Premio Nobel de la Paz hasta tanto no finalice el o los mandatos para los cuales fue elegido,* y si lo obtuvo con antelación que sea requisito de la presidencia que lo devuelva hasta tanto no finalice su o sus mandatos. Nada puede inhibir a un presidente de los Estados Unidos de América a actuar en un momento crítico dado, y con toda la energía militar, acudir a cualquier tipo de opción bélica.

-Estoy convencido que las instituciones democráticas son el baluarte, en sí mismas, de la democracia en su conjunto, por lo cual y de manera muy personal me gustaría ver un debate en el Congreso de los Estados Unidos de

América, entre los políticos más avanzados y preparados del país, sobre dos aspectos relacionados específicamente a la elección presidencial que pudieran incluso constituir, muy posiblemente, algún tipo de enmiendas a la constitución:

1.- Establecer el mandato presidencial por un término de seis años sin derecho a reelección: pienso que lo favorable de esta medida es permitirle al candidato que resulte electo como presidente de los Estados Unidos de América, poder dedicarse desde el primer día por completo a resolver los problemas de su término o momento histórico con todas sus energías, sin tener que preocuparse de una reelección dentro de los próximos cuatro años.

2.- Que la elección del presidente de los Estados Unidos de América se realice a través del voto directo popular y no del voto electoral asignado a cada estado: pienso que de esta manera se pudiera evitar lo que ha sucedido en el pasado, que un candidato que ganó el voto popular mayoritario, no resulte electo presidente de la nación.

-Considerar una ley que establezca ciertas regulaciones congresionales al ejecutivo en cuanto al *reconocimiento de gobiernos dictatoriales, totalitarios y antidemocráticos*. Se sabe muy bien que las relaciones exteriores están vinculadas al ejecutivo, pero quizás exista una forma mediante la cual, un posible error ante ese tipo de reconocimiento, cometido por un presidente no tenga que ser arrastrado por el próximo presidente entrante, por el futuro máximo representante del pueblo norteamericano que resulte electo y que pudiera ser posible no esté de acuerdo o disienta con esa decisión de su antecesor, o sea, crear la lógica flexibilidad al entrante en relación a lo aprobado por iniciativa propia del saliente, *que lo libere de forma inmediata y automática del compromiso anterior*, sin tener que derogar las acciones ejecutivas una por una, sino confirmarlas, o sea, todas aquellas acciones ejecutivas quedan automáticamente canceladas o derogadas al final del mandato que termina, para que el presidente electo entrante, a su entera discreción, rescate las que crea pertinentes e incluso las envié al Congreso para convertirlas de una vez en ley, si así lo entiende. La democracia debe ser principio guía, el intermedio y *nunca el final* de la política doméstica y exterior y sus instituciones sus fieles centinelas.

Esa ley le permitiría al presidente entrante de una forma automática, derogar un decreto ejecutivo anterior y no tener que argumentar el por qué unas relaciones restablecidas por la administración anterior son nuevamente interrumpidas, le permitiría ajustar su agenda a su campaña política y a favor del pueblo mayoritario que lo eligió, lo cual fortalecería la democracia, y no permitiría a país dictatorial alguno tomar sutil ventaja de la alineación, ideología, filosofía, influencia religiosa o cualquier otro aspecto, personal o individual de un presidente de los Estados Unidos de América, enviando un claro mensaje al exterior de que no se puede fingir ser demócrata y obtener los grandes beneficios que brinda la democracia de otros, sin realmente serlo en la práctica y brindarla a los pueblos que oprimen, y mucho menos tener relaciones con los Estados Unidos de América, disfrutando de todos los beneficios que eso representa, siendo una dictadura cruel de tiempo completo. Ningún dictador debe abusar de la bondad de este gran país y si lo hace que no sea por más de uno o dos periodos presidenciales actuales.

Aparecer en una lista de país patrocinador del terrorismo hoy, del Departamento de Estado de los Estados Unidos de América, tiene un gran peso a nivel internacional, cuando se está en esa lista pero, *¿y cuando no se está?* ¿No es acaso Korea del Norte un reconocido país terrorista? ¿No se está tratando de quitar a Cuba comunista de esa lista? ¿El que Korea del Norte, Cuba castrista y otros países más, no estén en la lista de patrocinadores del terrorismo mundial elimina de facto la asesina ideología terrorista activa de sus cúpulas dirigentes? Todos sabemos que no, entonces, más allá de efectos financieros y diplomáticos, debería existir *una lista más real*, que le diga al mundo cuáles son en realidad los *países peligrosos del planeta* de los que debemos cuidarnos.

Capítulo 16   La extinción de las reservas de petróleo

¿Qué pasará cuando se agoten las reservas de petróleo a nivel mundial? Es cuestión de tiempo pero ya afecta.

El petróleo es un fósil producto de la transformación de materia orgánica viva, según muchos, un importante recurso natural no renovable, que se extingue cuando se consume, principalmente está compuesto de hidrocarburos, hidrógeno y carbono, no es soluble en agua, se cree necesita millones de años para producirse, *sí millones*, en la profundidad de las diversas capas terrestres. Lo anterior indica que tiene que agotarse en un momento dado ya que todo lo que se extrae y no se reproduce o repone se agota, como el dinero de los ahorros; el mundo lo sabe y se está preparando para ese momento; en tres o cuatro décadas más se agotarán todas las reservas hoy conocidas en base al ritmo real de extracción y consumo actual, tomando en cuenta también la proyección estimada de un mayor grado o indice sostenido de desarrollo futuro integral y del exponencial crecimiento poblacional. Estamos en el umbral de un cambio cualitativo muy significativo hacia nuevas fuentes de energía y aunque muchos afirmen lo contrario la lógica y las matemáticas casi nunca mienten, *no renovable es, o significa, no renovable*.

El mundo árabe y musulmán así como la extinta Unión Soviética, ahora Rusia, y muchos otros países favorecidos que han disfrutado de grandes reservas de petróleo y gas natural, que incluso lo han utilizado en oportunidades como parte de un arsenal bélico en conflictos y conversaciones, están a punto, para mi ya no la poseen, de perder esa arma estratégica. Los Estados Unidos son hoy por hoy el primer país productor de petróleo y gas natural de todo el mundo, el catalizador del mercado mundial y en un próximo futuro, también se convertirá en un gran exportador de crudo.

Dentro de tres o cuatro décadas, casi todas las actuales reservas de petróleo que se conocen hoy estarán agotadas, la tendencia desde ya del precio del petróleo es a la baja porque los Estados Unidos de América, como el principal consumidor de petróleo y primera gran potencia industrial productora de bienes en todo el planeta, es en estos precisos momentos, autosuficiente en ese básico producto energético y en tres o cuatro años más se convertirá en un importante exportador de crudo y de gas natural, principalmente a los países de la Comunidad Económica Europea que dependen hoy, con una menor presión, del gas natural procedente de Rusia. El petróleo, desde su descubrimiento y progresivo uso energético siempre ha cambiado al mundo, las alianzas, los conflictos bélicos, etc., para mi la innovadora extracción no convencional de petróleo y de gas natural mediante esquistos bituminosos o shale oil y shale gas es el inicio de *la Tercera Guerra Petromundial*, sin bombas, solo las de los garajes, que ahora hacen sonreír con precios más bajos.

Si las reservas de petróleo son limitadas y están a punto de agotarse, si el petróleo es en sí un recurso no renovable en franca extinción, su precio actual debería subir casi a diario hasta que se extraiga la última gota, pero no es así, ¿por qué? porque se sabe desde hace suficiente tiempo que dentro de unas décadas ya no habrá petróleo y los países, han estado cambiando e invirtiendo en otras formas de energías renovables como la solar, eólica, etc., y por otra parte está la recién autosuficiencia energética del primer país consumidor de petróleo del mundo, los Estados Unidos de América, con una innovadora técnica de extracción por fracturación hidráulica lo cual, unido a su real capacidad de exportación a corto plazo, pesan más en la tendencia a la baja del precio del petróleo hoy, a pesar de los diferentes conflictos bélicos en varias áreas sensibles o relacionadas con la producción del crudo que antes siempre lo hacían subir desmesuradamente. En resumen, la demanda baja y la oferta sube, los precios seguirán cayendo en picada. Cuando la paz reine en las convulsas regiones que están enfrascadas en bélicos conflictos, caerá aún más, cuando se revierta el veto presidencial del oleoducto Keystone XL, si así llegara a suceder, o se aprobara, posteriormente, con el próximo presidente electo de los Estados Unidos, volverá a caer, si se descubren más yacimientos en países no petroleros actuales, seguirá cayendo, cuando se desintegre la OPEP por conflictos internos, seguirá en picada, quizás en 4 años más con Estados Unidos exportando cantidades importantes por espacios cedidos por la OPEP, también influirá a la baja, cuando China ajuste sus cifras infladas en el pasado a la realidad de su crecimiento futuro, también. ¿Cuáles son las causas que lo pueden hacer subir, aparte de la cada día menor especulación de bolsa o mercado? Muy reducidas.

Los Estados Unidos suministrarán en breve, de forma continua y estable a sus aliados, todo el petróleo y el gas natural que necesiten, especialmente a los países de la Comunidad Económica Europea, para liberarlos así del chantaje ruso sobre el suministro de gas natural pero, es importante que sigan ampliando sus reservas y continúen invirtiendo en energía renovable limpia para afrontar las necesidades energéticas crecientes del futuro. Cuando el petróleo sea un recuerdo histórico en la evolución de la humanidad, como los dinosaurios, casi pudiera asegurarse que los Estados Unidos de América contarán incluso con reservas importantes, ya que han asumido estrategias muy acertadas e inteligentes, pienso que sus actuales fuentes no convencionales se mantendrán disponibles pero, quizás el costo económico de producción no justifique o estimule el proceso de extracción, así como tampoco las normas de conservación del medio ambiente. Un precio entre $30 y $60 dólares por barril, en el mercado internacional de crudo, está llamando a la puerta. Arabia Saudí lo sabe y está a favor de un ajuste de precios a la baja ya que: posee grandes reservas de petróleo y piensan que permitir que el precio baje va a quitarle estímulo a las practicas no convencionales de extracción, eso parece bastante razonable además, tiene reservas monetarias, dólares, y desea convertirse en el principal suministrador de petróleo de la hoy expansiva economía emergente china. ¿Es visión económica? Sí, pero la inflada economía china está perdiendo impulso, por otra parte Japón está atravesando una recesión económica y la Zona Europea también presenta grandes dificultades que impulsarán más los precios del crudo a la baja.

En la actualidad el Fracking ha sido más que un regalo divino, una poderosa arma, le ha permitido a los Estados Unidos de América su emancipación energética y la ya muy cercana de todos sus más fieles aliados especialmente de la Comunidad Económica Europea bajo chantaje energético ruso. Se acabaron los tiempos de utilizar el petróleo como factor político contra Estados Unidos y el mundo libre, se acabó el socialismo del siglo XXI porque ya nadie apuesta por ese engendro absurdo populista económico aberrado que presupone, en la deprimida región latinoamericana, esa nefasta ideología que ha esquilmado tanto los recursos y el bienestar del otrora próspero pueblo venezolano, al cual ha sumido en la necesidad y la miseria más irracional y absoluta el actual semilíder, inmaduro e incapaz presidente en ejercicio, que no sabe ni tiene la menor idea de lo que significa el propio socialismo que pregona como ejemplo, y un anterior golpista disfrazado de demócrata, que tuvo la habilidad de manipular hábilmente la ingenuidad política del pueblo venezolano, iniciando la debacle económica y social de tan extraordinaria nación que ya dura más de tres lustros. Eso está por terminar, el pueblo venezolano quiere recuperar su país y su rumbo democrático.

Venezuela es el país con las mayores reservas de petróleo conocidas en el mundo y uno de los principales productores de gas natural, especialmente con grandes yacimientos en la Cuenca o Faja del río Orinoco pero, más del 75% de esa enorme reserva son del crudo tipo pesado y extrapesado de muy alta densidad que no fluye fácilmente con una gravedad entre menor de 10 y 17 API, que resulta baja y por lo tanto muy difícil de refinar en su estado natural de extracción, lo cual tampoco resulta muy fácil por encontrarse mucho más profundo que, por ejemplo, el de los yacimientos de Canadá. En la parte occidental del país existen otros yacimientos mucho más pequeños de crudo ligero o dulce, de una calidad muy superior que es el que posee el grado adecuado de comercialización, el cual es o era extraído y mezclado con el crudo pesado y extra pesado para aumentar los inventarios tan necesarios de exportación. Una gravedad por debajo de 10 grados American Petroleum Institute, o API, define o clasifica un tipo de petróleo como extra pesado, mientras que el pesado tiene una clasificación de entre 10 y 22,3 grados API, el mediano entre 22,3 y 31,1 API; se considera el de mejor calidad, el crudo liviano o ligero, al petroleo con gravedades por encima de 31,1 API.

En su mentalidad socialista de expansión, y por más de dieciséis años, los incapaces dirigentes venezolanos han regalado su único producto exportable en la actualidad a sus vecinos izquierdistas, tan incapaces como ellos, para tratar de mantenerlos en la cuerda floja, ademas de no realizar las inversiones requeridas, tan imprescindibles y necesarias de infraestructuras, reparaciones, mantenimientos, así como de continuar con las innovaciones y las nuevas investigaciones científicas y técnicas que les permitiera cumplimentar las adecuaciones necesarias al desarrollo moderno industrial en perforaciones, ampliaciones, etc., en toda el sector petrolero del país pero, especialmente en sus limitados yacimientos occidentales de crudo ligero y se han dejado asesorar nada menos que por los marxistas más anacrónicos y mucho más ineptos de toda América, sin experiencia ni petrolera ni administrativa, que el pueblo venezolano ha bautizado bien como los oportunistas hermanos Castro, desgobernantes de la Cuba antillana, responsables de la erradicación absurda de la primerísima y más importante industria del país, con fama mundial, la industria azucarera cubana, condenada a desaparecer por el CAME. Estos comunistas cubanos con más de 56 años de férrea y absoluta dominación dictatorial represiva en grado extremo, han hundido a toda la anterior próspera y pujante economía cubana en un total fracaso y al país en la más lamentable miseria, al punto que en la actualidad, Cuba disputa el triste primer lugar del país más atrasado de todo el continente americano y además lleva una considerable ventaja hacia la meta, en esa loca carrera, fosa ciega abajo, está en un profundo remolino y tratando de alcanzar el salvavidas que le lanzó el presidente Obama, mientras el pueblo padece y languidece. El Congreso de los Estados Unidos es otra cosa, el embargo es otra cosa; la desesperación era tal, ante la ruina evidente venezolana que ellos ayudaron a crear, que se han arrodillado ante el odiado imperio yanqui, aunque digan para consumo otra estúpida cosa, incluso a espaldas del sorprendido y burlado Maduro.

El actual gobierno de Venezuela regala a sus aliados y guías ideológicos de la Cuba castrista miles de barriles de petróleo ligero *escaso*, todos los días, para mantenerlos a flote, muchos de los cuales son revendidos después por los hermanos Castro para engrosar sus ya fabulosas fortunas particulares en Suiza y otros bancos occidentales, paraísos de moneda dura, *bank sweet bank,* mientras aumentan sus inversiones personales, así como la del resto de su familia por todo el mundo; espero que una vez restablecida la democracia en Cuba, esos y muchos otros recursos puedan ser recuperados por el país y todas los corruptos mafiosos oportunistas sean llevados, con todas las garantías que a nadie nunca ofrecieron, ante los tribunales competentes para que paguen por sus desmanes. Mientras todo eso sucede el actual inepto gobierno venezolano, importa crudo ligero de Argelia y de Rusia para mezclarlo con el nacional pesado y cumplir con los estándares y las exigencias de exportación establecidas por el mercado internacional de petróleo.

Existe además una medida muy populista imposible de mantener que se ha convertido en un arma de doble filo en estos momentos coyunturales. El gobierno antieconómico de Venezuela prácticamente regala, a torpes manos llenas, el combustible necesario para el consumo nacional con un precio por galón de unos cuantos centavos de dólar, lo que resulta en algo increíble pero, económicamente hablando en un suicidio anunciado a corto plazo, ¿por qué? Porque esta medida populista es insostenible y crea efectos secundarios fatales como el cada vez más creciente contrabando de combustible hacia Colombia y Brasil donde un galón de gasolina cuesta más de $3 dólares. Esa medida, en extremo antieconómica desangra el único rublo exportable actual del país, mientras incrementa el cada vez mayor y más activo mercado negro, el gobierno lo sabe, pero teme provocar una explosión social generalizada con el aumento de los precios de la gasolina, que sirva además de catalizador a la ya inevitable caída del régimen, por eso optan por continuar con la agenda de comprar los afectos militares subiendo los salarios a lo uniformados, aumentando el salario mínimo y regalando el combustible a la población para mantener la cohesión de sus filas, disparando aún más la inflación, lo cual no basta pues la gasolina no se come y las tiendas todas están desabastecidas lo que aumenta el descontento popular, no pueden resolver el problema económico apremiante sin poner en juego su supervivencia política. *No way out.*

La industria petrolera venezolana está en ruinas y ha perdido una gran parte de su capacidad de producción, el precio del crudo está a la baja en el mercado mundial y lo lógico es que fluctúe en el futuro entre los $60 y los $30 dolares por barril ya que en sí, $60 es el costo unitario de producción actual de un barril de petróleo no convencional obtenido a partir de esquistos bituminosos o shale oil por la pujante industria petrolera norteamericana, pienso yo, que seguirá después a la baja y así llegará a los $30 dólares por barril y posteriormente al subsidio obligado, a la extracción por necesidades nacionales en ciertos y determinados países productores. Cuando el costo de extracción sea superior al precio de venta en el mercado internacional, resultará por simple lógica económica, mejor comprarlo, si todavía algún país lo vende, que extraerlo. Esta es la actual estrategia de la OPEP, que no reduce por eso la producción, encabezada por Arabia Saudí, que tiene el suficiente efectivo de reserva en caja del que carece Venezuela, apuesta porque un crudo a la baja sacará del mercado a las empresas norteamericanas de extracción no convencional, tiene mucha lógica pero, esta estrategia tiene otros riesgos que explicaré posteriormente. Pienso que también por estrategia y costos de extracción, es posible que los tres primeros lugares en la lista de paises productores de petróleo y gas natural, se alternen en la cima de dicha lista en las próximas tres o cuatro décadas futuras.

Los días del suministro gratuito a Cuba y de la misma organización de amarre por conveniencia energética, la llamada Petrocaribe, tienen los días contados, así como el de los chavistas en el gobierno de la gran Venezuela. La petrodiplomacia ya es insoportable y con la falta de apoyo por parte de la OPEP para reducir la oferta de crudo y tratar de aumentar los precios, unido a la escasez de liquidez monetaria, el régimen venezolano se ha visto en la urgente necesidad de vender los pocos activos restantes o facturas petroleras que aún le quedaban y así hemos visto como el gobierno venezolano ha vendido al banco norteamericano de inversiones Goldman Sachs al 41% de su ya bajo valor, obligaciones por más de $4000 millones de dólares que la República Dominicana le adeudaba por suministro de crudo a través de Petrocaribe lo cual implica una pérdida del 51% del valor total de dichos activos pendientes de cobro. Se prevé una venta similar con los activos por cobrar que adeuda Jamaica lo cual da pie para la siguiente pregunta: ¿es el fin de Petrocaribe? Pues sí, pero además de la venta de esos activos el gobierno venezolano tuvo la necesidad de empeñar o hipotecar aún más a la compañía filial Citgo para evitar caer en impago de su deuda o el denominado default.

La era del petróleo convencional termina en tres o cuatro décadas más, las reservas no renovables de crudo se están agotando, los amarres políticos por simple conveniencia, el financiamiento oportunista al terrorismo internacional y el chantaje del favor petrolero como arma efectiva aliada de manipulación política e ideológica regional se extinguen. Es el fin de la doble agenda, el gran cambio energético a favor de la democracia y el mundo libre, lo está logrando el shale oil, la empresa privada, el petróleo que hoy se transforma y además de ponerle nombre a toda una era, le entrega en su despedida al mundo, justicia, armonía y paz.

¿Quién no recuerda la crisis del petróleo del año 1973 creada artificialmente como un tipo de arma estratégica contra los Estados Unidos y los países aliados de Europa Occidental como represalia de la organización de países exportadores de petróleo, OPEP por sus siglas, al grupo de naciones que habían apoyado al Estado Judío de Israel en su defensa, despues de la artera agresión de su territorio por parte de Egipto y Siria, en la sagrada fecha hebrea de Yom Kipur, mientras el pueblo judío se encontraba ayunando y conmemorando en las sinagogas?

Ese conflicto denominado la Guerra de Yom Kipur fue, como todas, una aplastante derrota para los invasores árabes y una gran victoria para Israel. El embargo petrolero causó un gran aumento de los precios del crudo, de la tasa de inflación y grandes problemas a los países industrializados y en general, a toda la economía mundial pero, el tan ilustre presidente norteamericano Richard M. Nixon y los países embargados se dieron cuenta que la soberanía no podía depender de un ajeno commodity, o de una materia prima por energética que ésta fuera y se comenzaron a estructurar nuevas y efectivas medidas permanentes para frenar la dependencia del petróleo exterior. Ese embargo fue un gran error de los países exportadores, que sembró la duda, trajo y cosechó estas consecuencias. *Hoy la OPEP recoge frutos.*

Desde mi punto de vista la OPEP, como organización, tiene también los días de existencia contados y su cuenta regresiva comenzó con esa osada y agresiva acción de convertir el petróleo en un arma de chantaje, su principal objetivo fue los Estados Unidos de América y hoy la primera potencia del mundo le recuerda que no solo sabe manejar muy bien sus reservas sino que entendió el mensaje y tomó las medidas efectivas para que nunca más se repitiera. Los Estados Unidos de América es hoy por hoy el primer país productor de petróleo y gas natural del mundo y en breve será gran exportador, mucho más diverso incluso de democracia y de libertad, a la vez que, barril a barril, es el sepulturero de la arrogante OPEP que intentó humillarlo y chantajearlo, de la incosteable ideológica Petrocaribe, del sueño nostálgico expansionista ruso y de todas las mayores fuentes de financiamiento del terrorismo global. Cada dólar que baja o pierde el barril de petróleo hoy en el mercado internacional, representa millones en esperanzas para todo el mundo libre y una garantía para la paz y el futuro, no porque el petróleo sea malo, nada mas lejos de lo bendecido que hemos sido al contar con él, incluso pienso que nuestra era es y será sin dudas, *La Era del Petróleo*, lo que pasa es, que de forma ambiciosa, lo quisieron convertir en un arma de dominio contra los desposeídos de dicho recurso, lo mismo que sucede con la llamada Tierra Rara, un grupo de metales escasos que incluye los 15 Lantánidos, el Escandio y el Itrio que China hoy controla y que son muy necesarios para el avance tecnológico, lo cual explicaré con creces en otro proyecto literario futuro. Todo problema tiene solución ante la voluntad que el bien promueve.

Existe una consecuencia económica que establece una relación directa y proporcional entre el aumento de los precios de los productos y la disminución de los hábitos de consumo, son simplemente alternativas de defensa obligada ante la disminución de la oferta que dispara los precios. Los errados economistas de la OPEP le hicieron sin querer un gran favor a los Estados Unidos y al mundo libre occidental con el bloqueo energético del año 1973, el gran estadista y presidente norteamericano, el para mi, muy ilustre y gran visionario Richard M. Nixon pronosticó que una vez que se superara la crisis artificial creada, se tomarían las medidas para que nunca más los Estados Unidos y el mundo libre fueran víctimas de otro chantaje energético y el presidente Nixon cumplió y así se inició el profético fin de la OPEP. A partir de ese momento se intensificó la producción de ethanol, especialmente en los Estados Unidos y en Brasil, se multiplicaron las plataformas de extracción en el golfo de México y en otras áreas productivas, se intensificaron las técnicas más efectivas de extracción diversas y comienzan nuevos y más avanzados estudios sobre la energía renovable y métodos alternativos, se extraen más eficientemente los combustibles propios del carbón mineral, se reducen cada vez más los altos consumos en autos, plantas industriales, bombillas y aparatos eléctricos, etc., en resumen: *nace la moderna, la actual cultura del ahorro y de la eficiencia energética*, gracias al burdo chantaje político y miope de los paises de la OPEP, que hoy reciben el premio por su osadía. No hay lamento receptivo cuando la soga de la que cuelgas la fabricaron tus propias manos.

El señor presidente Richard Nixon, en jugada valiente, acertada y profesional liberó las reservas estratégicas del país y neutralizó la crisis, pero además, no solo impidió que un grupo de altaneros facinerosos pusieran a los Estados Unidos de América de rodillas, el presidente Richard Nixon apoyó al Estado Judío de Israel sin vacilar, como debe ser, hasta las últimas consecuencias, sin limites, salvando así el orgullo indoblegable de todo el mundo libre, del pueblo judío y la democracia occidental, ¡Thank you Mr. President!

Las discrepancias entre los países de la OPEP que desean disminuir por estrategia la producción de petróleo actual para mantener altos precios, como Venezuela, y los que se inclinan por mantener *as is* los niveles actuales de oferta, encabezados por Arabia Saudita, se harán irreconciliables y terminará con minar las bases de dicha organización. Arabia Saudí parece tener una visión más clara pues, cada día los espacios que abandone la OPEP en el mercado mundial de petróleo les serán más difíciles de recuperar en el futuro ya que el mercado está abarrotado de crudo y organizaciones terroristas suníes como Isis, que incluso han recibido mucho dinero de los preocupados sauditas, hoy venden el petróleo de los yacimientos ocupados en Irak y Siria en el mercado negro por debajo del precio establecido de bolsa, ayudando aún más a la tendencia bajista de dicho producto, unido a todo lo anterior está la desaceleración de la economía china. Una pregunta se impone como tiro de gracia: ¿qué significa una OPEP sin la integración a dicha organización de países como Estados Unidos, Rusia y Canadá? Es muy simple la respuesta: casi nada o nada en absoluto.

Hay un punto que debe ser también observado y es que en el seno de la OPEP existe también un criterio no tan descabellado, un tipo de estrategia encabezado por Arabia Saudí que establece la no reducción de la oferta de crudo a fin de que el precio baje hasta los niveles que afecte la rentabilidad de la producción de petróleo no convencional norteamericana y así sacarlos del mercado petrolero, esto tiene lógica por eso los empresarios en los Estados Unidos, los profesionales asesores, colaboradores y seguidores de George Mitchell, Harold Hamm, Aubrey Mc Clendon, Tom Ward, Mark Papa, Charif Souki y muchos otros videntes de la innovación en la actual industria petrolera norteamericana deben, y seguro estoy que lo están haciendo, invertir en nuevos estudios científicos y técnicas que bajen por debajo de $30 dólares el costo de extracción o producción del barril de petróleo por fracturación hidráulica, el innovador shale oil o de esquistos bituminosos, que permitan a la gran nación norteamericana mantener la supremacía energética y el constante suministro a todos sus aliados. Un corte de la oferta por parte de la OPEP en su última reunión del mes de noviembre del 2014 hubiera beneficiado a estos empresarios innovadores al permitirle una operación empresarial más sosegada con precios para el crudo algo superiores en el mercado internacional pero, creo en la gran pujanza y la capacidad tecnológica de los Estados Unidos de América, que terminará imponiéndose y al final todos esos ilustres empresarios recuperarán lo invertido y conquistaran grandes espacios en la competencia actual por el mercado petrolero internacional y en la admiración del pueblo norteamericano.

Es una realidad que la baja considerable del precio del petróleo, por una parte beneficia mucho la fase recuperativa de la economía norteamericana y por la otra también a corto plazo y repito, *solo a corto plazo la perjudica*, ¿por qué?, la respuesta es que también la vasta economía norteamericana cuenta con grandes empresas petroleras que se están viendo muy afectadas, como el resto de todas las del planeta, por la baja sostenida actual del precio del crudo en los mercados internacionales pero, el caso específico de las compañías norteamericanas es diferente ya que: *sólo en los Estados Unidos coinciden dos grandes puntos* o situaciones en todo el planeta: *es el primer país productor de petróleo* hoy y seguirá entre los tres primeros en un futuro mientras existan las reservas de petróleo y a medida que las mismas se vayan extinguiendo se consolidará más su primacía en el mercado por diferentes factores inherentes a su economía, tecnología y capacidad financiera que también se está beneficiando con la baja del precio del crudo y por otra parte *es el primer país consumidor de petróleo*, como consecuencia directa de ser *el primer país productor de bienes y consumidor* de los mismos, lo cual significa lo que ningún otro país posee: las empresas de petróleo norteamericanas cuentan con la mejor posibilidad de venta de su producto a nivel mundial en el mercado más ventajoso que existe. ¿Cuánto del petróleo que produce Arabia Saudí, el país en sí consume o insume en su propia economía? o ¿Cuánto del petróleo que produce la OPEP, se le vende a sus empresas, consumen o insumen los propios países que la integran? Esa es la ventaja de las empresas norteamericanas y de Estados Unidos que podrá pagar sus deudas ayudado por los márgenes que le brinda a la economía la nueva coyuntura de los bajos precios del petróleo, aislando más a la OPEP, también le ayuda tener en la Zona Euro otro gran mercado. Por eso en la introducción les dije, que este libro era muy optimista y esperanzador.

Desde el punto de vista económico estricto, no estoy muy de acuerdo, casi nunca, sólo en ciertas oportunidades, con los subsidios gubernamentales pero hoy, creo y estoy convencido que si la actual empresa de extracción petrolera norteamericana necesita ayuda en estos cruciales momentos, se le debe proporcionar toda, y no solo para mantenerla funcionando sino también creciendo. Si es necesario dar un subsidio del gobierno para el barril de petróleo shale oil no convencional, se debe subsidiar, ya que a diferencia de los apologistas marxistas, la Tercera Guerra Petromundial es un hecho, se está desarrollando en estos precisos momentos, no con las armas nucleares necesarias para la contención y el razonamiento más radical, no, esta *cool* innovadora Tercera Guerra Petromundial, está siendo dirigida y llevada a cabo por la libre empresa de esquistos bituminosos o shale oil, por la técnica de extracción Fracking, o de la fracturación hidráulica que le posibilitan a la humanidad y la civilización tener gas natural y petróleo a precios más razonables. Hoy los generales son los videntes empresarios norteamericanos que mantienen a los Estados Unidos creciendo como ningún otro país, hoy el pueblo norteamericano no tiene que sufrir la muerte de sus mejores hijos en el frente de combate porque ese frente es en las oficinas y campos de petróleo sin sangre pero con mucho sudor e inteligencia empresarial por delante, hoy no hay movimientos de divisiones de tropas, hoy el ejercito civil está detrás de computadoras trabajando y soñando con un *mundo mucho mejor*. Los Estados Unidos de América deben respaldar con todos los recursos a esa innovadora empresa de extracción y producción de petróleo no convencional y a la vez esas empresas deben ver más allá e ir diversificando las ganancias obtenidas en fuentes de producción de energía renovable y en otros sectores afines para cuando los yacimientos o reservas conocidas de gas natural y petróleo, no renovable, se terminen o se extingan. Hay que tratar de aprobar, proyectar construir y pensar en otros nuevos proyectos similares al gran oleoducto Keyston

XL entre Canadá y los Estados Unidos, hay que ampliar esos proyectos, hay que pensar en adecuar los puertos y tanqueros, en los beneficios que pudiera representar para ambos paises la inclusión también del vecino México con las interconexiones nacionales. Derrotar al cruel terrorismo y ganar la Tercera Guerra Económica Petromundial son las dos lógicas, posibles y reales estrategias de la nación líder del mundo libre: los Estados Unidos de América.

Hoy muchos países como Arabia Saudí, Irán, Qatar, los Emiratos Árabes Unidos, Kuwait, Venezuela, Rusia, etc., que están pagando en el mercado mundial de crudo sus erráticas políticas de financiar a radicales organizaciones y movimientos terroristas, los que con sus altas y desmedidas ambiciones han perjudicado a sus propios patrocinadores, afectando sus principales fuentes de ingresos. El boomerang regresó con factura por pagar de responsabilidad adjunta.

Los países pertenecientes, *o no*, a la OPEP que más se afectarán en está coyuntura petrolera de precios a la baja serán Venezuela, Rusia, Nigeria e Irán, por ser economías muy dependientes de la renta petrolera o de los ingresos provenientes de la venta de crudo, llegando a un 98% de dependencia total en el caso de Venezuela, que con el pasar del tiempo se ha convertido en monoproductor y exportador también de un solo producto, el petróleo, e importador de casi todo lo demás básico que necesita; la dependencia de Nigeria es más del 80%, la rusa es de alrededor del 50% del total de todos sus ingresos hoy, la cifra de la dependencia petrolera total, en la República Islámica de Irán, es también muy alta o considerable. Mientras mayor sea la dependencia económica del petróleo para cualquier país mayor será la afectación que le produzca a su economía la baja del precio en el mercado mundial. Un levantamiento internacional de las sanciones al Irán terrorista también haría caer más el precio del petróleo por aumento de la oferta en el mercado.

Ante toda esas antieconómicas y malas decisiones el gobierno de Venezuela hace rato se encuentra en un gran atolladero y al borde de una inevitable explosión social, el descontento llega hasta las mismas esferas del atribulado régimen y el presidente Nicolás Maduro tuvo que salir a pedir limosnas por el mundo y se asegura que regresó con las manos vacías pues sus amigos del exterior están tan preocupados y flacos de moneda dura líquida como su propio gobierno, por otra parte el valor del dólar sigue subiendo y ya ni siquiera tiene el consuelo del coro que lo auxiliaba para gritar *yanquis imperialistas* porque su mentor Cuba comunista ha ido dejando atrás ese agrio lenguaje y ahora mismo se refiere a los Estados Unidos de América como: *los compañeros vecinos y amigos norteamericanos*, incluso se rectifica cuando alguien trata de recordar el pasado y aclaran: *nunca nos referimos a los Estados Unidos como el enemigo del norte, en realidad hablábamos de Canadá, cuando no nos enviaba suficientes turistas.* Lo anterior, lógicamente, *es una nota de humor*, Por otra parte Maduro pierde aduladores pues se le dificulta el poder seguir con sus obsequios y esas manipuladoras dádivas ya que sus prioridades ahora, son poder garantizar y cumplir con todos sus diversos compromisos y pagos contractuales internacionales, que son más apremiantes e inaplazables, especialmente con China con la cual tiene una gran deuda de más de $50,000 millones de dólares *pitiyanquis* que ya los chavistas gastaron y deben pagar y con otros países del mundo, que generalmente no son en moneda dura sino por intercambio. Ese es un de los riesgos de aceptar el crédito chino; generalmente China cobra en dólares lo que presta. El único dinero líquido seguro y rápido, con el cual estos señores han contado siempre desde que tomaron el poder, es el proveniente de su archienemigo los Estados Unidos de América, al cual llaman de forma despectiva *el imperio yanqui* pero, que siempre paga de forma rápida y segura todas y cada una de sus obligaciones comerciales. No está lejos el día que los Estados Unidos de América dejen de una vez de pagar por aproximadamente un 9% del petróleo que consumen del gobierno izquierdista de Venezuela, que ya no necesitan, por lo que los chavistas no podrían contar con esos recursos tan imprescindibles en los apreciados dólares norteamericanos marcando el colapso total, el final de ese experimento marxista y de todos los gobiernos izquierdistas de la región que dependen de ese fabuloso regalo o subsidio de amarre venezolano, así como también de la ameba menor del vetusto y desafinado dúo de los hermanos Castro, ágil en la maldad y la intriga, que se dio cuenta, o le contaron, y bajó enseguida sus banderas multicolores de provocación y guerra y extendió por encima de las barbas de su hermano, la mano sin guante, más que por fraternal saludo, para que lo halaran del remolino bolivariano más desbastador que el ciclón Flora y la zafra de los 10 millones. Y de que van van.

Bolivia, Ecuador y Nicaragua saben lo que viene y están más aplicados, por su parte Brasil, desde Luis Ignacio Lula da Silva, nunca mordió esa trampa. Preveer es mejor que lamentar y todos en la región saben que el problema ahora no es de: ¿por qué no te callas? Ahora la cosa es: ¿por qué no te largas? Claro que se largará o lo largarán, este mismo año con su socialismo que nadie desea en sus maletas, muy pronto y sin visa para residir en el Doral ¡Qué bueno! La oposición no debe abandonar las calles, esa presión día a día de todo el pueblo unido mayoritario en protesta férrea en las principales arterias, calles y barrios será la diferencia, pero OJO mucho OJO deben tener, cuidado con un amañado golpe de estado fabricado en Cuba comunista que deponga a Maduro y cambie solo el collar del perro, o sea, *"el mismo perro con diferente collar"* Cuba comunista tiene muchos intereses en Venezuela y hará todo lo posible para seguirla esquilmando, OJO, esa es la salida más factible que pienso debe estar considerando la cúpula cubana hoy, que en una especulación muy personal, pienso que fue la que quitó del medio a Hugo Chávez, por ser Maduro un fruto más fiel y canino del castrismo, mucho más torpe y manejable.

Es totalmente real y no por ironía del destino que hoy la estabilidad de todos esos gobiernos que odian a los Estados Unidos de América está al alcance del señor presidente de la primera potencia mundial, tan solo con una sencilla orden a su departamento de comercio de que trasmita al gobierno de Venezuela que a partir de determinada fecha futura los Estados Unidos dejarán de importar o comprar el crudo venezolano; todos los marxistas populistas XXI lo saben. De todas formas, si no sucede de esa manera, una explosión social en Venezuela está en constante progreso acelerado y eso también lo saben los apegados al poder en Sudamérica, por eso, ya la retórica antimperialista ha perdido tanto color, ya Correa no es el mismo antimperialista plus, Evo Morales menos, incluso creo de todo el grupo, es el que mejor la está masticando y Ortega entre frases mira, suspira y se aguanta.

Los regímenes comunistas, antieconómicos en esencia y sus derivaciones ideológicas, caen por su propio peso y quizás los Estados Unidos no haya dado ese paso, que en nada les afectará porque ya no lo necesitan, ni nunca lo ha necesitado aunque los dirigentes venezolanos a gritos hayan amenazado una y otra vez en el pasado con interrumpir dicho suministro, como si fuera un gran favor a la nación norteamericana, quizás, Estados Unidos no desea agudizar más el sufrimiento del noble y heroico pueblo venezolano y de desestabilizar toda la región. Los *yanquis* son generosos y el pueblo venezolano no es Chávez ni Maduro.

Las combativas organizaciones opositoras que tratan de restablecer la democracia en Venezuela, pudieran a la vez optar, como estrategia económica, de una forma constante manifestarse al respecto, si desean que los Estados Unidos como ayuda extra, deje de comprar el petróleo venezolano y provocar la estrepitosa caída del régimen, si piensan que a diferencia de lo que pudiera estimar la Casa Blanca, será mejor para el pueblo sufrido de Venezuela que ese absurdo e inepto gobierno izquierdista deje de contar con esos tan importantes recursos, que le dan todo el oxígeno y que a falta de esos dólares, lo llevarían irremediablemente a la total desintegración. Existen en Washington, D.C. muchos oídos receptivos al clamor y a favor de la heroica oposición venezolana, muchos senadores y congresistas como Marco Rubio, Bob Menéndez, Ted Cruz, Ileana Ros Lehtinen, Mario Díaz Balart, Albio Sires, Carlos Curbelo, entre los de ascendencia hispana y una gran cantidad de otros senadores y representantes norteamericanos que apoyan a la oposición decididamente, para el cambio democrático en Venezuela.

El niño que no llora no mama, dice el refrán, de una forma u otra los días últimos están contados para el régimen inmaduro de Maduro, para los Castros en Cuba comunista, a pesar del oportuno salvavidas provisional, *made in usa,* y para cada uno de esas turbias alianzas marxistas pero, el pueblo de Venezuela puede influir en acelerar el final, si así lo desea, que está *a un plumazo* o decisión del presidente de la nación más poderosa y generosa del planeta, del gran país que los enemigos de la libertad y la democracia, en coro de déspotas roncos llaman: *el imperio yanqui.* Es otra opción.

El futuro a corto plazo le pertenece al pueblo libre de Venezuela y a sus genuinas, dispuestas e inquebrantables instituciones democráticas, que pronto se volverán a sentir orgullosos de su principal recurso natural y tendrán tiempo todavía para diversificar su economía con vistas a un futuro muy cercano donde el recurso exportable verá notablemente disminuido su uso y precio de venta hasta llegar a hacerse incosteable para su comercial extracción. Es en este aspecto coyuntural en el cual precisamente reside la tan inaplazable premura en redirigir a un curso lógico, ágil y democrático la absurda economía actual, que ostenta el negativo galardón de poseer hoy la más alta inflación mundial. El tiempo no espera, cada día que se dilate la recuperación post chavista será más difícil, más lenta y costará más, esa es la realidad.

16.1 *El chavismo en Venezuela es un peligro real*

El gobierno chavista con más de 16 años en el poder, es también un activo auspiciador del terrorismo internacional, colaborador de Irán, de Hezbolá, de Hamás, de ETA, de las FARC y además, un narcoestado y traficante de armas. El gobierno de los Estados Unidos posee numerosas evidencias de muchos delitos graves cometidos por varios de sus más altos funcionarios, los soles carteleros y dirigentes de rapiña con cuentas suculentas en bancos suizos, antiguos y actuales ladrones, hay pruebas que lo demuestran fehacientemente, muchos de los cuales tienen casos pendientes abiertos con la imparcial justicia norteamericana y algunos han sido incluso pedidos en extradición. El actual presidente Barack Obama, basado en la ley del Congreso que sanciona a funcionarios venezolanos implicados en probados actos de corrupción, violación de los derechos humanos y represión, firmó una orden ejecutiva el día 4 de marzo del año 2015 que congela todos las cuentas de 7 *funcionarios corruptos venezolanos* y le suspende las visas. En el pasado otros también han sido sancionados por diferentes causas como el narcotraficante Diosdado Cabello, presidente de la alineada y manipulada actual Asamblea Nacional de Venezuela, sancionado por una donación estimada de más de 1 millón de dólares en el año 2006 a Osama Bin Laden . El gobierno norteamericano no solo debe dejar de emitir visas a la cúpula chavista, debe recuperar cada dólar que haya sido malversado a la hermana nación, depositado en cualquier banco del mundo por la dirigencia corrupta, para ser devuelto al país cuando recupere la democracia y así puedan ser utilizados en la reconstrucción post chavista; se debe también proteger a los perseguidos por el chavismo, incluyendo el otorgamiento de asilo y residencia legal en los Estados Unidos.

Es una realidad más que evidente que el actual régimen chavista de Venezuela es un gran peligro, no solo para los Estados Unidos, sino para todo el planeta. No, señores chavistas, no es que ustedes vayan a invadir los Estados Unidos con sus armas obsoletas que les vendió Rusia, claro, no por el total de la factura presentada, algo se desvió por el camino, tampoco es cierto lo que le tratan de hacer creer al pueblo venezolano menos documentado, de que los Estados Unidos planea magnicidios o que desean invadir el país para apropiarse de lo que a los norteamericanos hoy le sobra, el petróleo, no señores, los Estados Unidos de América sólo está protegiendo el patrimonio del pueblo venezolano que ustedes tan descaradamente se han estado robando por los últimos 16 años. El actual gobierno chavista de Venezuela es un peligro porque hay, entre otras, dos muy peligrosas e irresponsables prácticas de su parte, que sí están afectando hoy a la Unión Americana, al Estado judío de Israel y a todo el planeta y son las siguientes:

1.- El lavado de dinero producto del tráfico de drogas y el blanqueo de los grandes capitales por comisiones y otros tipos de operaciones fraudulentas y apropiaciones ilegales: unido al gran daño que significa para toda la humanidad el consumo de drogas, está también el lavado de los grandes capitales que este sucio y rentable negocio produce. Casi la mitad de la droga que se consume en el mundo actual, pasa por Venezuela y ese dinero es lavado en paraísos fiscales mediante grandes empresas como Petróleos de Venezuela, PDVSA, por sus siglas, en bancos, con oficiales mafiosos inescrupulosos, que tienen relaciones financieras con otros bancos norteamericanos y del mundo entero, procediendo de esa manera a contaminar casi todo el sistema financiero internacional, lo cual resulta inaceptable. Recientemente el gobierno de los Estados Unidos denunció prácticas ilegales de la Banca Privada de Andorra, BPA por sus siglas, una entidad bancaria privada con presencia en varios países más, incluyendo a España, Suiza, Luxemburgo, Panamá y Uruguay. Andorra es un pequeño principado montañoso en los Pirineos que limita con España y Francia, la denuncia es entre otras cosas por blanqueo ilegal de cuantiosos capitales de organizaciones criminales de Rusia y de China, así como también de *fondos malversados desviados de la petrolera estatal venezolana, sí de PDVSA [PDVSA.UL]*, corrupción extranjera y otras actividades criminales. El Banco Madrid también está siendo investigado por blanqueo de capitales de varios funcionarios chavistas. Como dato anexo deseo resaltar que la organización terrorista Hezbolá que tanto apoyo recibe del gobierno chavista, está considerada la estructura que más dinero lava en todo el Medio Oriente.

2.- Suministro de Uranio a Irán para su programa nuclear: desde los tiempos del fallecido presidente Hugo Chávez, el gobierno de Venezuela ha mantenido excelentes relaciones con Irán, incluso Chávez los recomendó a los Kirchner de Argentina y a Evo Morales en Bolivia, pues como todos sabemos, Brasil y Argentina son los dos países sudamericanos con la mayor experiencia en las técnicas y ciencias nucleares y que en Bolivia existen también ciertas reservas del preciado y estratégico mineral. Brasil es el país de toda Sudamérica con las mayores reservas conocidas de Uranio pero también hay minas de dicho metal en la Sierra de Perijá, frontera de Colombia y Venezuela; otras reservas detectadas, hoy bajo el control chavista, están en: el Macizo Guayanés, en Caño Tigre, en el estado de Amazonas, en los Llanos centrales. En Sinaruco, se cree existe una zona de gran extracción en Roraima, donde se anunció que cualquier avión que sobrevuele ese espacio aéreo sería derribado. Por lo general, las más grandes concentraciones de Uranio se encuentra asociado en la naturaleza a las formaciones de granito pero, existen nuevas tecnologías que permiten hoy su extracción minera de piedras areniscas, formadas por granos de cuarzo y de las rocas fosfáticas ricas en fósforo como las de los yacimientos cerca de san Joaquín de Navay, en el estado de Táchira. Se sabe que existen los convenios firmados sobre minería estratégica que incluye el Uranio entre Venezuela y el Irán islamista, se especula que muchos cargamentos que en el pasado y quizas todavía, aparecen en los manifiestos de embarque de Puerto Ordaz, en el estado de Bolívar, con destino final a Irán, como aluminio, son en realidad material de uranio, muy parecido al material de aluminio, se sabe también que se han construido fábricas como la de cemento Cerro Azul en el estado de Monagas con fácil acceso al río Orinoco y al vecino estado de Bolívar, la fábrica de tractores Venirán tan custodiada, con doble valla de seguridad y estrechamente vigilada por la guardia de seguridad venezolana y en su interior con áreas solo accesibles a personal iraní, se sabe que existen vuelos regulares entre ambos países sin necesidad de visas y entre muchas otras cosas que se saben, está la gran cantidad de terroristas que andan por latinoamericana y el resto del mundo con pasaportes venezolanos. La pregunta más que obligada es: ¿representa o no el gobierno chavista actual un gran peligro para el mundo? La respuesta, sin dudas, es sí.

Las maletas llenas de dinero chavista no solo han llegado a financiar campañas políticas en Argentina y toda América Latina, hoy día también en Europa dinero robado al pueblo venezolano financia al partido político Podemos en España y mientras en estos precisos momentos muchos venezolanos hacen largas colas para obtener leche y un poco de harina indispensable para comer, otros, en sus amplios y lujosos condominios degustan manjares, por todo el mundo, incluso en la propia Florida, desde sus grandes mansiones, por todo el estado, rodeados de exquisito lujo y muy complacidos, observan risueños y satisfechos de sus atracos, el rítmico andar de sus ejemplares de paso fino valorados en millones de dólares. Todo ese dinero pertenece al pueblo venezolano, fue robado inescrupulosamente durante los años que duró la bonanza petrolera y debe ser incautado y regresado al pueblo venezolano, cuando regrese la democracia al país, eso es lo que persigue la justa orden ejecutiva del presidente Barack Obama, la que se trata de distorsionar. Aplaudo la decisión del primer mandatario norteamericano aunque quisiera añadir algo: el corrupto gobierno chavista actúa asesorado por el gobierno cubano, por eso no le encuentro lógica a la política de apertura hacia Cuba comunista.

Los errores se pagan, las malas decisiones siempre traen consecuencias, la economía venezolana hoy, no solo está estancada, sino, que está involucionando desde hace tiempo, el pasado 2014 con una inflación del 68,5%, la más alta a nivel mundial, lo cual más temprano que tarde termina en incontrolable explosión social. Los gobiernos no caen por hambre de barriga, no lo tumban las colas que sí aumentan la frustración, la historia lo demuestra, los gobiernos caen por hambre de libertad, y el pueblo venezolano goza de muy buen apetito al respecto, es un bochorno el encarcelamiento de Lepoldo López, la persecución y hostigamiento a María Corina Machado, el secuestro ilegal de Antonio Ledezma, de Daniel Ceballos, de tantos valerosos estudiantes y civiles presos; el mundo libre debe apoyar sin reservas la noble causa de estos luchadores por la libertad y la democracia. Para esas dictaduras, la radicalización del estado, apoyada en medidas extremas, es el único medio posible para tratar de contener el estallido y las ansias de libertad del pueblo oprimido, mediante la intensificación de la represión y la violación de todos los derechos más elementales pero eso, como sucede en estos momentos en Venezuela, es un claro indicio, de que el régimen se encuentra en su estertor final.

Los pueblos de nuestra América deben educarse más políticamente, deben aprender que el caudillismo mata, las instituciones genuinas, las instituciones fuertes son la tabla salvadora, la garantía de la democracia. Venezuela no es Cuba ni tampoco estamos en 1959, el heroico e incansable pueblo venezolano, su aguerrida juventud, con su insigne vanguardia estudiantil luchan por su futuro, el amor y deseo democrático triunfarán, quizás este mismo año, la situación es sencillamente insoportable para la dictadura electoral.

En marzo del año 2014 compuse una canción, para esa juventud venezolana que día a día desafiaba en las calles, tras barricadas de esperanza, y lo continúan haciendo hoy en todo el país y centros de estudios, a la genocida y cruel represión dictatorial, para esa erguida juventud que piensa, que recoge sus muertos y sigue peleando, con exigencias a gritos en los pechos descubiertos, que auxilia a niños con la cabeza destrozada por las balas asesinas y unida a todo su pueblo reclama libertad, esa juventud a la que le roban el presente y se niega a que le roben el futuro. Para la juventud heroica estudiantil venezolana y para todo el pueblo de ese indoblegable país compuse esta canción, con el alma, y con también dos notas adicionales explicativas que decían:

1.- al principio: *EN HOMENAJE A LOS ESTUDIANTES Y AL PUEBLO DE VENEZUELA COMO HUMILDE TRIBUTO DE UN CUBANO QUE LES AMA Y ADMIRA*

2.- al final: *NOTA DEL AUTOR: CEDO CUALQUIER MONTO DE INGRESOS QUE POR DERECHO DE AUTOR PUEDA PRODUCIR ESTA CANCIÓN, AL MOVIMIENTO OPOSITOR ESTUDIANTIL DE VENEZUELA.*

Ambas notas mantienen su vigencia.

LIBERTAD

ES TU NOMBRE EL QUE ACLAMAN
DESGARRANDO SUS GARGANTAS
NO HAY MENTIRA QUE LOS PARE
SON LA VOZ DE LA ESPERANZA

ESTUDIANTES DE AVANZADA
QUE HAN DEJADO SUS PLANTELES
AL LLAMADO DEL FUTURO
PORQUE NO EXISTE EL PRESENTE

YA NO CREEN EN PROMESAS
DEL POPULISMO QUE INVIERTE
EN DOCTRINAS ATRASADAS
SOBRE LA SANGRE INOCENTE

ARMADOS TODOS ESTÁN
CON EL MISIL MÁS POTENTE
EN SUS MANOS LA VERDAD
Y EL DESTINO JUSTO AL FRENTE

VAN GRITANDO BASTA YA
Y TU NOMBRE . . . LIBERTAD . . .

(INTERLUDIO)

YA NO CREEN EN PROMESAS
DE UNA DOCTRINA INSOLENTE
QUE REPRIME Y AMORDAZA
DONDE SOLO EL HAMBRE CRECE

ARMADOS TODOS ESTÁN
CON EL MISIL MÁS POTENTE
EN SUS MANOS LA VERDAD
NO LE TEMEN A LA MUERTE

NADIE APAGARÁ ESE GRITO
QUE LA PATRIA ENALTECE
LOS MERCENARIOS SE IRÁN
LA JUSTICIA SIEMPRE VENCE

VAN GRITANDO BASTA YA
Y TU NOMBRE . . . LIBERTAD . . . . . .

(CIERRE – FINAL)

Capítulo 17   Rusia pierde protagonismo

Rusia, es el país que posee las mayores reservas de gas natural del mundo, aunque no es el primer país productor del mismo ya que ese importante título, en la actualidad, lo ostenta los Estados Unidos de América.

Un nostálgico Vladimir Putin sueña y añora los tiempos pasados, por eso Rusia mantiene un inmenso ejercito dentro de todo su muy extenso aparato militar, con una categoría digamos clase B algo estancado tecnológicamente, no muy competitivo en los aspectos más innovadores, científicos y técnicos requeridos en la actualidad, pero que le absorbe muchos de los recursos de su maltrecho PIB y no deja de ser peligroso; Rusia tiene una economía de segunda clase, siete veces menor que la economía de los Estados Unidos, y la brecha sigue en aumento. Hay que tener presente que Rusia no es siquiera un país industrializado, en realidad es un país emergente, un productor de materias primas, que necesita la tecnología occidental incluso para desarrollar su capacidad militar; hasta barcos de guerra para Rusia se han fabricado por encargo en Francia; entre los últimos están los contratos más notorios y también muy mediáticos de los dos portahelicópteros que Francia se negó entregarle a Rusia en protesta por su osada intervención y cruenta violación de la soberanía de Ucrania, los bautizados con los nombres de Vladivostok y Sebastopol. Hoy día la endeble economía rusa se contrae, el rublo pierde cada vez más y más valor a pesar de las varias alzas de interés provocadas, los capitales emigran, es el final de Vladimir Putin y un nuevo despertar para Rusia que dejará atrás casi un siglo de pesadillas, pienso también que en muy breve tiempo el señor Putin cederá el poder o será destituido por la fuerza debido a la crisis petrolera y social que atraviesa el país, algo similar a lo que sucederá muy pronto en Venezuela; posiblemente veamos también manifestaciones sociales de muy grandes proporciones en el Irán islamista radical de los ayatollahs, con consecuencias aún impredecibles pero, que serán muy beneficiosas para el medio oriente y el mundo occidental.

El pronostico anterior es lógico, ya que es casi imposible en un mundo globalizado de redes informáticas, ocultar las realidades y neutralizar con éxito de bloqueo las ciudadanas convocatorias a las manifestaciones coordinadas en tono de voz popular, lo cual unido a la también real imposibilidad de mantener una economía funcionando con antecedentes de mala gestión, agravada por una disminución considerable de sus ingresos por la baja notable del precio mercantil de su principal producto exportable, conforman un panorama gris que sencillamente es insoportable.

Los gobiernos antidemocráticos de Putin y de Maduro caerán ambos empujados por la economía, precisamente por no contar ya con la base populista afín y en el caso de Irán, el descalabro total contiene además otros factores externos donde la religión juega un papel pero, fundamentalmente, su ambición de dominio en Siria, Líbano, Irak, Yemen, etc., así como su deseo de convertirse en una potencia nuclear lo hundirán, ya que Arabia Saudí e Israel no lo van a permitir.

Desde hace algunos años es en extremo evidente, por sus actos agresivos, que el gobierno ruso desea reagruparse para tener un papel más protagónico y hegemónico, al estilo stanlinista, en la arena internacional, lo cual resulta costoso. Me atrevo a asegurar que hoy día Rusia necesita más a Europa y a occidente en general, que lo que el mundo libre propiamente occidental necesita a la Rusia de Putin. Hoy día el Kremlin necesita más, que Europa le compre su gas natural, que lo que significa el gas ruso como energía para la Comunidad Europea, la afectación real en cuanto a las posibles interrupciones de las exportaciones del crudo ruso para Europa ante un posible conflicto o embargo chantajista para ejercer presión, por parte de Rusia, en estos precisos momentos, ya son casi irrelevantes. El principal producto de exportación ruso, el gas natural y su petróleo cada día que pasa pierden inventario natural de reservas, demanda y los altos precios en el mercado internacional, que ni los propios conflictos bélicos, en oportunidades de carácter ficticio, o creados de forma artificial, con fines económicos, logran hacer subir. En muy breve tiempo, terminará todo ese hoy reducido impacto del chantaje energético de décadas por parte de Rusia a Europa, basado en el suministro necesario e imprescindible de ese recurso no renovable a esa región del mundo. Observen, primero invade a Ucrania, la vía del gas a Europa, después decidió pactar la continuidad del gas de insumo al país, el suministro de gas natural, no porque sean generosos, lo necesitan, de otra forma no lo hubiera hecho.

Su invasión a Georgia en el año 2008 específicamente a Osetia del Sur y Abjasia, la adhesión infame de Crimea y Sabastopol a Rusia en 2014, declarada ilegal por la ONU y la injerencia abierta en el cruento conflicto de Ucrania, que posiblemente termine escalando a enfrentamiento armado de proporciones incalculables ya que se trata de un país de la periferia rusa imprescindible para sus nuevas aspiraciones expansionistas post Guerra fría y que en apariencias Rusia presenta como un conflicto entre prorrusos y nacionalistas ucranianos cuando en realidad todo el mundo sabe que es un conflicto económico y energético ya que Ucrania es el viaducto de gas hacia Europa; todo lo anterior demuestra una política de expansión y nostalgia de potencia fracasada que atentan contra el bienestar del gran pueblo ruso, que yo pienso no lleva arraigado el deseo, en su identidad como nación, de ese ácido protagonismo expansionista absurdo e incosteable y que como pueblo inteligente que es, tomará todas las medidas necesarias y no se dejará arrastrar en una escalada bélica y armamentista, en un nuevo rearme de competencia que pondría en peligro su desarrollo y su bienestar futuro. Vladimir Putin lo sabe y parece que tiene mucha suerte ante sus más prestigiosos críticos que uno a uno son asesinados y sacados de la palestra política pública como son, entre otros muchos más, los casos de:

-Boris Nemtsov, el crimen o el asesinato más reciente, el día 27 de febrero del 2015, ultimado por múltiples impactos de bala, a quemarropa, por la espalda, se dice que fueron ocho, otros dicen que fueron cuatro los impactos, eso solo demuestra la importancia del encargo o contrato y el deseo de los asesinos por cumplir bien el trabajo. Le dispararon cuando paseaba con una joven y bella modelo ucraniana por un punte de piedras, muy cerca del Kremlin, en Moscú. El señor Boris Nemtsov, a sus apenas 55 años de edad, tenía una amplia hoja de servicios a su país, donde destaca sus funciones como viceprimer ministro adjunto en el gobierno del expresidente Boris Yeltsin, además de muchos otros importantes cargos, políticos y ejecutivos, incluso dentro del sector económico, que lo convertían de hecho, en un gran líder liberal con mucho futuro. Tenía un doctorado en Física y Matemáticas; fue gobernador de la región de Nizhny Novgorod donde por su excelente trabajo reformista económico ganó grandes elogios de la exprimera ministra británica, Margaret Thatcher, fue también miembro electo del Consejo de la Federación que es en sí, la cámara alta del parlamento ruso. Era un crítico muy elocuente y muy agudo en contra de la gestión de Vladimir Putin y un abanderado de la causa contra la actual invasión rusa a Ucrania. Había organizado para el domingo primero de marzo, menos de dos días posteriores a su cobarde asesinato, "la Marcha de la Primavera" contra la intervención rusa en Ucrania, esa gran marcha de miles y miles de manifestantes se realizó, pero en honor a Boris Nemtsov y al pedido popular, multitudinario, de esclarecimiento al horrible crimen. Se asegura que el líder opositor al régimen de Vladimir Putin poseía pruebas contundentes del involucramiento o la intervención directa militar de las fuerzas rusas de combate en el este de Ucrania que pensaba divulgar en breve. Eso me hace recordar el tan reciente caso, aún en curso de investigación legal, del fiscal Alberto Nisman en Argentina, sobre su presunto obscuro y raro suicidio a unas horas de presentar un expediente de pruebas, recolectadas por varios años, ante el Congreso Nacional, acusando a la actual presidenta del país, Cristina Fernández de Kirchner, de encubrimiento ilegal en el caso AMIA *¿Qué coincidencia más coincidente?* El Kremlin lo consideraba un cabecilla traidor al servicio de las potencias enemigas occidentales, su señora madre temía por su vida, él también, así lo había expresado al sitio web de noticias Sobesednik, apenas dos semanas antes de su muerte:

"Me temo Putin me va a matar".

Y lo mataron, ahora falta concluir las investigaciones y saber quién lo hizo y quién lo ordenó, quizás mientras Putin y Fernández mantengan el control del poder en sus países, no se sabrá toda la verdad, pero eso, está por cambiar.

-Serguéi Yushenkov, el día 17 de abril del año 2003, fue abatido con múltiples impactos de armas de fuego en su propia residencia de Moscú. Era diputado de la oposición, se piensa que poseía pruebas muy comprometedoras de atentados criminales perpetrados en Rusia por los servicios secretos del estado, que fueron manipulados y atribuidos a extremistas chechenos.

-Anna Politkóvskaya, en el mes de octubre del año 2006, acribillada a balazos en el ascensor de su residencia. Era reportera de la revista Nóvaya Gazeta y se encontraba a punto de publicar un informe sobre las atrocidades de las tropas de seguridad rusas en Chechenia

-Alexánder Litvinenko, mes de noviembre del año 2006, envenenado con Polonio 210 en Londres, Inglaterra. Era un exagente importante de la inteligencia rusa que comenzó a publicar los sucios y asesinos métodos del Kremlin.

-Natalia Estemírova, secuestrada y asesinada el día 15 de julio del año 2009 en Chechenia. Era periodista y activista de la ONG rusa Memorial que investigaba los secuestros, como el fatal que ella misma sufrió, de personas que morían sin dejar rastros, sus denuncias disgustaban al Kremlin.

Las aventuras económicas y militares de la antigua Unión Soviética en países de América fueron desastrosas en el pasado y sus inversiones actuales y futuras en la misma región serán "Desastre Parte 2" porque la mayoría de sus aliados tambaleantes y sin prestigio, de influencia dudosa experimental o provisional en la zona, están muy cerca de la bancarrota total y casi todos necesitan desesperadamente ayuda económica porque hasta les cuesta trabajo pagar sus deudas, en aquellos que al menos tienen la intención de hacerlo, eso quiere decir que para aumentar su influencia política y económica en la región, Rusia debe ante todo, desembolsar grandes cantidades de recursos que en realidad no posee y que en la obra: El Capital de Karl Marx, no dice por ninguna parte, de sus tres tomos, y el cuarto que según se dice fueron manipulados sus borradores sin imprimir, de forma intencional, por el otro señor de nombre Karl y de apellido Kautsky, ya fallecido Marx, en ninguno capítulo de toda la voluminosa obra se lee, en ninguna de sus tantas página expresa, cómo conseguir esos recursos para eternizar un sistema feroz, represivo, muy genocida y antihumano, totalmente absurdo, en declive libre acelerado y sin malla protectora, en descomposición total con ciudadanos hartos.

En otras áreas del planeta su situación es parecida al aliarse a gobiernos decadentes sin prestigio internacional, mientras que en sus fronteras ya sus vecinos conocen lo que representó la extinta Unión Soviética y no creo que ninguno desee repetir la dosis, al menos por voluntad propia, y por la fuerza ya no puede ser, porque la mayoría de los países europeos exintegrantes del campo socialista y del Pacto militar de Varsovia, son hoy día miembros de la Comunidad Económica Europea y de la OTAN, y esos son palabras mayores: Hungría, Polonia, la República Checa, Bulgaria, Eslovaquia, Eslovenia, Estonia, Letonia, Lituania, Rumanía, Croacia y Albania, hoy pertenecen a la OTAN y la mayoría de ellos a la Unión Europea.

Un muro se puede derribar en unos días pero no una doctrina de imposición dictatorial tan en el subconsciente arraigada, esa actitud se condiciona en los reflejos y no se desvanece muy fácilmente, se necesita ayuda profesional. Pensar que el comunismo se disipó del todo en las mentes y corazones de sus privilegiados exponentes, viejos lobos, es ingenuidad histórica, los hechos lo demuestran, la vieja mentalidad stalinista y el ojo agudo de la KGB están ahí, en estado de latencia fijo y perenne de forma encubierta. Si usted observa un animal muy parecido a un asno o burrito, que además tiene rayas negras y blancas, seguramente se trata de una cebra. Hasta la Biblia lo dice:

"Por sus frutos los conoceréis".

Europa y el mundo libre no pueden esperar nada positivo por parte del mandatario ruso Vladímir Putin, al cual nadie conoce más que su propio pueblo; en días pasados leí unas acertadas declaraciones realizadas en el Foro de Seguridad de Varsovia, en Polonia por el ilustre genio ajedrecístico de Azerbaiyán, el gran maestro y excampeón mundial de ajedrez, el más joven contendiente en obtener ese título, Garri Kaspárov, donde con gran elocuencia comparó la *"dictadura unipersonal"* de Vladímir Putin con el régimen de Adolf Hitler y advirtió que si occidente no lo frena ahora, el precio para lograrlo será mucho más caro, además advirtió que es una pérdida de tiempo buscar acomodos con Putin en cuestiones como Irán, Siria e Irak ya que el lider ruso necesita la inestabilidad para tratar de justificar su permanencia en el poder. Como todos hoy sabemos, los Estados Unidos cada día se convencen más que el régimen de Bashar al-Asad es insostenible y muy perjudicial para la estabilidad regional y sus relaciones con muchos países árabes importantes, eso hacía que las conversaciones con el Irán musulman radical, en general, perdieran un poco de importancia, entonces salió este señor Vladimir Putin a la carga y presionó mediante la firma de un contrato con Irán para la construcción de dos nuevos reactores nucleares y la venta de misiles de gran poder al Irán terrorista. ¿ No es una contradicción formar parte del grupo 5+1 sobre el programa nuclear de conversaciones con Irán y esta forma de actuar?

"Es un error suponer que Putin tiene un determinado interés estratégico que pueda ser compartido. No veo ninguna cuestión estratégica verdadera en que su interés pueda coincidir con el de Europa", agregó Garri Kaspárov.

El ego dictatorial, aunque bien se disfrace, siempre es y resulta miope, mientras que los pueblos cada día ven mejor. El actual gobierno de Rusia, que trata de mostrar el rojo como rosado, que invade países y no puede disimular sus deseos expansionistas, está dormido en el pasado de una Guerra Fría que le puede dar una intensa y fatal pulmonía pero, otra cosa sabe y piensa el laborioso y sufrido pueblo ruso, que no tolerará un regreso a la ineficiencia más ilógica que ha conocido la sociedad contemporánea, el llamado socialismo fase I y el utópico comunismo fase II, que nadie conoce fuera de los libros y sueños de Karl Marx, como sistema socio-económico. La Guerra Fría parte II no se consolidará porque la creciente libre empresa rusa no lo permitirá. Todos estos sistemas comunistas se derrumban desde adentro por la debilidad de la doctrina filosófica que los sustentan, la centralización estatal y en especial por lo inoperante e ineficiente que resulta ese sistema económico.

Cuando en cualquier país con economía centralizada, con un sistema comunista declarado o disfrazado que esté atado a un plan central de dirección que pretenda regir toda la actividad económica, se permita el ejercicio de la libre empresa, de la ley de la oferta y la demanda mercantil, o sea, se reinvente el capitalismo, la cúpula gobernante debe ir ordenando las rojas coronas de flores y cintas, con la hoz y el martillo inseparables, porque ese paciente esta muy grave, y ya se encuentra en cuidados intensivos, de otra forma, nunca permitirían el retorno a la propiedad privada, la libre empresa y el libre mercado que conforman varios de los principales y esenciales valores de su mortal enemigo; ese estandarte tan representativo del progreso humano, que en reales y significativos postulados, enarbola la acertada y comprobada eficiencia, sin dudas, del sistema capitalista de producción, de ese gran sistema económico que odian hasta la misma médula todos los señores comunistas.

Rusia carece del mínimo prestigio internacional, la crisis de Ucrania cada día le afecta más y más, Rusia se queda sin aliados y sin su principal arma económica, el petróleo, a Rusia le costará en breve hasta pagar sus deudas, Rusia está en los umbrales de una total bancarrota económica, porque moral, hace mucho ya. Los días del señor Vladimir Putin están contados, la reciente manifestación del dolido pueblo ruso ante el asesinato de Boris Nemtsov envió un claro mensaje, fueron miles y miles de ciudadanos de todos los estratos sociales cansados ya de tanta manipulación e impunidad, ¡Señor Vladimir Putin, capte el mensaje, y no olvide nunca lo que le sucedió a Nicolae Ceausescu!

Capítulo 18   La desaparición del Sistema Comunista

Todas las revoluciones comunistas a partir del año 1917, cuando triunfó la primera, la rusa bolchevique de Vladimir Ilich Lenin, deben su inicial éxito a dos grandes factores básicos, muy bien utilizados y muy poderosos:

1.- La tergiversación de la verdad

2.- La cómplice ingenuidad nacional e internacional.

Una que conocemos muy bien en la región, la revolución comunista cubana en voz de su máximo dictador en proceso repetía una y otra vez a la opinión pública en general:

"No somos comunistas, está revolución es más verde que las palmas" o también: *"No pude existir el menor vínculo posible entre los que acabamos de emancipar a nuestro pueblo y los que masacraron al indefenso pueblo de Hungría".* Se refería como sabemos a la Unión Soviética.

También es conocido como el ilustre señor expresidente venezolano Rómulo Betancourt fue el primero en reconocer oficialmente a la incipiente dictadura castrista apenas cuatro días después del triunfo, el 5 de enero del propio año 1959, cuando aún el inmaculado Castro, este caudillo no tiene ni un solo arañazo de una mata de aroma o marabú en todo su cuerpo, tomaba las medidas requeridas de seguridad para entrar a la capital del país conquistado, por la traición más que por las balas, para que apenas dos años posteriores, el día 11 de noviembre de 1961, el mismo ilustrado presidente democrático de Venezuela, sí, el señor Rómulo Betancourt, rompiera las relaciones entre ambos países. Unos años después, Castro intenta apoderarse de su sueño, del gran objetivo primario y fundamental, del oro negro, del petróleo venezolano y trata de establecer un movimiento guerrillero en el primer país que lo reconoció y recibió en visita oficial, 23 días después de su mediático triunfo; al frente del selecto y bien entrenado grupo guerrillero subversivo se encontraba el cubano Antonio Briones Montoto que apenas desembarcó en la playa de Machurucuto, en Venezuela, el día 8 de mayo del año 1967 fue dado de baja. En el año 1969, hubo otra intentona subversiva guerrillera comunista cubana más, con ciudadanos venezolanos entrenados en la Cuba comunista, alrededor de unos 30, contra el presidente Rafael Calderas que también fracasó. Lo anterior denota que no solo los pueblos son los engañados, también ilustres políticos son víctimas de la manipulación comunista. En la actualidad la estrategia es otra, el populismo electoral dictatorial, no con balas, ahora es con votos pero, de la mano de los mismos factores originales enunciados: *la mentira y la complicidad.*

¿Existe alguien hoy día que pueda aún afirmar que es una verdad absoluta e irrefutable, el carácter irreversible del sistema socialista o comunista internacional? Claro que no, solo en aquellos países extremadamente represivos donde la cúpula dictatorial lo controla todo y, a costa de todo, se ha podido, por ahora, mantenerse tambaleando. Eso también está por cambiar ya que el socialismo o comunismo, por su naturaleza económica absurda, no puede sobrevivir en un mundo globalizado donde le resulta muy difícil ocultar la verdad y por ende hacer valer la mentira, por otra parte sus ineptas estructuras antieconómicas centralizadas, para poder adaptarse y sobrevivir por la fuerza un tiempo más, deben abrirse cada vez más a la economía de libre mercado y a la empresa privada, lo que significa su anunciada, paulatina e irremediable destrucción de modelo marxista ineficiente

La Filosofía o ideología Marxista, en la cual se basa el sistema comunista internacional y todas sus derivaciones, está plagada de muchos errores garrafales. En primer lugar es una filosofía con un fin que no está regida por postulados lógicos, por ejemplo: todas las maltrechas economías de los sistemas comunistas clásicos están en manos del estado, que las dirige de una forma centralizada mediante un absurdo plan único, más de rígido control que de esencia económica, son reguladas ineficientemente por una ley política llamada planificación, con planes diversos a corto y largo plazo que casi nunca se cumplen, con cifras alteradas por las mafias gobernantes en pro de sus propios y mezquinos intereses propagandísticos. En el muy eficiente sistema capitalista de propiedad privada, el mercado se rige y regula por una ley espontánea llamada ley de la oferta y demanda, que asiste y estabiliza toda su compleja actividad económica. El fatal inicio de cualquier sistema comunista totalitario, así como su feliz e irremediable final, tienen un punto o denominador común: la empresa privada o libre empresa capitalista.

Lo primero que una revolución o régimen comunista del tipo clásico hace cuando llega al poder, es implementar la abolición sistemática y paulatina de la gran industria y de la empresa privada o libre empresa capitalista y lo último que hace por necesidad imperiosa de supervivencia es reinventar el capitalismo y permitir aceleradamente el regreso de la empresa privada o libre empresa capitalista. Esto se debe a otro gran error garrafal en la dialéctica marxista, que no tiene solución, que Marx no fue capaz de ver, quizás porque no lo vivió, y que brevemente explicaremos a continuación.

El marxismo feroz, en su falsa argumentación dialéctica, establece en una de sus leyes, inventada en partes, y copiada en otras, la evolución social de la humanidad, partiendo de la evolución económica de la sociedad, la cual tergiversan. Esto es muy significativo y creativo, ya que el marxismo es como una leyenda, una parte es verdad y la otra ficción y así puede engañar con más facilidad a los incautos precoces.

Según Karl Marx, creador de esta genocida doctrina que le ha costado a la humanidad muchas muertes, alrededor de 120 millones de seres humanos, de vidas inocentes, han existido diferentes modos de producción que en la medida que se fueron desarrollando sus fuerzas productivas y se logró aumentar los niveles de producción y los excedentes, cada uno se fue transformando en otro modo de producción superior. De esta manera, según Marx, existió primero la comunidad primitiva, el modo de producción esclavista, el modo de producción feudalista, el modo de producción capitalista (hasta aquí cierta razón o verdad) y el modo de producción comunista (total utopía). Pero ¿qué pasa?, Karl Marx tenía un problema, el habla de un paraíso ideal en el comunismo que no existe cuando la revolución o el sistema comunista triunfa y elimina las relaciones de producción capitalista, a las cuales tilda en extremo de explotadoras y por necesidad tiene que borrarlas y distanciarse de ellas ofreciendo ese paraíso ideal que no está creado. ¿cómo trata de resolverlo? Pensó que lo logró, o trató de vender su idea, pero la práctica lo niega; Karl Marx trata de resolver lo que no tiene solución dividiendo el inventado modo comunista de producción en dos fases: a la primera fase del mismo le llama Socialismo que será la que creará las condiciones para la segunda fase ideal, a la última o segunda fase terminal la denomina propiamente Comunismo. ¿pero qué pasa? Que en la práctica, que Karl Marx no consiguió ver, por morir antes de la revolución bolchevique rusa de otro Vladimir de apellido Lenin, la llamada Revolución de Octubre rusa, que tampoco fue en el mes de octubre; su filosofía no funciona y tiene mil interpretaciones distintas, como la del dictador Mao Tse Tung en la China comunista donde le da el papel protagónico al campesino por encima del obrero industrial que Marx postula como el abanderado real del cambio. La llamada primera fase o el Socialismo no puede, no es capaz de consolidarse porque al eliminar a la empresa privada se convierte en un sistema totalmente antieconómico y muy ineficiente llevando al país a la miseria y la bancarrota que le impide sobrevivir. *Este aspecto, esencial de la ideología, de apropiarse de los medios productivos, trancan el juego.*

Cuando se consolida toda la eliminación de la propiedad privada y el estado comunista asume la administración total de la economía, entonces sucede que la sociedad se vuelve económicamente apática, se pierde todo el *estimulo social* de producción, sobreviene el desabastecimiento, la miseria se extiende por igual a todas y cada una de las capas de la sociedad, estableciendo la cacareada igualdad, pero en la más absoluta miseria y necesidad de todo lo más básico e indispensable para la vida normal, aumenta el descontento, la represión inicial y la corrupción dirigente notablemente, que al estar tan afianzados al poder y acostumbrados a los excesos y a los tan exorbitantes privilegios, reinventan el capitalismo y acuden, a último, a la *voraz* iniciativa privada para eternizarse en el poder a sabiendas que es una falsa esperanza pues, el poder económico de los nuevos activos empresarios capitalistas, irremediablemente, poco a poco, les dará el poder político, que los barrera para siempre del mapa. Ellos no son ajenos a esa *virtual* realidad y entonces comienzan a ubicar en los mejores sectores, ramas y más importantes empresas de la tan maltrecha economía a los militares y figuras más relevantes de la cúpula comunista, en franca decadencia, a fin de que se conviertan en los nuevos dueños o futuros herederos de dichas empresas al manifestarse el cambio pero, esta es una medida de última hora, que no está garantizada pues, cuando no se posee el poder político, las fortunas y los transgresores fugitivos de la ley, donde quiera que se escondan, pueden ser alcanzados por la justicia del nuevo orden democrático, basado en el renacer de la libre empresa de producción capitalista, que rige los destinos del liberado país. Lo lógico y justo es que así sea y que las naciones recuperen parte de los bienes robados y malversados y la justicia democrática se encargue de los transgresores de la ley, *los delitos graves nunca deben prescribir*, por ejemplo, yo diría: en el caso de Cuba comunista, se deben contemplar todos los tipos de crímenes considerados graves, aún no resueltos, incluso de la época subversiva precomunista, así como todos los delitos bien argumentados y así presentados ante los nuevos tribunales correspondientes, desde el día 1 de enero de año 1959 hasta el minuto final de la fecha feliz de la caída del régimen dictatorial comunista. La familia de aquel primer humilde campesino de nombre Eutimio Guerra, juzgado por ellos, el día 18 de febrero del año 1957, supuestamente por el delito de ser un informante del gobierno, que el mismo tribunal de bandidos no pudo comprobar y se negó a ejecutar, por lo que el Che Guevara sacó su pistola y le dio un tiro en la sien, por ese concepto suyo de que: *ante la duda hay que matar*, esa familia es muy posible que aún espera justicia, aunque incluso y por suerte, el verdugo genocida principal ya no esté disponible, moralmente es necesaria la corrección del hecho, si así lo entiende alguno de sus descendientes y presentan el caso formalmente ante la justicia, y que además trate, cuando sea legalmente comprobado, compensar a los familiares, buscar siempre esa posibilidad, con los bienes confiscados que pertenecieron al cruel verdugo o aquellos relacionados a los otros culpables de ese crimen, en ese caso particular, aún respira Ramiro Valdés y otros complices asesinos más, con mucho dinero robado en sus cuentas particulares; hay que tratar siempre de resarcir, en lo más posible, a los familiares de todas las victimas. Sé que puede tomar tiempo, no importa si la espera es por justicia, yo no creo en eso que dice el filósofo, escritor y político italiano Nicolás Maquiavelo, muy leído por el tirano mayor, de que:

"Los hombres olvidan más fácilmente la muerte de su padre que la pérdida de su patrimonio".

Hay que compensar ambas pérdidas, no a la impunidad, la Cuba democrática del futuro no puede estar basada en la amnesia y el desconocimiento conceptual que padece el hoy presidente colombiano, señor Juan Manuel Santos, y quiere además venderle al mundo, nosotros sí sabemos, y debemos ser muy consecuentes con la gran diferencia etimológica, moral y de principios, que existe entre justicia y paz.

Karl Marx (1818-1883) nunca puso o pegó una, habló o pronosticó el triunfo de su utópico socialismo o comunismo en Inglaterra o Alemania, por ser los países más avanzados de Europa, con una fuerte y sólida clase obrera industrial o proletariado y se vino a dar, 34 años después de su muerte, por oportunismo político, en una Rusia semifeudal que unas décadas atrás, mientras él escribía su nefasta ideología, todavía tenía Siervos de la Gleba.

Nadie en el mundo conoce ni conocerá lo que es el modo de producción comunista porque simplemente no lo permite la disociación social que crea la primera fase, esa llamada fase Socialista, que nunca en sí se llega a consolidar y que además es también un capricho ilógico muy absurdo, por la fuerza adoptado y adaptado, en extremo muy personalista; un invento además de macabro también engañoso que cada oportunista-comunista de turno implementa a su dictatorial modo, talla y personal *ego-satisfacción*. La extinta Unión Soviética ni se acercó a esa utopía o fase inventada por Marx y cada vez que algún populista con genes de dictador opta por el Socialismo como el sistema dictatorial ideal, que le permita eternizarse en el poder, obtiene invariablemente los mismos resultados: hambre, miseria, gran necesidad, alto grado de corrupción, frustración, represión ascendente y bancarrota total, para el país o nación, con un gran sufrimiento para la inmensa mayoría. ¿Por qué? Porque la economía, al igual que la naturaleza, es sabia y tiene sus leyes, que rigen también el mercado, ya que: *el mercado es en primera instancia, y ante todo, una forma avanzada de vida, una genuina manifestación social de intercambio, en expresión espontánea necesaria de relaciones mercantiles humanas de cooperación* y Karl Marx trató de violentar o cambiar esas leyes asignándole una categoría de explotación del hombre por el hombre al añadirle un nuevo contenido o división política ideológica de profundo enfrentamiento antagónico entre obreros y patrones, en su afán de tratar de minar las bases y destruir la esencia del sistema capitalista de producción, o sociedad capitalista de libre empresa, que los populistas o aprendices de dictadores repiten sin conocer bien sus bases anticientíficas. Esas leyes que rigen toda la economía de mercado tienen una joya rectora: *La Ley de la Oferta y la Demanda*, que actúa de forma espontánea.

La acción efectiva y real de las diversas leyes que rigen el mercado son imposible de ignorar. Si desvías el curso de un río o le tomas parte de terreno al mar, eso constituye una transformación natural y es hasta posible que la naturaleza lo consienta o la deje pasar pero, otra cosa es la violación de una o más leyes de intercambio mercantil, donde no existen amañados resultados, donde el mercado nunca se hará de la vista gorda. Si lo comparamos con la naturaleza, Karl Marx trató de evitar que el planeta girara, aplicado a la economía de mercado, trató de frenar el desarrollo económico y social, intentó crear la vía nefasta para que la humanidad completa regresara al esclavismo bajo yugo sin chistar y eso es imposible de lograr, llámese como se llame la doctrina o el trasnochado inventor, por otra parte, Karl Marx no tuvo la visión de percatarse que estaba creando un círculo vicioso muy absurdo del cual no podía escapar y que además estaba contradiciendo, en su tan ilógica y más nefasta filosofía, su asumida dialéctica. Otros aspectos prácticos y oportunistas de elegir ser marxista es la posibilidad real que le da a todos estos *populistas vaguitativos vocacionales*, y a los llamados *revolucionarios electorales del neososialicambio*, esos de: *café con leche*, que desbordan saliva prometiendo a raudal siempre arreglar el mundo sin decir nunca cómo lo lograrán, es poder seguir siendo señores parásitos, a costa del estado y de los contribuyentes sin tener que desarrollar un negocio como cualquier persona o profesional digno y competir por los clientes y el desarrollo de su propia empresa acorde a sus calificaciones e inteligencia, o como obrero o empleado, mantener un puesto de trabajo estable, bajo la disciplina y productiva actitud que eso requiere. Si llegan al poder y se radicalizan de una forma totalitaria, pueden reprimir a la oposición, abolir el odiado estado de derecho, manipulando y eliminando su terrible temor: el democrático escrutinio.

Se cayó el Muro de Berlín, se desintegró toda la Unión Soviética, China cada vez más obligada se abre o dirige al capitalismo, Cuba lo está reinventando, Vietnam cada día que pasa estrecha más sus lazos con Estados Unidos, la existencia del necio comunismo en la absurda y personalista Korea del Norte depende de la supervivencia de ese fatídico sistema que aún rige la política totalitaria China. Si el señor del peinado bipolar, no tiene la osadía, o comete el magno error en un futuro mediato, de agredir a Korea del Sur o ir demasiado lejos en su carrera nuclear, lo cual lo haría, como un haz de luz desaparecer como sistema comunista de forma inevitable, podrá quizás, eventualmente mantener un tiempo más su loco y absurdo régimen dictatorial, hasta una fecha próxima alrededor de la desaparición total del sistema comunista en China, debido a una de las represiones y terror de estado más brutales implantadas y vigentes en el planeta.

Existen las zonas de influencias y China tiene la suya por lo cual, la desaparición del sistema comunista en el gigante asiático, traerá más democracia a países vecinos como Laos,

Vietnam, Tailandia, Korea del Norte, Birmania o Myanmar, y alguno que otro más en la región.

Deng Xiaoping fue el gran reformista de la economía China, fue el máximo líder de esa nación comunista desde 1978 hasta su muerte en 1997, fue el artífice de todos los grandes cambios positivos reformistas de la lenta y rígida estructura económica del país, que se mantienen y darán al traste con las políticas anacrónicas vigentes que aún frenan el desarrollo integral del gigante asiático. Deng Xiaoping y posteriormente el señor Mijaíl Gorbachov, en la hoy extinta Unión Soviética, que presidió de 1989 hasta 1991, habiendo sido con anterioridad el secretario general del dictatorial rector partido comunista, entre los años 1985 a 1989, fueron los iniciadores del derrumbe político absurdo marxista, que aún continúa en China, los visionarios y los valientes que fueron capaces de enfrentarse a la nomenclatura comunista asida al poder. En lo particular y sin restarles crédito, pienso que quizás no fueron capaces de imaginar las consecuencias inmensas y trascendentales que sus propuestas significaban, la nueva panorámica mundial que emanaría de los cambios, que para bien de sus respectivos pueblos ya no eran posibles detener porque el derrumbe o desmembramiento paulatino de cualquier tipo de sistema comunista, cuando comienza, *esa pequeña gran fisura,* es irreversible. Es muy difícil para un jerarca comunista comprender la magnitud real del deseo de libertad de un pueblo oprimido.

Créditos muy bien merecidos también, en la caída del bloque comunista, para su Santidad Juan Pablo Segundo, para el carismático y tan querido presidente norteamericano Ronald Wilson Reagan y para el valiente líder polaco del Movimiento Sindical Solidaridad y Premio Nobel de la Paz 1983, el señor Lech Walesa, en nombre de tantos otros que encendieron y han mantenido ardiendo la llama redentora de la emancipación, lo que haría esta lista interminable.

Pienso que muy unido a los cambios reformistas de Deng Xiaoping el gobierno chino, hablando ajedresísticamente, tomó en su estrategia errática un peón envenenado y perderá definitivamente la partida, acelerando su propio desenlace a favor de su total desaparición como sistema político, rindió su rey cuando recuperó el control de la península de Hong Kong, el primero de julio de 1997, antigua colonia del Reino Unido, el cual realizó la transferencia a China acorde a lo establecido o pactado. Los comunistas no saben lidiar con la democracia dentro de su territorio y la democracia es una verdad tan evidente que no necesita comprobación, que crea hábito y no se percataron que estaban rompiendo el equilibrio, no solo para Hong Kong, sino todo el equilibrio impuesto a la fuerza, por años, para toda la gran China continental. La fórmula de "Un País Dos Sistemas" fue un *lapsus mentis* de Deng Xiaoping, no resulta efectiva en las condiciones actuales y pienso que en ninguna otra posible condición similar resultará, ya que es imposible un sistema capitalista de libre empresa con las trabas que presupone un control comunista de gobierno; es un absurdo total en la práctica, *quizás, un medio inventado por Deng* para allanar el camino y complacer a varias partes de la nomenclatura, de las castas del poder involucradas en las negociaciones a fin de lograr un triunfo político, es una fachada imposible de reconciliar que el pueblo más liberal de Hong Kong y la empresa privada rechazan hoy y rechazarán siempre, será un foco de contradicciones y conflictos permanentes, hasta el desenlace final que terminará con el comunismo en la península y en toda la gran nación, en la China continental.

No hay forma de poder mitigar, *a las buenas*, el deseo de vivir en plena democracia de los habitantes de Hong Kong ni forma efectiva de limitar su acostumbrado y contagioso modo de vida, *a las malas*, por lo que cada día crecerá más y más el descontento político, las protestas y el ejemplo se extenderá como un gran tsunami y barrerá a la dirigencia dictatorial comunista bacteriana en China. Los comunistas no han aprendido que no se puede jugar a la democracia, porque la democracia, hasta en desconocimiento, es y será siempre el ideal supremo de toda persona y de todo pueblo que ama la libertad, el desarrollo personal y el bien social, como el gran pueblo chino, que muy pronto hará historia. *La democracia es el instinto natural del ser humano y por ende de todos los pueblos.*

No hay forma de evitar, especialmente en estos tiempos de redes sociales e internet, que el clamor de todo un pueblo acostumbrado a la democracia, como el de Hong Kong, en forma de genuinas y cívicas protestas, llegue al territorio continental. No es la segunda versión recurrente de la Plaza de Tiananmen de 1989 lo que se observa en la actualidad, es mucho más que eso, pienso, es la Primavera China que ha comenzado en el lugar más crítico, donde más experiencia de soberanía y de democracia existe y donde menos está dispuesto el pueblo a soportar calladamente y cabizbajo las manipulaciones políticas impositivas por parte de Pekín, o Beijing que es lo mismo expresado en otro idioma, de los candidatos rojos amañados, en elecciones directas, en franca violación de lo acordado que establece el sufragio universal libre del jefe ejecutivo en la actual Región Administrativa Especial de la República Popular China. Los Mao marxistas chinos, como siempre sucede con esa casta a nivel mundial, hacen trampas porque el sistema comunista y la democracia son incompatibles y excluyentes. Hong Kong lo sabe.

Si alguien tiene dudas que la actual cúpula de gobierno o jefatura de la China comunista está aún aferrada al poder, que investigue sobre ciertos pronunciamientos recientes de llevar a los artistas y presentadores de televisión a trabajar al campo, específicamente a los arrozales para que según ellos, *puedan desprenderse del nocivo polvo contaminante*

294

que producen las relaciones capitalistas de libre mercado. Esto no es nuevo en la China comunista, esa es la ideología retrógrada y personalista del genocida represivo mayor Mao Tse Tung, que hoy se mantiene vigente, a las que nadie en ese enquistado feudo de prebendas renunciará fácilmente y solo tratan de adaptarse a los tiempos. Los parásitos mutan.

Otros añejos conflictos y descontento popular abaten a China con sus 56 diferentes grupos étnicos entre los que se encuentran más de 21 millones de musulmanes islámicos nombrados uigures, los cuales hablan su propio idioma y habitan en la Región Autónoma Uigur de Xinjiang donde se han estado, cada vez más, incrementando de forma muy notable los enfrentamientos a medida que esa minoría uigur se radicaliza y aumenta su descontento en relación a Pekín; los últimos enfrentamientos han dejado más de un centenar de víctimas y numerosos heridos por ambos lados. Existen también otras minorías como los hui y varias otras etnias más con feligreses chinos que son seguidores del Islam, hay también gran descontento en Macao, otra importante región administrativa especial de China comunista con similares características a las que posee Hong Kong. El gigante rojo ya no es tan rojo, hoy cuadros de Mao tienen fotos de Deng.

Los nacionalistas chinos tienen su propia agenda, así como diferentes intelectuales, científicos y artistas que en la actualidad difieren del sistema comunista imperante, por otra parte está Taiwan que no le interesa en lo absoluto convertirse en otro Hong Kong pues defienden su libertad mucho más amplia y soberana y además, tiene diferentes opiniones en cuanto a las reales ventajas de una posible reunificación y derivado sistema de un gobierno futuro, el ejemplo de desarrollo que ofrece Singapur en la región es algo muy extraordinario e imposible de ocultar, así como también, existen los llamados chinos de ultramar o chinos que residen en el extranjero, muy complacidos fuera de la

China continental, y por último están los mismos ejemplos de Taiwan y Singapur que han triunfado sin el mahoísmo. Todo lo anterior son aspectos influyentes de la economía y la política nacional China, sencillamente no pueden ya tapar el sol con una roja sombrilla de papel, no hay ideología que eternice el engaño a todo un pueblo todo el tiempo.

Al respecto les diré que más temprano que tarde nos levantaremos con la muy feliz noticia de que toda la cúpula comunista china ha sido depuesta, por cualquier vía, forma o método práctico que ellos entiendan pero, por influencia directa y decisiva de la ya dominante libre empresa y las relaciones mercantiles capitalistas de producción para las cuales el sistema comunista de gobierno rígido y central constituía un freno, una gran traba y que el nuevo gobierno democrático instaurado en el poder, respaldado por la libre empresa privada, está llamando a la formación de nuevos y diversos partidos políticos, con todo tipo de filosofías y de lineas ideológicas, sociales y religiosas con vistas a celebrar elecciones populares libres y democráticas para constituir un parlamento o congreso legislativo que confeccionen una nueva constitución democrática, se elija una corte suprema y todas sus diversas instancias provinciales y regionales y se nombre un presidente o poder ejecutivo con separación de todos los poderes del estado. El verdadero y definitivo paso que enterrará para siempre, junto a la momia de Mao, a esa dictadura fuera de fase y de tiempo, a la par que llevará a la economía china a los primeros planos de industrialización y desarrollo integral por encima de la economía emergente que es hoy y que ya comienza a presentar problemas debido fundamentalmente a contradicciones antagónicas entre la esencia misma del sistema de gobierno y las necesidades expandidas o globales del mercado. Comenzó la irreversible cuenta regresiva, imparable, es cuestión de tiempo.

El comunismo será historia por la voluntad del gran pueblo chino, el mundo será mejor, la revolución cultural se ahogará en su propia tinta ideológica de odio asesino, en lo más tenebroso de los capítulos de la historia, será el gran salto adelante, no el que promulgó Mao Tse Tung, el mayor genocida de la historia universal, responsable de la muerte de más de 78 millones de ciudadanos chinos; todo indica que muy especiales y fraternales serán en el futuro las relaciones de la nueva y democrática China con el mundo libre occidental, al cual pertenecerá, y especialmente con los Estados Unidos convertido en su gran aliado.

Las señales y pasos agigantados de China comunista, a partir del año 1978, en dirección al sistema capitalista son inconfundibles: existe un notable respaldo, muy dinámico a la empresa privada, unido al estímulo del consumo interno, un alejamiento lento de las absurdas políticas económicas centralizadas, apertura del mercado o bolsa de valores de Shanghai a inversionistas extranjeros, etc., todo lo cual se ha transformado en un gran crecimiento económico para el gigante asiático con una disminución considerable de la pobreza en diferentes niveles sociales. Ese inmenso y veloz tren no tiene marcha atrás, sin que esto signifique que la enquistada dirigencia o la cúpula marxista comunista china democratizó su cerebro mediante un lavado capitalista, no, lo que sucede es que no tienen otra opción válida para mantenerse un relativo corto tiempo más arraigados con fuerza a la ubre del poder; se les está cumpliendo o llegando a su fin el *factor más subjetivo, no considerado por Karl Marx en su teoría, para la primera y única fase, siempre inconclusa, que es el socialismo en sí,* ese factor desgastante de carácter social que surge, por la esencia misma de una política en círculo sin salida y la antieconómica dirección de toda la estructura del país que yo llamo: *el ciclo de vida generacional del sistema comunista,* el cual más adelante explicaré someramente. Un ciclo terminal del sistema que se acorta día a día. *"Ave, Caesar, morituri te salutant"*.

Mientras todo eso acontece, los Estados Unidos deben aumentar su actual influencia en la Inda, en toda Asia y el Pacífico, deben ayudar a Japón a fortalecer su defensa y estrechar sus lazos con todos los países de tan importante región. Las potencias industrializadas necesitan hoy de las economías emergentes y mañana las necesitarán aún más, cuando incluso, muchas de ellas se conviertan también en grandes potencias industrializadas, como sé que sucederá de seguro con la China comunista ya libre y democratizada. La expansión económica china debe ser muy bien observada, su último intento en aletazo desesperado de supervivencia comunista llegado el momento, no puede poner en peligro la integridad y la seguridad de Japón ni de ninguno de sus otros países vecinos. El mundo civilizado tiene normas y deben ser cumplidas, la dinastía Qin del primer emperador Qin Shi Huang hace mucho tiempo ya terminó, la cúpula comunista china lo sabe bien, por eso cada año, de forma constante, por más de dos décadas, aumenta sus ya muy altos gastos militares o presupuestos de defensa, tal vez de agresión, preparándose para ese momento especifico, para el estertor convulsivo final del sistema. El actual presidente comunista chino Xi Jinping habla de modernizaciones en medio de las tensiones entre China y sus vecinos pero, además también de: *"un sueño del ejercito chino"* basado en que las fuerzas militares del país, no solo sean capaces de llevar a cabo acciones con eficacia, sino que recuperen el espíritu de dedicación y servicio de los *primeros tiempos del régimen comunista.* Yo pregunto ¿A qué tiempos de falsa gloria militar se refiere el señor presidente Xi Jinping? ¿A los tiempos genocidas expansionistas chino- mahoísta?

Estoy convencido que muy cerca del tercio del siglo actual, antes y nunca después del día 1 de octubre del año

2029, catalizado aceleradamente por la baja del precio, la sustitución y la extinción de las reservas de petróleo y gas natural, desaparecerá de la faz de la Tierra el ineficaz y represivo sistema comunista en su totalidad acompañado de sus propias negras cenizas que le impedirán resurgir en el espacio tiempo futuro por los siglos de los siglos, para bien de la humanidad, ya que no existe una sólida y verdadera conexión entre el desarrollo y las esperanzas humanas y esa nefasta ideología; será, en la historia de la humanidad, el único gran retroceso económico político y social que los seres humanos experimentaron en el desarrollo evolutivo como sistema de gobierno, en toda la evolución social de la era moderna, ese es el verdadero gran legado de Karl Marx, de Engels, Lenin, de Mao y comparsa, será un mal recuerdo que solo tendrá de bueno precisamente eso, que solo es un mal recuerdo. A partir de estos tiempos o momentos, ya, la expectativa o el ciclo real de vida generacional máximo de cualquier otra dictadura comunista electoral que surja es de 20 años y se llegará incluso a reducir a tan solo un proceso electoral, de resultar alguna otra triunfante en las urnas y consiga llegar a las próximas elecciones, cualquiera otra del tipo cruenta o militar que lo logre, tampoco rebasará los 20 años de vida política, o una sola generación, lo cual implica que el ciclo de vida generacional del sistema comunista se ha reducido desde el año 1917 a la fecha en 60 años.

La economía de mercado o libre empresa rusa, mucho antes de que suceda en China comunista, barrerá con todas las actuales estructuras del poder residual marxista y de la KGB, tomará el control definitivo de Rusia, su abnegado pueblo luchará por transformarse cada día más en una potencia económica competitiva, acorde al siglo XXI y lo logrará, con todas sus expectativas muy bien basadas en el deseo de desarrollo y bienestar de ese gran país, el cual contará con apoyo internacional diverso en su definitiva emancipación. Otro tanto sucederá en todos los países de economías anacrónicas de corte marxistas antes de que finalice el primer tercio de este siglo. La historia, sin dudas, lo confirmará en breve.

La libre empresa capitalista y el sistema comunista son enemigos irreconciliables en visión y en esencia, ya que la primera representa el desarrollo y el segundo el freno a ese desarrollo pero, en la actualidad no hay casi sistema político comunista que pueda prescindir de la libre empresa que más temprano que tarde lo sepultará para siempre en el olvido. El futuro es esperanzador, pero se llama así, futuro, aún necesitamos llegar, hay que cuidar bien cada paso y evitar errores pues, en opinión personal, no creo que los seres racionales *hacen camino al andar*, ya que podemos pensar primero, razonar, analizar alternativas y tomar una decisión después y tampoco creo en el destino porque contradice lo que en sí creo: el libre albedrío. Errar no es destino.

Si usted se pregunta ¿qué es lo que viene después del capitalismo? Le puedo asegurar que todo en la naturaleza y en la sociedad está siempre en constante cambio pero, que en este grado de desarrollo la humanidad sabe muy bien que solo la propiedad privada y la libre empresa capitalista son garantes para el desarrollo democrático, para el progreso y la libertad de toda la especie humana y también le puedo asegurar que el sistema capitalista de producción basado en la propiedad privada y la libre empresa se renueva cada día.

Desde la Revolución industrial Inglesa hasta nuestros tiempos, el sistema capitalista ha ido en constante desarrollo escalando hacia otras formas superiores de producción hasta llegar a la llamada globalización mundial actual. Karl Marx tuvo cierta razón cuando copió de la obra de su compatriota, el filósofo alemán Georg Wilhelm Friedrich Hegel, (1770-1831), de la dialéctica hegeliana específicamente, el lógico postulado que enuncia que: *de una forma anterior surge una forma nueva superior*, él basó sus estudios para el Capital en varios ilustres filósofos y brillantes economistas capitalistas genios, tales como David Ricardo, Adam Smith, Thomas Malthus, etc., pero, lo que no pudo darse cuenta o manipuló, es que trataba de crear, a la fuerza, un sistema inoperante rígido contrario a las leyes espontáneas que rigen el desarrollo mercantil-social, ese factor económico unido a la sociedad. Quizás malinterpretó a los clásicos; *el valor de la fuerza de trabajo*, que es la punta de lanza de toda su teoría, en esencia, para explicar el concepto mercancía y la plusvalía a su modo de ver, así como *la lucha de clases* y *la dictadura del proletariado*, todas manipulaciones irreales, *son las aberraciones súper magnas del marxismo* y de todas y cada una de sus ideológicas derivaciones, que en esencia, comparten esos conceptos erróneos y muy trágicos para las sociedades, que por desgracia se convierten en conejillos de india de esos elementos populistas *ultraparásitos* que tratan de implementar esa filosofía e ideología fatal, que solo es capaz de crear y distribuir equitativamente, la frustración, la triste miseria, el retroceso íntegro, la pobreza y la desgracia de todos los pueblos que padecen esa amarga experiencia.

En resumen, después del capitalismo viene otra cualquier denominación que cumpla con tres condiciones básicas e irreemplazables para ser un sistema socialmente aceptado y económicamente eficiente: sistema democrático de gobierno basado en un genuino estado de derecho, propiedad privada, y economía de libre empresa y mercado capitalista.

No importa el nombre asignado, lo que cuenta es el resultado satisfactorio de una buena gestión económica con un disfrute total y respeto pleno en libertad social, todo lo cual se traduce en un capitalismo siempre y cada día más pujante, científico y tecnológico, en evolución y desarrollo constante, tratando de acercarse más y más a un grado optimo y asequible de perfeccionamiento, que se traduzca en un mayor beneficio, *confort* y justicia social para toda la humanidad en su conjunto. Es cierto, una forma superior ha de emanar de la anterior, pero en estos tiempos, sólo, con un alto grado de democracia, libertad y justicia social.

Para último he dejado la aclaración de un concepto que considero erróneo y que está en boga, es algo complejo pero trataré de explicarlo por lo necesario que resulta su total comprensión en estos precisos momentos.

El error para mi consiste en la afirmación, casi siempre sincera y de buena voluntad, de economistas e intelectuales que aseguran que el no controlar o no poseerse la propiedad privada de los medios de producción fundamentales en una dictadura totalitaria, rígida comunista, específicamente del sector productivo, de las grandes fábricas que producen los principales bienes de consumo y de exportación, frenan o detienen el cambio. No creo que sea rigurosamente cierto, sencillamente hace el cambio un poco más lento y esto sólo sucede en ciertos sistemas socialistas insertados entre dos procesos capitalistas como un interruptor del flujo normal capitalista de desarrollo, como sucede hoy en Cuba y se iba desarrollando en Europa del Este hasta que una coyuntura internacional terminó con todo el campo socialista bajo la bota de la extinta Unión Soviética y de ella misma a la vez. La revolución bolchevique rusa y la feudal campesina china son procesos muy diferentes con características particulares, también las nuevas dictaduras electorales de corta duración, nunca más de 20 años, hoy, donde es imposible la abolición total de la empresa privada. Más adelante lo explicamos.

18.1 *Factores objetivos y subjetivos del fin*

En dictaduras comunistas como la cubana, la apertura al capitalismo, *la propiedad privada* en cualquier sector de la economía, es muy contaminante y significa el aspecto más concreto, objetivo y material del cambio, el cual unido a la creciente *oposición interna* que representa el aspecto más abstracto, el más subjetivo y consciente, darán al traste con la generalizada ineficiencia y con la rígida represión estatal del modelo dictatorial comunista, que siempre tendrá un carácter provisional aunque dure décadas y que sabe que su sepulturero es, en primera instancia y siempre, *la acción y efecto* de *la empresa privada y la oposición* por la ineptitud, por la incapacidad, de dirigir los destinos del país.

No es necesario un gran boquete en la pared frontal de contención de una gran presa para que el agua se abra paso y arrase con todo, el boquete se abrirá pero basta iniciarlo con un microscópica fisura. Existen los factores objetivos y otros de carácter subjetivos en todo cambio. Karl Marx se vuelve a equivocar cuando no logra ver, no se percata o no descubre, quizás por no haberlo vivido, *un nuevo tipo de relación social* que lentamente se va imponiendo y no llega a vincularla al factor más radical de extremo control inicial social que produce la apropiación, el robo o confiscación de los medios fundamentales productivos. Esa nueva relación social está dada por el factor subjetivo que producen las diversas nuevas relaciones sociales al margen del estado, en una economía decadente, falta de todo, que él fue incapaz de preveer y que quizás ni le pasó por su mente, que es producto de la rapaz inicial y sistemática apropiación de las fábricas y empresas privadas y después de la corrupta mala gestión administrativa continua del estado, hasta el punto obligado de volver a reinventar el capitalismo. *Jamás* Marx hubiera estado de acuerdo con ese enterrador resurgimiento de la empresa privada, sepulturera del sistema, porque eso sería, como es en realidad, la negación del marxismo pero, tampoco Marx tuvo que enfrentar la presión de un pueblo hambriento, apático y cansado porque al escribir, Karl Marx estaba nadando fuera del agua y es muy fácil desde la barrera decir: *"los principales medios de producción pasan*

303

a manos del proletariado, del pueblo en su conjunto" y soñar que serán cuidados y mantenidos como hacía el señor propietario y dueño genuino de los mismos. No señor Marx, *no existe la conciencia colectiva,* menos la comunista, eso es una simple coraza protectora, generalmente *las personas no se identifican, en términos de propiedad, con lo que realmente no es suyo.* Otra equivocación de Karl Marx es el papel protagónico que asigna al obrero industrial con relación al campesino, el cual siempre mantiene aunque sea un pedacito de su fábrica, porque su fábrica es la tierra, Mao se dio cuenta, pero nada pudo hacer porque el sistema tiene naturaleza de escorpión en circulo de fuego, se autoelimina. Con el descontento ascendente de la sociedad, la pérdida del monopolio estatal de la fuerza de trabajo, unido al aumento considerable de los niveles de corrupción y la destrucción extrema de la industria nacional estatal, así como la mayor dependencia extranjera, en moneda dura, para poder cubrir la crecientes necesidades de la población, el resurgimiento de la pequeña empresa capitalista, incluso solo de servicios, en las principales ciudades, tiene un gran aliado para vencer la incapacidad de los suministros regulados del gobierno: la reducida y controlada pero siempre ahí, existente y activa, empresa capitalista campesina, por cuenta propia, de libre mercado, de mercado negro o paralelo incluso, que para mi, a diferencia del marxismo, es tan importante *siempre,* como la principal empresa del *otro* sector industrial y que cuenta también con propietarios o dueños genuinos de los medios productivos y con fuerza de trabajo asalariada en el caso de contratar obreros agrícolas, lo cual garantiza también en el sector campo el desarrollo de la empresa privada pero, ya no de servicios, puesto que una libra de malanga o de carne de cordero, un pescado, una docena de huevos, o ave de corral que un campesino intercambie o venda a un vecino o restaurante de la ciudad, al propio estado o en una plaza directamente al público, es un producto terminado, una mercancía del tipo agrícola, lo cual implica que no es exacto decir que la apertura solo se efectúa en el área o sector de servicios; el concepto marxista de obrero solo se aplica *por necesidad filosófica* al obrero industrial, al denominado proletariado, concepto que Marx toma del filósofo francés Henri de Saint Simon (1760-1825) y le asigna un papel más secundario al dueño campesino y al obrero agrícola, *otro error*, porque la fábrica más grande que tiene un país es la tierra productiva y de pastoreo pero, cuando el campesino la trabaja, solo ayudado por su familia, ya el marxismo no puede explicar, o no tiene el argumento divisivo, del valor de la fuerza de trabajo y por eso la deja fuera, le da un papel diferente y entonces crean la alianza obrero campesina para seguir adelante con su absurda ideología, con todos sus postulados, tomando de cada sector sólo los elementos más indispensables para continuar con sus políticos argumentos de la explotación del hombre por el hombre, del valor agregado o plusvalía, etc,. Imposibles de conciliar con una mercancía producida por un campesino en su conuco de tierra, o pequeña finca, sin que haya tenido la necesidad de contratar mano de obra. Los pequeños campesinos también se asocian, se organizan y facilitan los genuinos factores del cambio, los lazos capitalistas de cooperación mercantil.

Dentro de sus inútiles esperanzas y en su gran afán de prolongar la estadía, los comunistas tratan, no tienen otro remedio y se autoengañan, lo que V.I. Lenin llamó: un paso atrás y dos adelante y proceden pensando que no les causará un daño mayor, y sí, un gran beneficio a corto plazo para poder suavizar las crecientes presiones populares, un tipo controlado, piensan, de apertura *semicapitalista*, en el sector menos dominante de servicios pero, sucede lo mismo que le pasó a Marx, no logran ver *un tipo nuevo de relación social de cambio* que surge y que a la larga los sepultará. Robar, el confiscarlo todo a la fuerza o nacionalizar, como lo quieran ellos llamar, todas o las más importantes empresas privadas y los principales medios de producción del país asaltado con éxito, *es el inicio* del severo control, del totalitarismo rapaz populista de estado pero, a la vez, significa la génesis de su autodestrucción porque crea o es portadora progresiva de *una nueva forma disímil de pensar*, de una nueva forma de adaptarse al medio para no perecer, de un mercado negro alternativo imperativo de supervivencia, paralelo, donde el verdadero gran líder es el poseedor *ofertador* del alimento o del jabón de baño tan necesario, en resumen, establece *un nuevo tipo de relación social por necesidad*, desconocida, que cada día se hace más importante y que el estado se ve en la necesidad de legalizar en un momento dado, para tratar de buscar una salida, una vía a la apatía popular, por desesperación, nunca por convicción o sano deseo y eso ya implica el reconocimiento total del fracaso socialista, *es el final*. Comienzan las inversiones en el extranjero en pos de cubrir espaldas, los hijos de la cúpula se refugian en otros países, muchas cuentas nuevas en moneda dura convertible se abren en los abundantes paraísos fiscales.

Lo anterior implica que el permitir el resurgimiento de la pequeña empresa privada, evoluciona *el factor objetivo del cambio*, el aspecto concreto o material del mismo, donde el estado aún tiene el control por aduana, de una gran cantidad de los suministros campesinos y todas las regulaciones inherentes a su poder. Las ascendentes relaciones entre la pequeña nueva empresa capitalista, *aunque solo sea en el sector de servicios*, con el resto mayoritario de la población, las perspectivas de una mejor vida que eso pudiera implicar, unido a el *desconecte* de los más jóvenes con el sistema, incluso al perder el estado el monopolio y el control del mercado laboral, y las propias trabas del régimen al nuevo desarrollo empresarial, crean *el factor subjetivo del cambio*, el aspecto abstracto o más consciente del mismo. Este es el primer y más significativo gran cambio enfocado al cambio, donde la integración o estructura familiar ya no es igual, donde principalmente los más jóvenes, son los más críticos al sistema, influenciados además, por los espectaculares avances tecnológicos, por las comunicaciones que ahora son más avanzadas y globales, con un discurso político agotado por el tiempo, con las mismas necesidades y otras nuevas sin respuesta, todo lo cual crea una definitiva modificación en la conciencia individual, *un salto generacional*.

18.2 Ciclo de vida generacional del sistema

Cuando inicialmente una casta comunista cualquiera se erige triunfante dentro de un establecido sistema capitalista de producción y mercado, se adueña de todo y se fortalece represivamente pero, ahí mismo comienza el gran problema porque lo más difícil no es llegar sino mantenerse. Una vez que en su estertor final reinventan el capitalismo, estimulan y crean otros factores que no tienen en cuenta: ya aquellos medios fundamentales de producción iniciales no son tan importantes porque en el país no se produce casi nada, están arruinados sin mantenimiento ya muy anticuados, la miseria es el pan nuestro de cada día y la población ya no escucha cantos de sirena porque la práctica demuestra que el sistema no funciona y que han sido y son reiteradamente engañados, entonces, la importancia vital está en el área de servicios, ¿por qué? Porque *se vive día a día*, eso lo crean ellos por la ineptitud personal unida a la naturaleza propia del sistema, el oportunismo marxista y la falta de neuronas, *that´s it*. Los comunistas tratan de acallar los diarios reclamos de la población y flexibilizan más las normas permitiendo ciertas actividades empresariales fundamentalmente en el sector de servicios, pero, consolidan el factor subjetivo del cambio; es muy sencillo, porque esa área de servicios permitida es un espacio bien ganado, *no regalado*, influida por la absoluta incapacidad del estado, que es en sí el que decide permitirla pero, *debido a la presión popular.* Este tipo de *apertura* le permite obtener a los nuevos capitalistas, a los inicialmente diminutos propietarios privados márgenes pequeños pero continuos de ganancia y le ofrece al nuevo factor subjetivo, la chispa de las nuevas relaciones, materiales y sociales, de *intercambio de bienes y opiniones*, así como permite cierto auxilio a los abandonados del estado, al regalar un pedazo de pan a un hambriento o una moneda para que una señora frustrada pueda tomar el autobús que pasa cada 2 horas y no tenga que caminar otros cinco kilómetros hasta su vivienda, si tiene el privilegio de poseer una, humaniza las relaciones y despierta el pensar. Todo lo anterior crea la mentalidad de cambio que unida al capital, peso a peso y gota de sudor, a sudada dura gota, se van consolidando mientras se amplían las relaciones con el mundo exterior, todo lo cual propiciará el desmembramiento total del sistema, es la gota de agua constante sobre la dura roca, la gota necesitada y pensante sobre la roca volcánica rígida. El catalizador del cambio son las comunicaciones, por eso le temen tanto a un internet de libre acceso, sin restricciones, más ahora con un sistema global de relaciones, con tantos celulares que cada uno se convierte en un reportero en potencia, de grandes redes de comunicaciones imposibles de poder censurar totalmente con éxito. Ese estimulado factor subjetivo es el final del círculo vicioso totalitario, que *aunque lo hubieran podido predecir, es imposible de evitar por la esencia del sistema.*

Otro aspecto del nuevo factor subjetivo es, en ocasiones, también mal interpretado por muchos críticos y personas de buena voluntad, que dicen: "que el mismo es más amplio y fuerte en los que menos tienen, en la población necesitada". No es exactamente así, la nueva pequeña empresa privada se adapta pero no comulga con el régimen; lo anterior se debe a que *la nueva clase de nuevos empresarios,* es muy cierto, que en alto grado o por ciento tratan de cumplir con lo regulado por los comunistas y no meterse en problemas para que no le cierren su pequeños negocios o empresas pero, por cada empresario exitoso, hay muchos más clientes o personas de a pie, del pueblo, que visitan su negocio y es precisamente por ese eslabón más marginado y deprimido económicamente donde el nuevo factor subjetivo, con base en el humano deseo de vivir un poquito mejor, hace que las personas comiencen a pensar y sobretodo abandonar los estereotipos de los viejos lobos comunistas y tener como sus nuevos admirados héroes a los nuevos dueños. Ante una revuelta los nuevos empresarios cuidaran sus negocios, cerrarán las puertas para cuidar lo que tanto les ha costado pero, estarán rezando porque la revuelta triunfe y sin tantas trabas poder expandir su pequeña empresa. *Esto se debe a que el nuevo factor subjetivo tiene un aspecto de base material que se actualiza en un desarrollo de la conciencia personal,* porque la conciencia colectiva no existe, es otro invento marxista alucinante, en la que los comunistas creen, pero solo es un reflejo oportunista de grupo, recuerden, ese nuevo comerciante privado existe por permiso o con la autorización del régimen pero, por la demanda popular, sin los más desposeídos su gestión no tendría lógica, ojo, no confundir con los *hijitos de papá,* de la cúpula y sus allegados que abren negocios para la nomenclatura, eso es más de lo mismo, lo hubieran podido hacer siempre. Pasado un tiempo ese nuevo empresario, harto ya de ver como el estado comunista lo ata y lo sigue explotando, a través de excesivos impuestos, *llega a la conclusión de madurez que se comienza a poner de relieve en la economía de China comunista hoy,* la que actualmente ya comienza a sentir el enfriamiento restrictivo, a reducir más sus estimados de crecimiento, a presentar gran déficit en la cuenta financiera y de capital y está creando desconfianza entre los analistas: *no es posible el desarrollo de la libre empresa capitalista con controles marxistas de gobierno*, y así, provocado por el estado comunista, *se estrechan los lazos con la oposición* de una forma general y definitiva. En el caso de China, ya comenzó el descenso en picada libre, en el caso de Cuba ya tiró del paracaídas, en el caso de Venezuela, no le abrió ni el de emergencias, *ninguno abre*, pronto tocarán suelo.

El cambio no es idéntico o igual en cada país, es muy importante la fecha y las condiciones del momento en que asaltaron y tomaron el poder los comunistas, a balas o con votos. Países como Cuba y Venezuela disfrutaron de un floreciente capitalismo y cayeron después en el fatal error o abismo histórico socialista, no es lo mismo para la gigante China que llega al comunismo desde el feudalismo y conoce posteriormente el capitalismo. ¿Por qué no resulta igual? *Porque los antiguos trabajadores de empresas económicas privadas capitalistas tienen y mantienen la memoria y la conciencia empresarial*, y no es lo mismo haber vivido el capitalismo y entrar en un sistema absurdo inoperante que descubrirlo por contacto, referencia, simple necesidad de subsistencia o relaciones globales efectivas de desarrollo inaplazables, no es lo mismo iniciar una empresa nueva que robarla y destruirla, no es lo mismo tratar con un campesino que con un siervo. El socialismo o comunismo moderno es un accidente fatal que interrumpe un tiempo el curso del río capitalista tratando de borrarlo y al final, al ser barrido por el propio remolino que crea, es disuelto a totalidad por las corrientes de mercado y el capitalismo sigue ágil su curso emprendedor dinámico, dentro de su cauce perfeccionado, por eso todo lo que tenga la palabra, el nombre o el apellido *socialista* debe activar todas las alarmas, tales como el socialismo o comunismo marxista leninista o mahoísta, el Nacional Socialismo, el llamado Socialismo Democrático, el Socialismo Fabiano, etc., al final no se consolidan nunca y cambian una y otra vez de filósofos, de estrategias y de *mansos* líderes, en su mayoría oportunistas con un alto ego que los hacen hasta pensar que son ellos los nuevos líderes paladines de la historia mundial y poseedores de la verdad absoluta, deseando cambiar lo que muy bien funciona, por una utopía retrógrada y que además, como sistema, sigue evolucionando y rectificando de forma positiva para mejor y entonces fracasan, por simple lógica, porque al disminuir el papel protagónico del mercado y la empresa privada se condenan al fracaso sin alternativas y tienen que regresar a lo que destruyeron antes y entonces nacen otros miopes y vuelven a la misma letanía, ahora corregida y aumentada y generalmente se enfrascan en otros *nuevos* locos conceptos filosóficos, de cómo llegar al poder, en la gran mayoría de los sistemas actuales por medios pacíficos, por lo cual se separan del marxismo ortodoxo pero, en esa pérdida de tiempo se olvidan de la esencia que: no es en sí cómo llegar al socialismo sino mantenerlo, y nunca lo logran, entonces descubren el agua tibia y se dan cuenta que solo el libre mercado y la empresa privada, sin tantas dogmas, ataduras y centralización es la única capaz de garantizar el desarrollo y el bienestar, así como de acortar la desigualdad social y fortalecer cada día más la democracia, como sistema único y abanderado del desarrollo integral y la dignidad humana. *Privatizar es la fórmula del éxito, todo lo más posible, ningún estado es buen administrador*. Muchos saben más de lo que dice este libro pero no les importa pues lo que desean es el poder para enriquecerse y vivir bien.

Estoy convencido que el comunismo clásico se inicia con el latrocinio o robo de la empresa privada, en cuanto a estructura material confiscada, pero no en deseo empresarial ya que: *todo individuo lleva en su ADN una empresa capitalista de propiedad privada* y comienza su cuenta regresiva cuando tienen por necesidad que reinventarla. El ciclo de vida generacional de todas las dictaduras clásicas y electorales comunistas se ha reducido, como el de Cuba en relación a la rusa del 1917. Resulta imposible hoy para las modernas dictaduras electorales convertirse en totalitarias clásicas y abolir totalmente la empresa privada capitalista, no es factible por el fracaso del modelo marxista, *el patrón único es un disparate*, a corto plazo podrán obtener triunfos populistas en las urnas, *nadie escarmienta por cabeza ajena* pero, el ciclo se reducirá a un periodo electoral y *c'est fini*.

Para China es parecido pero no es igual, el mito de total desintegración del actual estado y país, si no es regido por el dictatorial partido comunista, no deja de ser eso, un mito. China tiene alas hacia el capitalismo liberal y es más sí creo que después de la desaparición, en dos o tres lustros del comunismo en el gigante asiático, habrá una nueva división territorial pero, no por consecuencias de la desaparición del papel rector de la economía del partido comunista sino, por necesidades inherentes a la propia globalización económica de mercado que implica una globalización social también y China tiene más de 50 etnias diferentes entre ellas más de 21 millones de musulmanes. No es posible aplicar a Cuba comunista ni a nadie *el modelo chino* porque cada país es diferente. Cuba vivió el esplendor del capitalismo por más de 5 décadas y está atorada en la sinrazón comunista desde un espacio-tiempo similar hoy, China lo está descubriendo, Cuba desmanteló centrales azucareros productivos a los cuales dejó sin mantenimiento y desaparecieron después de ser *canibaleados* para tomar sus partes o piezas y repuestos para otros en producción, lo mismo que sucedió y sucede en Venezuela con la industria petrolera, así fue la práctica a nivel nacional, no solo en la industria, miren los edificios de la propia capital habanera; China es diferente, es la *bella durmiente* que despierta al capitalismo desde la oscuridad medieval feudal que para ellos se prolongó más allá del año 1400 e.c., casi hasta ayer, en mi opinión y no me canso de repetirlo, gracias a la visión del señor presidente Richard M. Nixon, *en la mejor jugada anticomunista de la historia*, el gran visionario presidente norteamericano insertó el espíritu capitalista en China comunista sin utilizar la U.S. Séptima Flota ni los misiles intercontinentales, el presidente Richard M. Nixon lo logró sólo introduciendo y presentando al gran pueblo chino las suculentas hamburguesas de McDonald's, acompañas por una Coca Cola ¿No es eso una gran visión?

Una pregunta: ¿Cuántos nuevos millonarios hay o se han creado en China comunista después de la histórica visita del presidente Richard M. Nixon a esa nación, del posterior restablecimiento de relaciones diplomáticas y comerciales y la apertura capitalista en el gigante asiático? Son muchos y me atrevo a decir que hoy son más importantes desde todo punto de vista que los jerarcas enquistados del régimen, sin el poder radical de reprimir y asesinar, claro, por otra parte ¿No se comunican estos nuevos millonarios entre ellos, no se relacionan? Estoy seguro que sí comentan, y uno que otro también se lamenta de las grandes y tan absurdas trabas que significa el autoritarismo comunista, y uno que otro tiene e invita a sus majestuosas fiestas a los del politburó, y a uno que otro general fuerte y claro que estoy seguro que más temprano que tarde nos levantaremos con la ansiada noticia:

¡Se derrumba el comunismo en China, desintegrado el partido comunista, un gobierno provisional toma el mando y en breve convocará a la formación de diversos partidos y a elecciones libres y democráticas!

La única forma efectiva de mantenerse en el poder para un sistema comunista es ser o estar herméticamente cerrado por dentro y por fuera con un alto grado de represión a todo los niveles. Cualquier tipo de apertura es una fisura en la pared frontal de contención de la presa cautiva. *Reitero*, por el análisis realizado con anterioridad, en el capítulo 15 de este mismo libro, mi desacuerdo en el reconocimiento de la actual dictadura represiva comunista cubana que considero ha recibido una cuota de oxígeno en su *ciclo* o estertor final pero, ¡Señores comunistas cubanos, ustedes no tienen idea del nuevo lío que enfrentan, no en esencia por las nuevas relaciones con los Estados Unidos de América sino, por unir un gran problema más a su gran lista de problemas! Muy lento pero seguro actúa el capitalismo de mercado y claro que sí, es más lento que ustedes cuando irrumpen a balas o por fraude electoral y brutalmente toman por asalto y se roban los países y repúblicas y claro que sí, es más fácil de arriba para abajo ya que adueñarse del poder político, o revertir el comunismo como pasó en los países de Europa del Este, a la caída del muro de Berlín, también de arriba para abajo, es más rápido que los espacios que pulgada a pulgada va logrando esa empresa privada incipiente aunque estén ubicadas solamente en el sector de los servicios pero, no hay retroceso, incluso ustedes solitos van a descubrir una trampa que desconocen de grandes y trágicas consecuencias para la égida dinosáurica fascista aferrada al poder que se resquebraja, no por el oportuno y nuevo salvavidas lanzado por el vecino *imperio yanqui* al que tanto envidian, odian y desprecian sino, por algo que incluso desconocen: *el ciclo de vida generacional del sistema comunista* al que están entrando de rodillas, porque créanlo o no, y los comunistas lo saben bien, cualquier tipo de apertura es una derrota y una humillación para un sistema atrincherado que se abre por necesidad de ganar tiempo de subsistencia y no por mejores oportunidades para el sufrido y cada vez más reprimido pueblo, como sucede también hoy en China y Vietnam. No importa de donde venga la ayuda en dólares, el fracaso les espera, más tuvo Venezuela y no ha podido el absurdo chavismo evitar el abismo económico, político y social al cual están convictos y condenados los fracasados sistemas dictatoriales comunistas *por sentencia histórica.*

18.3 *Estructura del ciclo de vida generacional*

Según Lenin, el marxismo tiene tres fuentes y tres partes integrantes pero tampoco él vivió lo suficiente para darse cuenta y comprobar que además *hay tres tipos de paises comunistas y tres ciclos o etapas generacionales que lo sepultan.* Los tres grupos de paises, muy diferentes, donde el comunismo ha triunfado, en relación al capitalismo, son:

1.- *Los paises atrasados:* como Rusia, China, Korea del Norte, Laos y otros de igual similitud, generalmente dentro del área de influencia geopolítica de los dos más grandes insignes, donde el capitalismo no existía al triunfo de la ideología comunista o era muy incipiente. Vietnam es hoy la excepción con solo una parte atrasada inicial, la del Norte ya que después de unificado el país, adquiere la parte Sur donde existían relaciones capitalistas más avanzadas.

2.- *Los países intermedios*: como muchos de Europa del Este, y después de la Segunda Guerra Mundial, Cuba, el Sur de Vietnam, etc., que tenían de base relaciones capitalistas avanzadas, las cuales fueron interrumpidas por la conquista o triunfo comunista. El término intermedio se refiere a que en algún momento, como ya ha sucedido en la Europa del Este, estos países regresan al capitalismo y el comunismo es solo una parte intermedia insertada dentro del capitalismo, dentro de la propia historia, como un accidente fatal. Se diferencian de las electorales porque el triunfo comunista es cruento, bélico, a través de la subversión, de una invasión y de las armas. Conforman estados totalitarios radicales.

3.- *Las dictaduras electorales*: como Venezuela, Bolivia Ecuador, Nicaragua, que emanan de procesos democráticos genuinos y mediante el engaño se perpetúan en el poder cambiando la carta constitutiva y los básicos mecanismos electorales a esos manipulados fines. Nunca podrán llegar a consolidarse como clásicas totalitarias, aunque todas son intermedias en relación al capitalismo como sistema, antes y después de su triunfo. En su etapa final o estertor se vuelven más radicales, represivas y brutales pero, ya carecen de base ciudadana para superar los grandes obstáculos al poder.

Las tres etapas que caracterizan el ciclo generacional de vida de una dictadura o sistema comunista específico, están determinadas por *la fecha original de su triunfo*. Mientras más moderno es el mundo mucho más corto o efímero será su ciclo, que comenzando en el año 1917, era de 80 años para los países atrasados, después se redujo a 60 años para los países intermedios y a partir del año 1973 ya no rebasa los 20 años, lo mismo para las cruentas dictaduras clásicas que para las noveles dictaduras electorales, *esto significa que en las nuevas dictaduras o sistemas marxistas las tres etapas actúan, paralelas y también alternas, de una forma muy acelerada y con una duración máxima de 20 años, con tendencia a reducirse a sólo un periodo electoral en el futuro mediato.* Lo anterior implica la perdida de 60 años de rígido control estatal en el primer siglo, debido al desarrollo de la humanidad, de la tecnología y de la globalización en el área sensitiva de las comunicaciones que contrarrestan la manipulación efectiva Las características propias por etapa, considerando que cada generación dura 20 años, son:

A) Primera etapa de triunfo y consolidación: máxima duración posible de 40 años o dos generaciones para países atrasados con economía feudales o semifeudales, 20 años o una generación, para los países intermedios con anteriores florecientes relaciones capitalistas.

Para países atrasados como Rusia y China significó un avance económico, con un posible sincero respaldo popular inicial al gobierno. Para los otros países que interrumpen un proceso capitalista de propiedad privada y libre mercado es un accidente histórico fatal, un retroceso enorme, aunque llenan las plazas muy a gusto al principio y manipulados y obligados después, crea una real pesadilla popular dantesca que puede ser muy larga debido al estricto control político, económico y social por parte del estado y la gran represión, a todos los niveles, con la supresión de los más elementales derechos humanos. Se caracteriza por la apropiación de casi todos los medios de producción nacional y tierras agrícolas productivas, la erradicación del estado de derecho, prensa y libertades democráticas, asesinato y prisión de disidentes ideológicos, ampliación y fortalecimiento de los eficientes aparatos represivos, deformación histórica y la implantación de la ideología comunista a través del sistema educativo y los principales medios de difusión. Esta etapa es más propia y más lenta para aquellos sistemas totalitarias triunfantes antes del año 1973. En las hoy nuevas dictaduras electorales aplica en parte, ya que no es posible alcanzar tan alto grado de radicalización, ni el robo total de la propiedad privada.

B) Segunda etapa de decepción: la máxima duración posible en esta etapa para países atrasados e intermedios es por igual de 20 años o una sola generación. Las grandes masas populares, como ellos acostumbran a llamar a la población ciudadana, se encuentran bastante desilusionadas, los fracasos repetitivos y promesas de bienestar personal y social no se cumplen, el desabastecimiento golpea y la falta de libertad enoja, el mundo exterior más visionario, pronto se da cuenta que es otra estafa, muchos de los escritores, artistas y los intelectuales a bordo, que tanto ayudaron a la consolidación inicial, abandonan con disimulo el maltrecho barco averiado que aún flota. Internamente, esa generación aún comprometida, en parte, con el régimen comienza a tener familia, comienza a tener hijos y también a pensar que no desean lo mismo para ellos. La montaña rusa comienza a descender sin freno, porque no hay partido o ideología por encima de la familia. El papel del líder original a menudo, pasa a un segundo plano con mucho menos relevancia. En las nuevas dictaduras electorales esta etapa crucial, final de la luna de miel, se manifiesta entre los primeros 2 y 7 años.

C) Tercera etapa de derrumbe: la máxima duración posible de esta etapa es de 20 años o una generación, aplica a las dictaduras clásicas (1917-1973) y a todas las nuevas dictaduras electorales marxistas que inician su ciclo con la ascensión al poder del doctor Salvador Allende, en Chile, en el año 1973, la cual no llegó a consolidarse como dictadura electoral marxista por haber sido interrumpida por un golpe de estado militar pero, que estableció la posibilidad, por primera vez, de adueñarse del poder por medio del voto de una manera aceptada con una base electoral democrática y posteriormente manipular el sistema vigente democrático para perpetuarse en el poder, abolir las instituciones y al final, de ser necesario, radicalizarse para poder llegar a consolidar la brutal dictadura totalitaria, lo cual hasta ahora es un sueño y siempre lo será porque el sistema comunista tiene otra característica más que lo distingue: *es utópico al principio y al final*, el mejor ejemplo de dictadura marxista electoral hoy día lo constituye Venezuela. *Nunca* a estas nuevas dictaduras comunistas electorales le será posible la total erradicación de la propiedad privada ni la instauración de un régimen dictatorial totalitario comunista tipo clásico, porque la sociedad más activa y la correlación mundial a favor de la democracia ya no lo acepta pero, destruyen o causan mucho daño a las estructuras económicas del país que manipulan con gran daño y mayor sufrimiento para la población. Son un tipo de dictaduras marxistas adaptadas a los tiempos modernos donde las tres activas etapas se van alternando en un lapso máximo que nunca será superior a 20 años o una sola generación, con tendencia a reducirse. Como toda dictadura comunista se radicalizan más al final.

Esta tercera etapa es el derrumbe completo del sistema o ideología marxista, *la etapa final de consolidación de toda la oposición al régimen comunista* que incluye una nueva generación no comprometida con la ya gastada y enquistada cúpula gobernante, cansada de tanta represión y de la falta de oportunidades, que en vez de aplaudirla se burlan de lo anticuado y ridículos que lucen esos lidercillos anacrónicos clásicos y retrógrados o los modernos dictadores electorales que se encuentran a la entera defensiva con un discurso ya agotado y desprestigiado por el pragmatismo histórico y el divorcio de su base popular. El futuro se impone y ellos son el más obscuro pasado, reformas tras reformas de vuelta al capitalismo, críticas y pactos de última hora para en un cruento o incruento *se acabó,* terminar cediendo el poder. *Nunca, jamás,* en un país donde el inepto sistema comunista fracase volverá a resurgir, pues esa gran ignorancia inicial, ese factor oportunista inicial que utilizaron como un arma populista muy efectiva en el fraude y asalto, ya no podrá ser manipulado nunca más, la mala experiencia convertida en parte importante del *razonamiento histórico y la constante memoria y conciencia empresarial nacional,* siempre estará alerta y no lo permitirá, aunque pasen muchos años más, ni aún disfrazado de renovado. El fracaso es tal que el camino se cierra, es por siempre irreversible para cada pueblo en particular, porque también es muy cierto que: *los pueblos no graban en su razonamiento histórico lo ajeno.* Ojalá no fuera así, evitaría derramar muchas lágrimas innecesarias.

Teniendo en cuenta todo lo expuesto, podemos hacer un breve análisis del comportamiento real histórico:

-La revolución bolchevique triunfa en Rusia el día 7 de noviembre de 1917 posteriormente, pasados 5 años, el 30 de diciembre de 1922 se funda o constituye la nueva Unión de Repúblicas Socialistas Soviéticas, Unión Soviética o URSS por sus siglas, que se desintegra el 25 de diciembre de 1991 lo cual implica 74 años de existencia comunista, desde el primer día del triunfo bolchevique hasta la desintegración total de la Unión Soviética, que lo ubica dentro del cálculo o el ciclo estimado de vida generacional comunista para países atrasados, estimado en ese caso, en 80 años.

-En China, el comunismo se establece el día 1 de octubre de 1949 y actualmente está en control del gigante asiático por lo que ya han transcurrido casi 66 años ininterrumpidos desde su inicio, lo cual como país atrasado, sin experiencia consolidada capitalista al triunfo del comunismo, lo ubica en el rango aceptable de cálculo o el ciclo estimado de vida generacional comunista con un máximo de 80 años o cuatro diferentes generaciones, para un país que abrazó el nefasto sistema político, económico y social marxista, en medio de características feudales propias y que estimo no estará en control del poder para el día 1 de octubre del año 2029.

-En la hoy Cuba castrista el sistema comunista triunfa de forma cruenta, como en Rusia y China, el día 1 de enero de 1959 y actualmente mantiene el rígido control dictatorial en todo el país. Basado en ese dato se comprueba que lleva más de 56 años ininterrumpidos de sistema comunista rector de toda la vida nacional por lo cual se pone cerca del límite máximo de 60 años para un sistema comunista intermedio que interrumpe un capitalismo floreciente o se inserta por accidente histórico en el mismo. *Me atrevo asegurar* que antes de cumplir los 60 años establecidos, en o antes del 1 de enero del año 2019, el sistema comunista castrista *caerá por el propio peso histórico generacional que lo condena.*

-Varios otros países comunistas pertenecientes a la esfera soviética de Europa Oriental y al llamado campo socialista, después de finalizada la Segunda Guerra Mundial hasta la caída del Muro de Berlín, como fueron la Alemania del Este u Oriental, Hungría, Polonia, Checoslovaquia, Yugoslavia, Bulgaria, etc., tuvieron una vida generacional comunista estimada acorde a la hipótesis, otros países de Asia, como Korea del Norte, también el Vietnam unificado en un solo país de la esfera China, así como otras naciones bajo la misma influencia de Pekín o Beijing en la región, también se encuentran en este momento dentro del cálculo correcto o la hipótesis de vida máxima generacional comunista. Sólo hay que seguir insistiendo, el tiempo dirá.

El sistema comunista internacional sencillamente tiene los días contados. La cuenta regresiva ha comenzado para bien de la humanidad que lo conoce, lo ha padecido, padece y evidentemente lo rechaza cada día más.

Teniendo presente, la en este libro expuesta: *Hipótesis del ciclo de vida generacional del sistema comunista, clásico y las nuevas dictaduras electorales*, tenemos como fechas máximas de ejercicio marxista populista del poder, o fechas terminales, las siguientes:

China comunista	1 de octubre de 2029
Korea del Norte	9 de septiembre de 2028
Vietnam	2 de septiembre de 2025
Cuba comunista	1 de enero de 2019
Chavismo en Venezuela	2 de febrero de 2019
Vladimir Putin	7 de mayo de 2020
Evo Morales	22 de enero de 2026
Daniel Ortega	10 de enero de 2027
Rafael Correa	15 de enero de 2027

Nota: como expresé anteriormente, pienso, que en los casos de los gobiernos de Vladimir Putin en Rusia y Nicolás Maduro en Venezuela, la baja del precio del petróleo servirá como un gran catalizador para el salto cualitativo a favor del cambio, los cuales podrían producirse mucho antes de la fecha aquí indicada pero, nunca después de la misma.

18.4 Las causas de la reducción del ciclo

En primer lugar: tenemos *la práctica*, que demuestra que el sistema basado en la ideología marxista no funciona, ya que es incapaz de consolidar la primera fase socialista.

En segundo lugar: *la historia*, que permite comprobar mediante simple comparación que en situaciones idénticas el sistema comunista es un fracaso total, por ejemplo: toda Alemania estaba destruida después de la Segunda Guerra mundial, al quedar dividida una vez concluida la guerra, la parte libre occidental se desarrolló y la oriental comunista se hundió en la miseria y la represión brutal, incluso hasta le fue imposible superar muchos problemas de la guerra.

En tercer lugar: *el notable avance en el mundo libre* de la ciencia y la tecnología, lo cual trae aparejado la elevación de todos los estándares de vida de la población en general y un cambio cualitativo de bienestar social a nivel mundial.

En cuarto lugar: *las redes sociales y el internet* global que terminan con el tan rígido monopolio de la información estatal hermética. Las comunicaciones y el efectivo nuevo poder de convocatoria acrecientan los deseos de libertad, son factores del cambio deseado, porque además, posibilitan la organización de la disidencia y el respaldo internacional.

En quinto lugar: *la célula familiar* más cohesionada y activa alrededor de los elementos más jóvenes de la misma, por ser esencialmente la juventud la más abierta opositora al régimen, liderada por *la vanguardia estudiantil disidente*.

En sexto lugar: el cambio definitivo como producto del *advenimiento de una nueva conciencia personal* por todo lo anterior, se valora la libertad por encima de las necesidades. La práctica da más experiencia, cultura, sentido y visión.

Capítulo 19   Los grandes retos

Es muy importante primero aunar fuerzas y destruir al terrorismo global de Isis y asociados, pero acto seguido, hay que comenzar a estabilizar la región y a enmendar los errores que el mundo occidental ha cometido y que en parte estimulan y nutren el fanatismo extremista radical y le dan una mayor fluidez al verbo de los oportunistas de turno. No es que toda la culpa de lo que sucede en la región la tenga que cargar occidente, se trata más bien de que el mundo libre y civilizado, con sus genuinos valores de avanzada, sea el ejemplo y el artesano de la estabilización democrática en la región, los grandes retos necesitan experimentados guías.

-El terrorismo de Isis y de otras muchas organizaciones genocidas yihadistas en el actual escenario del oriente, debe ser confrontado con eficacia en el terreno militar por las tropas de combate kurdas, árabes, musulmanas, africanas, etc., involucradas en el conflicto, y de todos aquellos países fronterizos afectados, ni los Estados Unidos de América ni ninguna otra nación del mundo occidental deben poner un solo soldado de sus ejércitos en el frente o campo de batalla, salvo los asesores y especialistas requeridos, las fuerzas élites de rescate necesarias para acciones relámpago en un momento dado, personal de inteligencia, instructores, etc. La participación de los Estados Unidos y la coalición aliada en el conflicto armado debe ser *sólo* de apoyo aéreo y naval, suministros bélicos, con un estudio previo de a quiénes se le entregarán dichos recursos para no repetir errores pasados.

-Junto a Isis debe ser depuesto el régimen de Bashar al-Asad y limpiar a Siria de todas las organizaciones terroristas y construir un nuevo estado democrático, un nuevo país de oportunidad y bienestar para todos, sin hambre, sin abusos, con trabajos, educación y salud, de inclusión para cada una de las distintas etnias y religiones, de ayuda general a ese pueblo que tanto ha sufrido y tanto necesita de occidente. La base naval rusa en Tartus, en el mar Mediterráneo, si no es arrasada antes por Isis y los terroristas yihadistas, debe ser desmantelada por el nuevo gobierno libre de Siria.

-Hay que ayudar a Egipto a consolidar su democracia, a derrotar a la terrorista Hermandad Musulmana que trata de desestabilizarlo continuamente. El papel de Egipto en toda la región, en firme alianza con el Estado Judío de Israel y una nueva nación kurda soberana, es de suma importancia y occidente debe apoyarlo a superar cualquier tipo de crisis económica, política o social que el terrorismo provoque.

-Es muy importante resolver el pendiente problema de un estado para el heroico pueblo kurdo en el Irak actual, ya que constituye la mayor nación del mundo sin un estado soberano. La región autónoma conocida como el Kurdistán Iraquí debe cuanto antes poder convertirse en un estado libre y soberano para la nación kurda, reconocida por la ONU. Pienso que lo mejor es *dividir a Irak en tres países*, en tres diferentes estados y naciones democráticas todas, soberanas, un estado kurdo, otra sunita y un tercero chiíta para poner fin a algo, que a mi modo de ver, es una tarea pendiente por parte de occidente. Hay que tener mucho cuidado con el terrorismo kurdo en Irán, en Siria y muy especialmente con los terroristas del PKK de Turquía. En los acuerdos de establecimiento de la nueva nación soberana kurda en el hoy territorio de Irak, hay que obtener el serio compromiso de todos sus democráticamente electos dirigentes, en participar y ayudar, en respaldar sin reservas y con gran entusiasmo a occidente, en la coordinación y neutralización de todas esas actividades intolerables de las facciones terroristas de algún relieve o influencia dentro del pueblo kurdo en Turquía, Irán, Siria y Rusia. Occidente tiene que tener muy presente la ayuda de los valientes Peshmerga del Kurdistán iraquí, o sea, de los combatientes kurdos, contra Saddam Hussein y el grupo Al-Qaeda, así como también su importantísimo aporte en la lucha contra el terrorismo y el expansionismo de Isis. Un futuro con una firme alianza entre la nueva nación kurda, con Egipto y el Estado Judío de Israel, será sinónimo de un futuro de estabilidad y paz en la región.

-Se debe tener muy presente las inquietudes de Turquía en cuanto a un fortalecimiento de los terroristas del PKK kurdo en su suelo, una nueva nación kurda en el Kurdistán Autónomo Iraquí debe ser motivo de unión y reconciliación de todas las partes y no de la creación de nuevos conflictos y enemistades alimentadas por viejas rencillas pendientes. Los territorios ocupados por los kurdos en Turquía, Siria e Irán deben ser motivos de conversaciones entre el nuevo estado Kurdo, creado en territorio de Irak y el gobierno turco y demás gobiernos alineados con occidentes que se establezcan como naciones soberanas sunitas y chiítas en el extinto Irak y la nueva nación Siria. Hay que escuchar a Turquía, analizar sus temores sobre un posible estado kurdo con posible influencia radical ideológica comunista.

-Se debe ayudar a la heroica oposición iraní a derrocar al régimen terrorista de los ayatollahs, no es posible la paz en la región y en el mundo con semejante amenaza; Irán debe ser también un país democrático aliado y amigo de la comunidad de naciones libres. No es posible lograr la paz en ninguna parte del mundo si existe una país islámico que tiene como fundamento de gobierno la ley de la Sharia, la cual debe ser rechazada como elemento institucional de gobierno en todo el planeta y puesta al mismo nivel de otras prácticas inadmisibles por parte de la humanidad en su conjunto tales como: la Inquisición, el nazismo, el fascismo y el Holocausto Judío, la segregación racial y el terrorismo. *La guerra de poder particular, dentro del conflicto general, entre Irán e Isis debe terminar con la derrota de ambos.* Isis es el peligro nuevo visible, Irán el solapado de siempre.

-Se debe erradicar el movimiento talibán de forma total y absoluta en Afganistán y Pakistán hasta poder asegurarse que no resurgirá y retomará el poder después de la retirada de las tropas de apoyo norteamericanas hoy en la República Islámica de Afganistán. Su activa presencia e ideología terrorista islamista radical de confrontación constituye una real preocupación y un peligro para dicho país. Después de ser derrotado en el 2001, los talibanes se han reagrupado constituyendo actualmente un agresivo y fuerte reto como movimiento guerrillero, como grupo asimétrico insurrecto de confrontación y lucha contra el débil gobierno afgano que no ha conseguido estabilizar el país a pesar de la ayuda internacional norteamericana, de la OTAN y otos países vinculados al conflicto. Cada día están más cerca de Isis con un islamismo muy radical basado en la ley de la Sharia de características wahabí o salafista sunita que predominan en Arabia Saudí y son causa del terrorismo fundamentalista.

-Hay que ayudar a Yemen a salir de su profunda crisis de desintegración y sangrientos enfrentamientos por lo frágil y fraccionada que resulta su estructura social manipulada por insurgentes y grupos terroristas radicales donde destaca Al-Qaeda con base en ese país bicontinental asiático y también africano. En la actualidad los Huthies, una tribu chiíta que cuenta *con todo el abierto apoyo de Irán* han dado un golpe de estado y se pudiera decir que controlan una parte del país árabe y también musulmán y aunque se dicen enemigos de Al-Qaeda, la realidad es que la actual situación yemení es precisamente a esa tenebrosa organización terrorista a quien más beneficia. La llamada Al-Qaeda de la península arábiga

AQPA por sus siglas, es la responsable de múltiples ataques terroristas planeados y financiados desde Yemen donde entre otras resaltan el ataque al destructor norteamericano Cole, en octubre del año 2000 donde resultaron muertos 17 marines, así como también, el ataque a la embajada de los Estados Unidos en Yemen realizado el 17 de septiembre del año 2008, además muy recientemente esa organización o rama de Al-Qaeda se responsabilizó con el criminal ataque al semanario francés Charlie Hebdo en París. Lo importante y peligroso de todo lo que sucede en Yemen es que en un entendimiento, *que más temprano que tarde se consolidará*, entre Al-Qaeda y la terrorista Isis o estado islámico, pone a Yemen más cerca del abismo total, del factible riesgo de ser totalmente ocupado y controlado por el fundamentalismo islámico en sus aspiraciones globales y no se perfila una figura o grupo que pudiera de forma efectiva parar a estos bárbaros ya que esa tribu de los Huthies es la punta de lanza de Irán en la región, especialmente contra Arabia Saudí que hoy pelea en Yemen contra intereses de Irán apoyada por Estados Unidos que a su vez es aliado de Irán en Irak contra Isis. Esta guerra islámica de carácter particular entre sunitas y chiítas tiene que ser *muy bien observada y manejad*a por los Estados Unidos para que se mantenga *un equilibrio lógico entre ambas tendencias* pero, manteniendo a Arabia Saudí como su aliado, derrotando a los ayatollahs radicales en Irán y eliminando su influencia en Siria, Líbano, Irak, Yemen, América y todo el mundo, destruyendo a Isis, Al Qaeda, Boko Haram, etc., y apoyando sin reservas a Israel.

-Hay que prestar especial cuidado al terrorismo de Isis y asociados en Libia que pudiera convertirse en plataforma futura para ataques a Italia y Ciudad Vaticano, de inicio.

-En esta última etapa de agresiones y sueños pasados de autoritarismo global y esa nostalgia de gran potencia de antaño se debe hacerle saber de forma clara a Rusia, por parte de la comunidad internacional y especialmente de la OTAN, que no serán aceptadas sus actuales incursiones e intromisiones en territorios ajenos de sus países vecinos que desean se respete su popular decisión de ser democráticos independientes y soberanos. Europa libre debe asimilar a esos países que así lo deseen y especialmente la OTAN para protegerlos del siempre latente peligro ruso hasta que la libre empresa y el heroico pueblo ruso barra con todas esas viejas élites. Algún día no muy lejano otras etnias y regiones se separarán también de rusia formando nuevos países y el mundo occidental debe estar listo para colaborar con las mismas, incluso para aceptar a una nueva Rusia verdaderamente libre y democrática en su seno.

-En cuanto sea estratégicamente posible, la comunidad de naciones libres en la ONU deben enmendar el error de la resolución 181 aprobada por la Asamblea General de esa organización de fecha 29 de Noviembre de 1947 y asignarle la ciudad de Jerusalén al Estado Judío de Israel por historia y por derecho. Jerusalén debe ser separado de Cisjordania y pasar a ser territorio soberano del Estado Judío de Israel por reconocimiento internacional mientras que el resultante del territorio actual de Cisjordania, así como la Franja de Gaza, sin Hamás ni otras organizaciones terroristas árabes, deben constituir el soberano y también democrático nuevo Estado de Palestina con total reconocimiento internacional.

El Estado de Israel es *la única nación democrática de la región* en conflicto en la actualidad. En los libros sagrados de las tres principales religiones monoteístas con más fieles, incluyendo el Corán, se habla del pueblo judío en Jerusalén pero ningún texto se refiere, ni en una sola oportunidad, al pueblo palestino. No es aconsejable ni ético el temor a la verdad nunca, menos si paz y estabilidad son los objetivos. Deben existir dos estados, uno judío y el otro árabe, deben existir el Estado Judío de Israel y el Estado de Palestina, pero *Jerusalén debe ser asignada y reconocida por mayoría internacional, en su total extensión, como la capital del Estado Judío de Israel unida y soberana.* Todo palestino que desee permanecer y residir en Jerusalén u otra ciudad israelí, es casi seguro que el Estado judío de Israel se lo permitirá, acorde a sus propias legislaciones y leyes al respecto. El mundo sabe que el Islam surgió en el año 622 de nuestra era con la predicación del profeta Mahoma en la ciudad de la Meca, Arabia Saudita, y que ya desde hacía mucho existía el Templo de Jerusalén construido por el rey Salomón, 1582 años antes de esa fecha, como un lugar sagrado para los judíos que habitaban la ciudad desde varios miles de años antes de su construcción. El templo fue destruido y vuelto a construir como consecuencia directa de diferentes conflictos y ocupaciones, hoy en ese lugar está el Domo de la Roca, que fue construido entre los años 687 y 691 de nuestra era por el noveno califa Abd al-Malik para venerar la subida al cielo, para reunirse con Dios, desde ese lugar, del profeta Mahoma; por lo tanto es tan sagrado para los judíos como para los musulmanes, y *eso es posible de conciliarse basándose en la comunicación y la fe*, pero que indudablemente está relacionado de forma primaria a la milenaria religión judía, con muchos años de diferencia. Ahondando en este punto es bueno recalcar que en el año 621 e.c. no había ninguna mezquita en Jerusalén, que en ese entonces era una ciudad cristiana del imperio Bizantino, incluso sin musulmanes habitantes, los cuales llegaron a dicha ciudad en el año 637 e.c. pasados 5 años de la muerte del profeta Mahoma. Eso lo dice y confirma la historia.

Toda la problemática acerca de Jerusalén, la Mezquita de al-Aqsa, el Monte del Templo, considerado el tercer lugar más sagrado por el Islam, en cuanto al reclamo de los musulmanes está basado en la Sura 17,1 del Corán que habla de un viaje nocturno del profeta Mahoma en el año

621 e.c. en su caballo Burak a la mezquita más lejana, su subida al séptimo cielo, su sagrada conversación con Alá y su regreso a la ciudad de la Meca, todo en la misma noche, en su incansable y además extremadamente tan veloz corcel donde recorrió aproximadamente 2478.62 kilómetros en viaje físico de ida y vuelta en una sola noche. No existe evidencia alguna por parte de la historia de que el profeta Mahoma haya estado alguna vez en la ciudad de Jerusalén; otros analistas y filósofos piensan que el viaje nocturno, si se realizó, fue a a la ciudad de Medina, más cerca de la Meca, en la propia Arabia Saudita y no a Jerusalén, también se habla de un lugar entre la ciudad de la Meca y Taif donde existían dos mezquitas llamadas: la mezquita más cercana y la mezquita más lejana a cientos y cientos de kilómetros de Jerusalén. Cabe señalar que la palabra Jerusalén o al-Cuds, en árabe, no aparece ni una sola vez en el Corán, mientras que en la Biblia se menciona más de 800 veces.

Lo que es innegable desde el punto de vista histórico es, en resumen lo siguiente: El Primer Templo de Jerusalén fue construido por el rey Salomón alrededor del año 960 a.e.c. en el mismo lugar que ocupa hoy la mezquita de al-Aqsa y el Domo de la Roca en dicha ciudad, fue destruido por los babilonios y su rey Nabucodonosor II en el año 586 a.e.c., posteriormente el Segundo Templo de Jerusalén se erigió en el año 535 a.e.c. por Zorobabel un carismático lider de los judíos exiliados que retornaron de Babilonia y más tarde fue reconstruido y ampliado por el rey Herodes alrededor del año 20 e.c. El Segundo Templo de Jerusalén que también es llamado el Templo de Herodes, fue destruido en el año 70 e.c. por Tito, comandante en aquél entonces del imperio romano, convirtiéndose después en emperador del mismo.

Es necesario señalar que cuando la ONU mediante la resolución 181 de su Asamblea General dividió Palestina en un estado judío y otro estado árabe, determinó la total internacionalización de la ciudad sagrada de Jerusalén pero posteriormente en guerra agresiva altera y violatoria de los acuerdos de 1948, Jordania anexo la parte este de la ciudad de Jerusalén y la mantuvo como su territorio cuando ocupó Cisjordania, incluyendo el Monte del Templo, sin acceso desde ese momento para los judíos y cristianos; *la ONU no envió los cascos azules para sacar a Jordania de Jerusalén.* En el año 1967 el Estado Judío de Israel defendiendo a su pueblo y su soberano territorio de otra múltiple y cobarde agresión árabe, a traición, ocupó esos territorios, los cuales estuvo dispuesto a devolver mediante un tratado de paz estable y duradero, a lo cual se negaron Jordania y el mundo árabe, posteriormente el día 30 de julio del año 1980 fue aprobado por la Knéset o parlamento israelí, La Ley Fundamental: Jerusalén Capital de Israel, la cual establece a la ciudad de Jerusalén como: *capital eterna e indivisible de Israel y el pueblo judío.* Así debe ser por justicia histórica.

Todo lo anterior indica que la reclamación árabe sobre Jerusalén es infundada desde el punto de vista histórico por lo cual debe ser rechazada y asignada por justo y pleno derecho, con reconocimiento internacional, a sus únicos, verdaderos y genuinos pobladores, a sus únicos dueños, el milenario pueblo judío, representado por el estado soberano, democrático e independiente de Israel. Hay otras evidencias recientes que se deberían aclarar bien sobre los reclamos específicos yihadistas islamistas de Jerusalén, por ejemplo, preguntarle a los terroristas de Hamás. ¿Por que si Jerusalén es tan sagrada para los musulmanes ustedes lanzan misiles asesinos sobre la ciudad, que incluso pudieran dañar la mezquita sagrada de al-Aqsa?

Las conversaciones entre Israel y la ANP son posibles pero todas las peticiones y reclamos deben ser claros y objetivos y la comunidad internacional debe luchar por el acuerdo sobre la base de la justicia y la razón histórica.

Cualquier reconocimiento prematuro del unilateralmente declarado Estado de Palestina por parte de occidente, solo entorpecerá las conversaciones, que precisamente el mundo libre debe alentar. Es cierto que la resolución 181 de la ONU de 1947 estableció un estado árabe y otro palestino, es muy cierto también que Jerusalén quedó bajo el control internacional, pero nadie puede olvidar que fueron los propios palestinos y el mundo árabe, a una voz y en su conjunto, los que la rechazaron de inmediato mientras la nación Judía la acataba con disciplina, fervor por la paz y responsabilidad. ¿Saben por qué? Es fácil, el mundo árabe pensó que podía hacer desaparecer al estado judío israelí por la fuerza y lo intentó muchas veces; Israel se defendió y ocupó algunos territorios a través de varías décadas para garantizar su soberanía, que era violada una y otra vez sin el menor respeto ¿Por qué se condena al estado Judío? ¿Es que acaso es la primera vez que sucede? *La hipocresía histórica* ¿Con cuántas reclamaciones similares se ha visto ocupada la corte internacional de justicia y cuántas aún hoy están pendientes de solución? Muy reciente, durante las Primera y Segunda Guerra Mundiales, *muchas fronteras del mundo cambiaron mientras los judíos no tenían patria* y los palestinos no existían, solo me refiero al siglo XX, si vamos al siglo XIX la situación se complica aún más. No estoy diciendo que no debe existir un Estado de Palestina, estoy diciendo que no se interfiera en las negociaciones entre israelíes y palestinos ya que eso implica el riesgo de tener un reconocido Estado Palestino pero que el conflicto no se detenga; el problema en sí no radica en un reconocimiento diplomático que fue rechazado antes y que ahora los que los rechazaron se percatan de que cometieron un error, lo cual es sabio rectificar, pero el reconocimiento debe llegar solo y después de lo más importante: un acuerdo sin presión ni intromisión de las dos partes involucradas en el manipulado conflicto, un acuerdo de reconocimiento y respeto mutuo que garantice una paz estable y duradera entre ambos estados. Cualquier otra solución, no es solución, es más de lo mismo, es o será como: *arar en el mar*.

Todos sabemos que lo más válido sería para el sufrido pueblo palestino reclamar un territorio dentro de Jordania de Siria o Irak, pues de ahí es donde ellos provienen. Todos sabemos que ese reclamo es más bien una estrategia árabe, posterior a la fecha en que el Estado de Israel promulgó su independencia como nación en 1948, que un derecho propio y justo de nacionalidad árabe-palestino; entonces sí, se debe reparar el error incurrido, de la única forma posible, en un contexto de lógica racionalidad y diplomacia histórica. Se le debe hacer saber a la ANP lo que siempre ellos han sabido, Jerusalén no les pertenece, *el Domo de la Roca está ahí por la fuerza de los ejércitos que destruyeron el sagrado templo judío una y otra vez, no por propiedad histórica,* se le debe llamar a la cordura y hacer entender que es la única forma lógica de tener, con la anuencia o aprobación del Estado Judío de Israel, un patria palestina libre y soberana, con una visión de futuro en racional coexistencia de gran respeto y cooperación con el estado judío, de esa forma todos ganan.

A modo de resumen podemos decir que solo existen tres alternativas posibles:

1.- La ANP y Hamás ayudado por otros grupos y naciones árabes barren totalmente del mapa al Estado Judío de Israel, *lo cual es imposible*.

2.- El Estado Judío de Israel indemniza a todas y cada una de las familias palestinas e individuos árabes para que regresen a sus territorios verdaderos de origen y abandonen la Franja de Gaza y Cisjordania y se hace con todo el total control, solo para judíos, de ambos territorios. No reconoce un Estado Palestino, *lo cual es, o resulta muy improbable*.

3.- Se continúan de forma seria, justa y constructiva las conversaciones de paz y reconocimiento de un Estado de Palestina, por parte de la ANP y el Estado Judío de Israel sin injerencia de terceros, pienso que *es la mejor opción*.

Cualquier otra variante será prolongar el conflicto y entonces todos pierden y nunca existirá un Estado de Palestina rodeado de la añorada paz. Es la única forma que existe para que los nobles pueblos de Israel y Palestina puedan ser felices y vivir en esa paz estable y duradera que los dos añoran. Es posible, ojalá la cordura se imponga.

-Una vez desaparecido el terrorismo de Isis, EI, Hamás, Hezbolá, Al-Qaeda, la Hermandad Musulmana, el PKK, etc., con los avances democráticos en todo Egipto, con una nueva Siria, con una nueva nación kurda, otra sunita y otra chiíta en el actual Irak, con una nación Palestina soberana con su capital, previo acuerdo, en cualquier otra ciudad de Cisjordania que no sea Jerusalén o en la Franja de Gaza, con la desaparición del régimen terrorista de Irán, con la cooperación y buenas relaciones de todos en la región con el Estado Judío de Israel, reconocido ya su derecho a existir, la paz será estable y permanente en la región.

Grandes son los retos, no reconocerlos es disminuir las posibilidades del necesario y deseado triunfo, es muy cierto, hoy el terrorismo amenaza Australia, avanza en Cercano o Medio Oriente, en Asia, África en toda Europa y hasta en la misma América, es cierto, Nigeria, Túnez, Libia y el propio Egipto, afectada está Jordania, padecen los efectos Yemen, Chad, Níger, Camerún, todos con actividades terroristas en una mayor o menor escala, que decir del propio Israel, de Líbano, de Siria e Irak, donde se ha proclamado ese absurdo califato, el autodenominado estado islámico, hay presencia activa de la organización terrorista radical Jemaah Islamiya en Filipinas, Indonesia, Malasia, Singapur, etc., hay muchos más pero, todos serán derrotados porque no tienen la razón, porque la historia y la justicia está de nuestra parte. A continuación deseo ofrecerles unas elocuentes palabras del dibujante sueco Lars Vilks, objeto de un reciente y cobarde atentado en Copenhague, Dinamarca:

"No se negocia con conceptos como la democracia o la libertad de expresión. No podemos dejar que las amenazas nos condicionen y pongan en tela de juicio nuestras reglas. No podemos sucumbir. No podemos cambiar nuestra idea de democracia solo porque no le gusta a unos asesinos".

Sobran los comentarios.

-Se avecinan grandes cambios, si miramos el mundo y analizamos la tasa de crecimiento, en un planeta que tiene y tendrá siempre el mismo tamaño, no será difícil llegar a la conclusión que las próximas tensiones o posibles guerras serán también por motivos territoriales con fundamentos económicos de vital supervivencia, lo cual las haría más dolorosas y crueles, más que por la tierra en si, pudiera ser por aquellas tierras muy ricas, no en oro o petróleo sino, por aquellas *tierras vitales con fuentes de agua potable*, por esa fórmula química, por ese elemento básico y fundamental para la vida que es el H_2O dondequiera que se encuentre, incluso debajo de las arenas del Sahara o en cualquier otro desierto que posea fuentes potables del preciado líquido.

Algo se debe poner de relieve y es el limite en la técnica de fracturación hidráulica o Fracking en inglés que permite la obtención no convencional de petróleo actualmente del subsuelo, previamente inalcanzables, teniendo en cuenta la real demanda ascendente de la población mundial y por ende, de la necesidad de agua potable actual pero, mucho mayor en el futuro mediato, así como también, la posible contaminación de los acuíferos que garantizan la vida, el elevado consumo de agua para obtener el petróleo que esta técnica implica, unido todo a la muy posible contaminación ambiental y la mayor generación de actividad sísmica. A medida que otras fuentes de energía renovables se vayan imponiendo, o sea, se vayan perfeccionando y haciéndose económicamente más factibles y razonables, entonces, debe dejarse de aplicar esa técnica y mantenerla como un recurso o método de emergencia, al igual que el carbón natural y todas las fuentes de energías no renovables que se conocen y que son altamente contaminantes del medio ambiente. *La era de los combustibles no renovables contaminantes debe terminar cuanto antes, el desarrollo debe estar basado en diversas energías limpias renovables que no comprometan el agua potable ni la alimentación de la población mundial.*

Por otra parte la ciencia debe encontrar una fórmula que permita la neutralización del daño que produce el anhídrido carbónico perjudicial en la atmósfera terrestre que evite el mortal efecto invernadero que el CO_2 produce vinculado a la actividad humana, según se cree. Una forma factible sería la transformación genética de ciertas especies de árboles y plantas para que puedan absorber mayores cantidades de CO_2. Se sabe que mientras una mitad del planeta recibe los rayos del sol en la otra mitad es de noche y se sabe también que la fotosíntesis de las plantas se realiza en el contacto de las mismas con la luz solar y que mediante este proceso las plantas liberan oxigeno a la atmósfera. Si duplicamos la fotosíntesis en ambas mitades del planeta lo cual es factible mediante diferentes métodos que no vienen al caso ahora, y se siguen disminuyendo los actuales niveles de monóxido de carbono en el medio ambiente, mediante otras estrategias científicas, tampoco materia de análisis ahora, estaremos de hecho ayudando a disminuir la tendencia a altos niveles de concentración de CO_2 en la atmósfera del planeta, o por lo menos se garantiza, de una forma teórica, los actuales niveles seguros con tendencias a la disminución paulatina de los mismos, mientras se van implementando o descubren nuevas técnicas más efectivas o superiores de neutralización a dañinos contaminantes. Si hoy, el dióxido y el monóxido de carbono son un problema, la ciencia es la solución.

El desarrollo potencial del cerebro humano es inmenso, aún no utilizamos ni la décima parte de su capacidad total, con frecuencia se producen innovadores descubrimientos científicos que parecen increíbles, cada día la ciencia se ve más vinculada a las interrogantes, ya existe explicación para la lluvia y el sol, para los cometas, ya nadie afirma que el planeta Tierra es el punto central de nuestro Sistema Solar o universo, ya no morimos de muchas enfermedades, antes mortales, para las cuales existe cura efectiva, ya no vivimos en cavernas y así se dirá también en un futuro, cada día más cercano cuando se afirme: ya no vivimos en los tiempos en que el monóxido de carbono le quitaba el sueño al planeta.

Hay que tener especial cuidado con el sentido alarmante de las campañas publicitarias actuales sobre el denominado cambio climático y calentamiento global que para mi están relacionadas pero son esencialmente, *dos cosas totalmente diferentes*. El cambio climático existe desde que se formó el universo expansivo hace alrededor de 13750 millones de años y posteriormente nuestro planeta hace 4550 millones de años, cada segundo, cada día desde el mismo Big Bang, el calentamiento global ocurre en la tierra por diversos y diferentes factores entre los que se encuentra, *entre otros*, la actividad humana, la cual es factible de controlar.

La democracia y el mundo libre son la gran interrelación a voluntad de mayorías y la espontaneidad consecuente de esas relaciones de intercambio, liderados por los Estados Unidos de América, se basan en una economía fuerte de sus mercados y cualquier factor que pudiera afectar ese tan necesario e imprescindible factor de poder que representa la dinámica fortaleza económica del mundo occidental debe ser analizado cuidadosamente hasta comprobar, sin lugar a dudas, su base o fundamento estrictamente científico, libre de manipulación política, que afecte el *status quo* en contra del sistema capitalista mundial y de la empresa privada. *La intención del ambientalista debe ser objeto de un escrutinio más profundo y analítico en comparación con el propio mensaje que promueve.* En una oportunidad leí que un líder comunista decía que las drogas eran una arma o elemento básico de lucha contra el capitalismo ya que los jóvenes adictos de hoy serían los dirigentes políticos de mañana en dichas sociedades, que las drogas debían llegar todos los días y en mayor cantidad, *siempre*, a los países capitalistas para destruir sus bases morales y sociales, la pregunta es: ¿No sucederá igual con las campañas propagandísticas acerca del calentamiento global? La ciencia responsable, apolítica, seria y confiable tiene la oportuna última palabra; el mundo, el ser humano y todas las ideologías evolucionan, las ideas retrógradas para destruir la democracia también.

El último zarpazo de un oso herido es mortal y hay un oso panda y otro siberiano que están muy tristes porque la ideología que practican no rinde los ansiados frutos y ellos sueñan todas las noches con diferentes y absurdas fórmulas que les permita poder pintar de rojo todo el planeta. Soñar es una actividad cerebral y por tanto humana, hay sueños que no lo son tanto; *el poder absoluto es adictivo*, la total dominación dictatorial represiva y cruel, el unipartidismo totalitario, la exclusión de disidentes, la no aceptación de un estado de derecho y todo lo demás que resulta tan absurdo e infrahumano, no solo fueron sueños pasados, aún siguen renovando muchas quiméricas y absurdas esperanzas. El monstruo de mil cabezas, el sistema comunista mundial, sabe acertadamente que es inevitable su desaparición global y definitiva, pero aún se resiste a perder los beneficios del poder. Una gran parte de los ecologistas verdes son de marcada tendencia izquierdista, ¿Será casualidad?

Capítulo 20   Sí se pude vencer la doctrina del terror

Solo existe una fórmula capaz para neutralizar y destruir el terrorismo asimétrico, que como hierba mala hoy crece y opera disperso: la confrontación directa, decidida, constante y coordinada nacional e internacionalmente.

En las ciudades de todos los países occidentales, y en general en cada una de las ciudades del mundo actual donde operen, con independencia de la actividad de los aparatos de inteligencia, de la policía y de las organizaciones cívicas y privadas, es imprescindible contar con la decidida ayuda del ciudadano común, de toda la población civil en su conjunto, que es en realidad, el objetivo primario y principal de las prácticas terroristas: *sembrar el terror en la ciudadanía.*

En el frente de batalla, en el campo de operaciones, son importantes todas las acciones de apoyo como la aviación, artillería pesada y motorizada, fuerzas navales, drones, etc., pero, el terrorismo nunca será erradicado de raiz si no se cuenta con suficientes tropas terrestres en el terreno de operaciones, en proporciones no menores de cinco soldados de las fuerzas antiterroristas, de un país determinado o de una coalición internacional, por cada terroristas activo en dicho frente o región en conflicto.

Hay que tener presente, que al igual que la hierba mala, el terrorismo es muy disperso y selectivo y hay que ir casa por casa, pueblo por pueblo y ciudad por ciudad para erradicarlo. Ellos se esconden, los soldados de la libertad y el progreso deben encontrarlos, por eso la proporción debe ser amplia; si fuera de 10 x 1 mucho mejor; debe ser desde el inicio del conflicto *una proporción aplastante.*

La humanidad está en peligro, la civilización está en peligro, los gobernantes son responsables de la seguridad de sus respectivos pueblos, países y en conjunción de toda la humanidad. La estrategia terrorista actual es amplia y muy efectiva, están siendo ocupados los arsenales químicos en territorios invadidos por los terroristas, el miedo y el temor están ensanchando las brechas y abriendo pasos en fronteras y creando nuevas coaliciones en contra de la civilización, los millones y millones de dólares en las crueles manos de los radicales conforman inmensas recursos económicos que casi todo lo compra. Existen bombas atómicas sucias que se pueden transportar en una maleta y contaminar toda una gran ciudad, explosivos líquidos incluso posibles hasta de ingerir en cápsulas mortíferas, existen los inescrupulosos traficantes de armas y la desaparecida Unión Soviética, con un posible inventario no localizable, o sin total control de algunas de sus mortíferas bombas nucleares dispersas en la desintegración territorial de la antigua URSS, existe una mentalidad suicida de estos elementos terroristas con un desprecio total por la vida humana, existe un gran peligro latente en nuestras fuentes de agua potable que pueden ser contaminadas, incluso por el cadaver de un terrorista suicida contaminado con un virus como el contagioso Ébola, de forma fanática voluntaria, en resumen: existe el terrorismo y sus acciones todos los días en las noticias. Existe el mal genocida y el deseo *mártir* de su práctica ¿Cómo pararlos si no les importa morir?

Sí se les puede ganar, sí se les puede derrotar ¿Cómo?:

-Hay que incluir a toda la población en la lucha frontal contra el terrorismo, hay que resaltar la responsabilidad ciudadana en toda la protección democrática y la integridad nacional, hay que educar, hay que hablar, hay que coordinar todas las fuerzas civilizadas contra el absurdo anacronismo antioccidental y el mundo libre. Es el punto más importante.

-Protegiendo las fronteras, los aeropuertos, vías y todo punto de entrada al país, edificios importantes, escuelas, centros comerciales, los metros y ferrocarriles, aeropuertos, museos y cada parque, desfiles, cines y teatros, eventos deportivos y culturales, fuentes de agua potable, etc., con la ayuda de toda la población. En el caso específico de los Estados Unidos, un país siempre en la mira de los terroristas yihadistas, sería muy conveniente reforzar aún más la extensa frontera norte con Canadá. Es posible que existan tropas en algunos puntos del planeta, que producto de los avances tecnológicos, no sean tan necesarias y se piensen desmovilizar en un futuro próximo, que quizás puedan ser entrenadas y reasignadas a ambas fronteras auxiliadas por drones y equipamiento adecuado a los tiempos.

-Protegiendo cada planta nuclear de energía, cada planta o torre eólica existente, cada pozo activo de petróleo, cada plataforma marítima de extracción, cada refinería, puerto o almacén asociado, cada pie de tubería existente, visible o no, quizás auxiliado por drones especiales a esos efectos, de cada oleoducto o gasoducto, protegiendo los grandes barcos tanqueros que constituyen gigantes armas flotantes ya que además de su apreciada y valiosa carga energética llevan en sus amplios vientre la contaminación de los mares, costas, playas y centros turísticos que pudieran crear grandes y costosas contaminaciones, financieras y ambientales, con consecuencias incalculables.

-Protegiendo los grandes y necesarios baluartes para el continuo desarrollo del transporte, del progreso y del futuro de toda la humanidad como son, entre otros: el canal de Panamá, el de Suez, el de Kiel, el de Corinto, la fluvial del Río San Lorenzo, todos los grandes puertos y complejos de exportación de crudo y otros productos indispensables, así como también, las otras vías de transporte marítimo que sean estratégicamente imprescindibles, hay que combatir y neutralizar a los piratas modernos de los barcos mercantes, controlar el tráfico de polizontes, todo lo naval.

-Creando una base de datos que sea asequible a todos los ciudadanos del mundo, por cada país, con información de los individuos naturales occidentales que colaboran con las hordas terroristas, que incluya a los principales dirigentes y lideres de dichos grupos radicales y las recompensas por información que conduzca a la captura de los cabecillas y los terroristas de bajo rango asociados.

-Protegiendo las comunicaciones para evitar ataques cibernéticos que pongan en peligro la seguridad y la estabilidad operativa de la esfera productiva y social, de los mecanismos de transporte, de defensa, de suministros, etc., incluida la importante estratégica red de satélites espaciales, gubernamentales y pertenecientes a la empresa privada.

-Teniendo en cuenta que *el terrorismo tiene naturaleza de individuo, de grupo y de estado, secular y religioso*, con innumerables recursos de todo tipo a su entera disposición desde financieros, científicos y técnicos capaces incluso de desarrollar estructuras *plus ultra* o plantas especializadas y procedimientos capaces de manipular hasta el propio clima. Existen diferentes especulaciones y sospechas acerca de la posible vil manipulación por parte de China comunista del Huracán Katrina en agosto del 2005 que devastó la costa del Golfo de México, norteamericana desde Florida a Texas, tocando tierra por el sudeste de Luisiana y dejando a su paso cerca de 2000 muertes y millonarios daños materiales, en una trayectoria mortal muy similar a la de una hoz; *¡qué casualidad!*, que entre otras cosas disímiles, de labranza, es un muy conocido símbolo para los comunistas. Aunque parezca asombroso se considera que es posible y real en la actualidad, el poder controlar ciertas condiciones climáticas atmosféricas capaces de producir sofisticadas desviaciones programadas del rumbo natural de peligrosas tormentas y huracanes, incluso crearlos como letales armas destructivas, se piensa que existe una vasta y compleja red científica, muy sofisticada y más tecnología al respecto, basada en la alteración o las fluctuaciones de las capas de la atmósfera, específicamente de la Ionósfera y la Magnetósfera.

-Desarticulando todas las estructuras de difusión del fanatismo propagandístico y proselitista, de muy efectiva captación ideológica de nuestra juventud, incluyendo la internet, exponiendo sus manipulaciones, los preconcebidos y malsanos objetivos, restándole credibilidad con la verdad, infiltrando todas y cada una de sus fuentes y redes.

-Exhortando a los más altos representantes del Islam y de las otras diversas denominaciones étnicas y religiosas, que de forma responsable y firme, se manifiesten una y otra vez, aclarando la distorsión de esos múltiples grupos partidarios del terror en relación a los verdaderos valores de la fe y tomen distancia de los mismos. Isis no es el Islam.

-Sí se les puede derrotar, de forma ágil y efectiva, si se concretan sistemáticamente las medidas preventivas contra posibles objetivos y ataques en todos los países del mundo comprometidos con la erradicación del mal, con especial énfasis en la educación sistemática del método preventivo y comportamiento bajo amenaza de la población, a fin de prevenir y reducir cualquier posible afectación mayor, lo cual pudiera resultar mucho más efectivo si se estudiara por los especialistas en la materia la manera de *incluir en los sistemas educacionales de enseñanza nacionales, en toda escuela, una asignatura o adición de materia educativa más, que explique y prepare a nuestros niños y jóvenes contra las prácticas terroristas y las mejores formas de neutralizarlas, con especial énfasis en la protección ante la emergencia decretada.* ¿Cuántos ciudadanos saben como proceder ante una persona que parece muy enferma o está desmayada en la calle por una causa desconocida? ¿Cuántos saben donde conseguir y cómo operar una máscara efectiva antigas o como protegerse sin ella por ejemplo, usando sus toallas mojadas? ¿Cuántos conocen las áreas más seguras en cada edificación ante diferentes ataques? No basta llamar a un número de emergencia que pudiera colapsar ante la crisis, hay que prepararse, hay que prevenir interactuando con los tiempos. Se necesita tener mucha paciencia para educar, pero ahí están los dedicados, los tan abnegados pedagogos, los maestros que no escatimarán los empeños; hay que gastar recursos, cierto, pero ahí están las cuantiosas fuentes financieras incautadas a los terroristas que se deben dirigir a esos fines con prioridad. Nada es fácil pero, bien vale la pena, si al menos una vida se logra salvar.

-Hay que incautar todos o la mayor cantidad de los recursos económicos, hay que seguir el curso del dinero terrorista. En este punto quiero aclarar que los terroristas tienen muchas formas de financiarse y una que resulta muy productiva e importante es el tráfico de drogas, sí, ese mismo manejo oscuro y vil que prohíbe el Islam y que los terroristas practican sin ningún tipo de escrúpulo o reserva por ser una fuente importante de ingresos para su causa yihadista. La efectiva agencia de lucha contra las drogas norteamericana, DEA por sus siglas, la ONU y el mundo saben que los carteles colombianos y mexicanos envían grandes cantidades de drogas a Sierra Leona, Mauritania, Liberia, Mali, Argelia, Senegal y muy especialmente a Guinea-Bissau con muchos y adecuados aeródromos en sus múltiples islas, para llegar a los mercados europeos de interés. Se conocen también los contactos y reuniones de la terrorista narcoguerrilla comunista FARC colombiana con los narcotraficantes de su camarada Al-Qaeda, porque claro que sí, ambas organizaciones son además de viles terroristas también grandes colegas y socios en el negocio del tráfico de estupefacientes y se han reunido en diferentes lugares o países del África necesitada y *barata* para coordinar el sucio e inhumano negocio, también la mafia o camorra italiana está incluida. Las autoridades saben incluso bien que estas organizaciones vuelan sus aviones con pilotos rusos, ex militares contratados y bien pagados, ahora al servicio del narcotráfico internacional; el rentabilísimo negocio del tráfico de drogas y el cobro de comisiones derivadas del mismo, por permitir el paso en territorios bajo su control, de estos grupos de bandidos, no es nada nuevo pues desde hace mucho tiempo, en el Afganistán de los salafistas talibanes, se financiaban y continúan financiándose con el tráfico de Opio, donde hay un incremento de hectáreas de adormidera cultivadas en el país que ha alcanzado niveles altísimos en los últimos años. *La yihad es tan solo un ambicioso, sucio y cruel negocio que involucra a muchos fanáticos ignorantes, mientras sus lideres se enriquecen y se cobijan seguros.*

-Declarando ilegales, con igual tratamiento del lavado de dinero proveniente de las multimillonarias ventas de drogas ilícitas, cualquier operación comercial pagada con fondos de las organizaciones declaradas terroristas o con vínculos reales, probados, con las mismas, que incluyan en rigor la confiscación de todo el dinero incautado o detectado en bancos o instituciones financieras a nivel mundial.

-Sancionando y confiscando, con causa probada, todo banco o industria privada que limpie dinero o venda equipo militar, de cualquier tipo, a los terroristas.

-Solicitando información veraz objetiva y balanceada a la prensa, y medios de difusión en general, dentro de un marco democrático de información. Sin cabida a la menor censura pero, con respeto y cumplimiento de las normas establecidas, es solo distinguir entre amarillo y transparente.

-Retirar todo tipo de ayuda, *toda*, a países que apoyen el terrorismo y exponer públicamente los nombres de los estados que lo están apoyando, con las sanciones aplicadas incluidas, acorde a las leyes internacionales procedentes. Establecer una lista internacional de paises que apoyan o estimulan prácticas terroristas. Que no sea fácil ni barato.

-Logrando consenso o acuerdo global a favor de la no negociación, nunca, bajo ninguna concepto, ni intercambios ni treguas con grupos terroristas por ningún motivo, con el firme respaldo de las principales y las más prestigiosas organizaciones internacionales encabezadas por la ONU. *Mientras existan las negociaciones y el pago de rescates seguirán existiendo los productivos secuestros*. Sin dudas.

-Creando iniciativas antiterroristas en todo el mundo, con apoyo económico y militar amplio y suficiente a los países que enfrentan directamente el problema o la agresión genocida. Respaldo internacional pleno ante la epidemia.

-Velando por la estabilidad política en países como India y Pakistán con viejas rencillas y grandes arsenales nucleares factibles de caer en manos terroristas, enfocar todas las miradas sobre la irresponsable, y tan fanática dirigencia de Korea del Norte a fin de no permitir avanzar una milésima más su programa nuclear que se presume cuenta con varias ojivas, unas 5, y que es muy posible que ante el hambre y la ineficiencia económica que presenta ese engendro del mal unido a la marginación de su principal aliado China por el avance impetuoso de la empresa privada o libre empresa en ese gigante hasta ahora país comunista, pudiera intentar hasta venderlas, intercambiarlas o tratar de agredir a su vecino Korea del Sur. Una vez más deseo alertar que Korea del Norte se verá pronto en una situación muy engorrosa y desesperada a medida que la libre empresa capitalista vaya ganando espacios en China comunista.

-Hay que evitar por todos los medios el surgimiento de una nueva potencia nuclear y especialmente no permitir al

Irán desafiante de los ayatollahs, a los reyes absolutos de la manipulación que una y otra vez promueven el terrorismo fanático internacional, la consecución de sus disfrazados programas tácticos nucleares con objetivos militares, al Irán fundamentalista que alienta y conspira por la desaparición de Israel, con el cual *cualquier tipo de intento de disuasión razonable será infructuoso y una pérdida de tiempo.*

-Prever, lograr y saber cómo aplicar diferentes tipos de medidas efectivas circunstanciales de respuesta rápida ante posibles emergencias, tener un plan A y siempre un plan B.

-Conocer los objetivos intrínsecos, así como los medios y vías proselitistas que faciliten la detección y destrucción de los diferentes ideologías subversivas de todo grupúsculos o corrientes terroristas internacionales en cualquiera de sus diversas manifestaciones y forma *under cover* de actuar. Formar profesionales en ideologías terroristas teniendo en cuenta los factores que los unen y los que los separan, los idiomas y dialectos que hablan y sus aspiraciones. *Un clon.*

-No vacilar y golpear militarmente de forma directa y contundente todas y cada una de las madrigueras, bases y estructuras del terrorismo internacional, en cualquier país o región del mundo donde se encuentren hasta su total y absoluta erradicación, teniendo en cuenta que:

La Corte Penal internacional de la Haya actualmente es insuficiente para combatir el terrorismo fanático yihadista y cualquier otro tipo de terrorismo genocida ya que su vigente sentencia máxima es de cadena perpetua, por otra parte la otra corte internacional de la ONU, la denominada Corte Internacional de Justicia, solo se ocupa de resolver las disputas entre los estados miembros dentro del marco de la Asamblea General o de su Consejo de Seguridad o agencias especializadas autorizadas por la Asamblea General. Todo lo anterior unido a que muchos países víctimas del terrorismo en masa y de otras genocidios por causas como el narcotráfico, no desean aplicar o no tienen instaurada la pena de muerte crea un vacío o un gran desequilibrio entre la gravedad de los crímenes y el resultado de las sentencias. La cultura yihadista terrorista es una cultura de muerte, hay citas de la Biblia que expresan claramente que:

"El que a hierro mata a hierro muere" "Con la misma vara que midas serás medido"

Es necesario una corte permanente internacional, tipo Núremberg, contra el auge creciente del genocidio terrorista y narcotraficante que como sentencia máxima posible pueda aplicar la pena de muerte en casos extremos, es necesaria una corte internacional penal efectiva donde aquellos que en acciones terroristas no logren sus objetivos, después de asesinar a personas inocentes, de morir como mártires, se le concedan sus deseos de morir como todo un gran asesino criminal, es necesario una justa corte penal internacional donde los transgresores de la ley no abusen de los países y estados democráticos que no contemplan en sus sistemas jurídicos la pena de muerte dentro de su territorio pero, que les permita, previa discusión, la aprobación o enmiendas constitucionales, a dichos estados, el poder contar con un arma eficiente de defensa y prevención lógica, que permita *el poder de la extradición del caso a la nueva corte penal internacional* donde sí se puede aplicar la pena de muerte. Esta corte puede estar integrada por magistrados o jueces internacionales de aquellos países miembros que sí permiten o contemplan la pena de muerte en sus territorios o países para crímenes graves y ser totalmente financiada por los miembros. Hay que encontrar una solución a la impunidad extrema, *la democracia es justa pero no puede ser débil.*

La soberanía de un país está enmarcada en el respeto a la soberanía de los demás países del planeta, quién sirva de madriguera al terrorismo internacional, no es en sí un país soberano, es un país terrorista. Si democráticamente algo parece rígido, más rígido es perder la democracia. Cualquier dilación en la lucha nos acercará más a un suicidio global.

Muchos delitos y crímenes se producen hoy en todo el mundo contra la estructura democrática de los países que la disfrutan, los delincuentes y los terroristas son estudiosos de esas estructuras democráticas para encontrar sus flancos más frágiles, en eso muchas veces radica el éxito de los enemigos de la democracia, hay que crear nuevos y más modernos mecanismos de defensa democráticos que nos permitan, dentro del respeto de los derechos humanos, ser lo más efectivos contra esas practicas criminales, ser todo un demócrata no es ser tonto ni tímido, ser demócrata es estar siempre dispuesto a defender la democracia.

El Estado judío de Israel es una parte del plan integral de dominación terrorista, es el motivo aparente, el objetivo real es el Planeta Tierra en su conjunto. El objetivo somos todos pero, hay esperanza y está en nuestras propias manos. Los problemas pierden intensidad cuando se enfrentan porque en ese momento ya deja de ser un problema para convertirse en un problema en vías de solución, al problema hay que ponerle el pecho, hay que llamarlo por su nombre, hay que identificarlo sin miedo e ir contra el mismo, con todo, por eso pienso que la Biblia y la historia coinciden, hay una tierra prometida y un pueblo escogido que es invencible, un pueblo que ama y pelea con la misma intensidad, que sin dudas, si llegara a necesitar, por el fragor encarnizado de la lucha, más soldados, hasta los ángeles pelearán por Israel. Es la hora de actuar, porque cuando se trata de terrorismo, de la vital subsistencia, *las palabras quedan sin palabras*.

Una a una todas las injusticias deben ir quedando atrás, estamos en el siglo XXI y no es posible llegar así al siglo XXII, la lucha mundial contra el terrorismo debe crear conciencia mundial, porque en ese contexto todo es posible.

Capítulo 21   El ocaso del terrorismo mundial

Una vez extinguido el terrorismo planetario, incluido el yihadista, y haya desaparecido el nefasto sistema comunista internacional y todas sus camufladas derivaciones, por la iniciativa económica propia y el despierte de los pueblos, debido al desarrollo de la libre empresa y al ciclo de vida generacional, que ellos mismos en su afán de supervivencia última estimulan, en el modo de socialismo clásico, o no pueden de un todo eliminar, en el caso de las modernas dictaduras electorales pero, que de idéntico modo, por la esencia misma de tan absurda ideología, llevan al país a la bancarrota total y la desesperación, cuando todo eso suceda, todas las potencias nucleares y cada nación, hasta el último átomo de Uranio y de sobrada razón, deben muy seriamente comenzar una política global de desarme, prohibición y destrucción de las armas nucleares. Nadie debe guardar en su casa la quimera de su vecino, ni su propia quimera fatal, porque además, hay otros retos de magnitudes humanitarias que aguardan por solución y toda la energía disponible, y otras que están por llegar, son necesarias para resolverlos.

El futuro es la paz y la ciencia global en un marco de respeto, deber y derecho, en cooperación generalizada, en la magna y perenne voluntad, posible y real, de coexistencia civilizada, es desarrollo para acortar las diferencias sociales, es el esfuerzo por erradicar el hambre y las enfermedades, es cultura e ilustración, es trabajo y resultado, es tolerancia y democracia inclusiva en su máxima expresión.

El terrorismo no desaparecerá de la faz del planeta como desaparecieron los dinosaurios, de repente y por un factor extraplanetario como estima la ciencia, allá por el cretácico terciario, hace algo más de 65 millones de años, habrá que luchar duro con mucha decisión y recursos para derrotarlo definitivamente, para lo cual es necesario hoy confrontarlo de forma directa, a la vez que se neutralizan y eliminan los factores que lo originan y las bases que lo sustentan. *El terrorismo es complejo y confunde porque es protagonista sectario y divisivo*, no es de extrañar ver al grupo Hamás condenando los ataques de enero 2015 en Francia porque los mismos fueron realizados por un grupo de Al-Qaeda y ellos son aliados de Isis, una facción disidente de Al-Qaeda, que además es enemiga del Irán terrorista que también se apresuró a condenar los ataques en la capital Gala. Para derrotar de forma definitiva al terrorismo internacional hay que conocerlo y no dejarse confundir, todos estos genocidas grupúsculos y estados terroristas son un engendro del mal.

La táctica o estrategia de contenerlo y esperar no es tan descabellada porque el terrorismo es tan ambicioso, absurdo y protagónico que toda organización piensa que es la iluminada poseedora de la verdad absoluta y de la gracia divina del dios que enarbolan como bandera, pero como son tantas y tan diversas en ideologías sectarias y fanatismo radical terminarán destruyéndose entre ellas. La guerra selectiva entre sus miembros más radicales fortalece esa estrategia y pone de relieve las ambiciones de liderazgo que exacerban los egos terroristas, a la par que profundizan aún más las contradicciones internas de los diferentes grupos y de las diferentes organizaciones entre si, en un empuje muy efectivo hacia el abismo del absurdo histórico.

Con la misma dinámica que se ha ido autodestruyendo el fracasado sistema comunista, que entre otras tan dementes estrategias ha cobijado y financiado, y aún hoy lo continúa haciendo, a la mayor parte de todos estos elementos, se fueron creando, por adaptación a los tiempos, una serie de organizaciones terroristas muy oportunistas y radicales, con apariencias diferentes y objetivos y metas idénticos, de destrucción y erradicación de los valores occidentales, con agendas de captación y proselitismo ideológico mucho más nacionalistas, en ciertos casos regionales pero al compás de una gran estrategia global, donde ambas intenciones se alternan y se confunden, porque así es el terrorismo, sin el concepto de fidelidad o causa, mutante a la caza de la mejor alianza oportunista. Los egoísmos se desbordaron por el espacio comunista perdido como consecuencia del derribo del Muro de Berlín, que *en realidad constituyó el fracaso por agotamiento generacional de la Unión Soviética*, la cual quedó sin respuesta atascada en el mismo fango que creó.

Se observa desde 1948 con respecto a los enemigos del Estado Judío de Israel y después de la caída del Muro de Berlín, que las guerras, por estrategia, se han tornando cada vez más religiosas y fanáticas en su aspecto aparente, el real es la dominación mundial y la imposición de una cultura única yihadista radical retrógrada y cavernícola.

La religión es un arma muy eficaz para atraer nuevos combatientes a las filas terroristas pero a su vez agudiza las contradicciones entre ellos que no son capaces de ponerse de acuerdo en conceptos básicos de la misma doctrina que siguen y practican, que utilizan y profesan con diversas interpretaciones protagónicas que generan desavenencias, enfrentamientos y pugnas violentas por el poder absoluto. El radicalismo terrorista cada día será más fanático, más ignorante y más intransigente con la manipulación de los principios religiosos con vistas a agruparse por objetivos y ambiciones y no por etnias o razas precisamente. Eso, que superficialmente parece una buena estrategia en los planes contra occidente, agudizará notablemente las luchas internas y las contradicciones religiosas entre las diversas facciones e ideologías terroristas que conforman hoy los diferentes sectores, tribus y grupos que desean obtener el liderazgo en su llamada guerra santa o yihad contra el mundo libre. El terrorismo tiene en el protagonismo de su doctrina y de sus lideres, en su propia interpretación y objetivos, la semilla fértil de su autodestrucción total e irremediable, *es increíble que dentro del mismo Islam los sunitas y los chiítas no hayan podido nunca ponerse de acuerdo y se maten llenos de odio adorando al mismo dios, por eso yo no creo que exista una lucha generacional del Islam contra occidente, yo pienso que hay una lucha oportunista generacional de los que tratan de utilizar el Islam contra occidente*, de falsos lideres corruptos, que odian tanto a sus propios pueblos como al mundo libre, ese mundo libre que no solo lucha por la cultura occidental sino también por la pureza transparente y la reivindicación del propio Islam y eso son dos cosas bien diferentes que los pueblos hoy manipulados mañana aprenderán y esa es la gran función principal post terrorismo, alimentar primero y educar a la vez; hay que apostar por la vida satisfecha e ilustrada, donde imperen las decisiones democráticas, la tolerancia religiosa y el espíritu de convivencia, porque en ese campo no crece la maldad.

La falta de recursos provenientes del petróleo para los países petroleros auspiciadores del terrorismo, agravarán las divergencias entre los grupos de la yihad islámica que se enfrentarán una y otra vez en cruentas guerras fratricidas de exterminio masivo interno ante su innata incapacidad para coordinar la estrategia de grupos religiosos tan similares y tan disímiles a la vez. Los manipuladores líderes utilizan al profeta Mahoma y al mismo dios Alá a su conveniencia pero sus seguidores, en una gran mayoría piensan que en realidad pelean y se inmolan por sus genuinos valores, es ahí donde en realidad está el crimen mayor y el factor religioso no homogéneo de esta ambiciosa guerra global. El futuro no les pertenece, porque los argumentos constituyen una vil manipulación, esos grupos que van del fanatismo y la ignorancia hasta la ambición más desmedida y cruel se autodestruirán envueltos en sus túnicas proféticas llenas de odio malsano y observados muy de cerca por occidente que delimitará, a su conveniencia, su área de acción estratégica y los controlará, salvando a muchos engañados, mediante sus efectivos aparatos de inteligencia. Se puede afirmar que en oportunidades, o casi siempre ocurre, ciertas situaciones o males se convierten en grandes experiencias irrepetibles que allanan el camino de generaciones futuras; ningún país que haya vivido el comunismo lo volverá a vivir de seguro, ni tampoco será muy posible ver que un país islamista regido por la ley de la Sharia rígida actual, que se convierta en país democrático, regresará nunca a ese tipo de régimen radical dictatorial y discriminatorio. *Hoy, ya no se queman brujas en hogueras, la ley Sharia o se adapta o desaparece.*

No tengo dudas que en el enfrentamiento final, en el decisivo, el Estado Judío de Israel estará involucrado de una u otra forma ya que los terroristas yihadistas tratan siempre de usar en sus estrategias las agresiones al estado judío como una forma de unir todas sus fuerzas, cuando más lo necesitan y lo arrastrarán al conflicto, será un craso error porque una vez más y de forma contundente, el genio y la valentía de David vencerá a Goliath, de eso yo tampoco tengo la menor duda. El Estado Judío de Israel con el apoyo incondicional de su aliado natural los Estados Unidos de América, y la mayoría de la comunidad libre internacional, resultará, junto al mundo occidental, en el aplastantemente vencedor y así nos veremos librados de esa amenaza epidémica y suicida que significa el islamismo radical distorsionado y terrorista. No tengo dudas que el futuro de Israel es el futuro de toda la humanidad, solo deseo que el mundo se de cuenta de lo que representa en estos momentos el apoyo incondicional al estado judío, en su lucha frontal contra el terrorismo internacional, que lo patrocine, que lo auxilie, que los respalde moralmente en vez de condenarlo injustamente. La destrucción de Isis es el objetivo inmediato pero, cuando eso se materialice, es muy posible que el mundo libre se enfrentará a un Irán fortalecido y mucho más hábil y manipulador que Isis, el problema en sí no es particularmente Isis o Irán, el problema es el terrorismo, y es el estado fundamentalista islámico de Irán el mayor exponente global, lo sabe muy bien Arabia Saudí, lo sabe Egipto, no se cansa de repetirlo Israel, la paz no será posible si no se borra aquel beso sobre el suelo iraní que es símbolo de una ideología de odio: *la huella del ayatollah.*

La paz, el desarrollo económico y el bienestar social será el denominador común en todos los continentes, en todos los países democráticos, con un nuevo orden económico político y social basado en el respeto y la coexistencia pacífica de todas las naciones hermanas con independencia de sus creencias religiosas y motivaciones democráticas; la ONU será un manto de sonrisas y sabias contradicciones, con muy pocas convocatorias a su Consejo de Seguridad.

En ese momento los que tuvieron dudas reconocerán el inmenso sacrificio del pueblo judío y su disposición de coexistir y además, de cooperar con sus vecinos árabes y con los verdaderos seguidores del Islam de fe, de justicia y paz. En ese bello momento la comunidad internacional dará gracias al Estado Judío de Israel por su visión, aporte y su firme perseverancia, por haberse mantenido luchando por su pueblo y por todos los pueblos del mundo libre, en la primera heroica trinchera de la civilización humana. En ese momento la Estatua de la Libertad sonreirá complacida, su antorcha iluminará más las noches bajo un lucido manto de estrellas y de esperanza, el reto será el futuro, como dijera, como lo soñó el prócer cubano José Martí:

"Con todos y para el bien de todos".

Capítulo 22   El futuro de Israel

¿Qué le depara el futuro a El Estado Judío de Israel?

Como siempre, Israel debe seguir alerta, estar muy bien preparado contra el mal real y tan provocador que desea y promueve su destrucción, ese mal fundamentalista radical que representan Isis y su aliado palestino Hamás, el que conforman el grupo Hezbolá y el estado terrorista islamista, con sueños de potencia nuclear, de Irán, el Frente Al-Nusra, Al-Qaeda, Khorazan, la Hermandad Musulmana y cuanto terrorista existe hoy en el mundo; muy posiblemente, más temprano que tarde, Israel será una vez más agredido por alguno de estos fanáticos abanderados del odio y del terror, que a pesar de sus marcadas y ambiciosas diferencias, todos coinciden en el deseo obsesivo de destruir al Estado Judío.

Generalmente los motivos reales que casi siempre todas las guerras persiguen tienen en esencia un marcado interés o fundamento económico, nadie puede afirmar hoy que el objetivo que persigue el Estado de Israel es económico o se relaciona, ya que siempre ha sido el país agredido pero, la economía siempre es un factor en cualquier conflicto bélico o guerra y lo continuará siendo, hasta que la humanidad logre aprender a conservar la paz mediante la cordura, el respeto y la coexistencia pacífica y dirima sus problemas en el seno interno de alguna que otra reconocida y prestigiosa organización internacional. En la actualidad, el estado judío puede estar más tranquilo en cuanto a materia energética se refiere, de verse incluido a la fuerza en este cruel conflicto yihadista, pues su principal aliado, los Estados Unidos de América, es el principal productor de petróleo y gas natural del mundo, además, creo que una alianza duradera con el Kurdistán Iraquí, más aún cuando la región autónoma se convierta en estado soberano, también será muy importante en materia energética para Israel, por el momento, mientras se extinguen las actuales reservas mundiales, Norteamérica evoluciona en el sector y establece la diferencia a favor de occidente. El caso de Israel en los Estados Unidos es muy especial, los presidentes norteamericanos, por lo general, apoyan fiel y decididamente al gobierno judío israelí, pero lo especial, lo que llama la atención, es el amor y el afecto que el pueblo norteamericano y el Congreso de este gran país sienten y demuestran por el estado judío y por todo su heroico pueblo, unido a una gran admiración y respeto.

La progresiva en el actual y en el futuro desarrollo de la coyuntura internacional es hoy el mejor segundo sistema de escudo antiagresión con el que cuenta el Estado judío de Israel para proteger a todo su pueblo de la insidia constante y brutal de esas organizaciones terroristas, que día a día irán viendo como sus reservas monetarias bajan y sus recursos en general se contraen más por disminución de las jugosas contribuciones. Sus activos económicos no serán suficientes para financiar las campañas terroristas ni para abrir puertas de opinión con dinero. Será el fin de la aventura.

Los países árabes financiadores del terrorismo yihadí han comprobado como sus engendros del mal se han convertido posteriormente en sus acérrimos enemigos, asesinando a su propia gente y conspirando contra los precios del petróleo en el mercado internacional debido al contrabando de crudo a menor remuneración. El terrorismo y sus más importantes patrocinadores están compitiendo, se están hoy literalmente autodestruyendo porque el terrorismo radical no tiene patria ni fronteras que limiten sus ambiciones y mucho menos el gran ego de sus líderes. Es también elemental que los países árabes entiendan que *la paz mundial se llama Jerusalén.*

En esta etapa del conflicto, como una fiera herida, esas organizaciones terroristas se harán cada vez más agresivas y radicales en busca de un golpe crucial, significativo, mortal y definitivo, que siempre el heroico Estado de Israel sabrá y podrá esquivar o neutralizar con la ayuda de sus numerosos aliados. Nuevas agresiones se lucubran, sin lugar a dudas se están planeando actualmente y siempre pero, el Estado de Israel lo sabe y sin excepción saldrá victorioso en cada reto que el terrorismo le imponga, incluido el nuclear, con ayuda efectiva de la comunidad internacional, que no solo estará dispuesta a ayudar al Estado Judío de Israel con recursos económicos, sino también, de luchar mano a mano junto al heroico ejercito israelí y todo su pueblo en defensa de su soberanía. Eso lo deben tener bien claro los terroristas, *a un llamado del Estado Judío de Israel, cientos y cientos de miles de defensores de la democracia acudirán al auxilio.*

La panorámica mundial actual, la coyuntura económica internacional vigente, favorece de forma muy positiva y por primera vez en acción muy determinante al Estado Judío de Israel, desde su fundación o proclamación como una nación independiente, soberana y democrática ya que sus enemigos obtienen la mayor parte de sus recursos de la industria petrolera, por donaciones de doble agenda y/o por robo en filibusteras apropiaciones. Las guerras se ganan con dinero y con vergüenza; al pueblo judío siempre le ha sobrado la vergüenza y el dinero nunca le faltará, a diferencia de sus enemigos, con mucho menos recursos monetarios cada día para financiar sus campañas agresivas terroristas futuras y sin nada de razón, el panorama es optimista.

A pesar de lo reiterativo y mediático que resultan las prácticas terroristas, muchos países del mundo libre fueron sorprendidos por la ofensiva *flash* de Isis y sus asociados, así como por su exitosa campaña expansiva y sus tácticas proselitistas de captación de sus propios jóvenes para sus filas, *eso no incluye al Estado de Israel*, ¿Por qué? Porque no duerme, porque estudia y conoce como nadie en este planeta la estrategia terrorista, porque no necesita tantos permisos para defender a su pueblo, porque *los terroristas se alimentan de las debilidades de la democracia cuando no sabe legislar a priori*, que sí debe, sin llegar nunca a caer en ella, revaluar el concepto de censura que le permite a una cadena de videos por internet quitar o dejar de exhibir fotos intimas "hackeadas", o robadas, a una personalidad famosa o determinada celebridad artística, lo cual es muy correcto y loable, pero a la vez, no es posible, en esa misma cadena, prohibir la difusión de videos terroristas que alientan a los jóvenes a unirse a campañas muy radicales contra su propia cultura o la difusión de los tan espeluznantes asesinatos y decapitaciones que aumentan la angustia y el pesar de los familiares de las tantas victimas inocentes, alejándoles más el posible consuelo, mientras sirven a los intereses de la causa culpable del aciago dolor; u*na cosa es la democracia, la moral occidental y el respeto que debemos a ambas, otra cosa es dejarnos destruir por no encontrar dentro de esa democracia amplia, la respuesta justa que nos defienda de enemigos implacables*. Esos, para lo que todo es censura, deben saber que una ley restrictiva aprobada por un genuino congreso elegido mayoritariamente por el pueblo, con el visto bueno de la corte suprema de justicia, dentro del marco de la constitución, es democrática y viable, pero ante todo *es muy necesaria implementarla a priori* para que no constituya necesariamente un decreto por emergencia. *El primer deber de una democracia es defender a su pueblo.*

Actualmente el mundo lucha contra la terrible epidemia ya pandémica del virus del Ébola, aún no existe una vacuna efectiva contra el azote de ese contagioso mal, hay estudios avanzados de medicamentos que pronto se convertirán en esa añorada vacuna. Como un gran deseo humano de salvar a esos pacientes contagiados se han aplicado a los mismos varios medicamentos catalogados como experimentales con diferentes resultados y positivo balance, todo el mundo está de acuerdo pues lo principal es tratar de salvar vidas con los recursos disponibles. De eso se trata, hay que salvar a esos jóvenes ciegos del vil y deshonesto proselitismo terrorista, *hay que crear esa vacuna, que no tenemos contra el odio y el terror*, contra todo lo malo que representa la yihad y el fundamentalismo radical islamista. *Los legisladores deben encontrar el método democrático para devolverles la vista.*

El mundo debe entender que en la actualidad, la suerte del Estado Judío de Israel es la suerte de toda la civilización occidental, por eso debemos apoyarlo, por eso hoy debemos estar todos a su lado, unidos contra el enemigo común.

El Estado Judío de Israel no debe participar, por razones estratégicas, en la coalición de naciones contra el terrorismo de Isis, no le debe dar a los terroristas y aliados con doble agendas un pretexto útil que haga fracasar la coalición, pero es muy posible que en un futuro no muy lejano tenga que enfrentar *obligado* a las hordas bárbaras. Si ese día llega, si el Estado Judío de Israel es obligado a entrar y confrontar directamente la agresión *de Isis, o de Irán*, ese día lo pueden anotar como el día que se originó el principio del final de esa crueles y genocidas entidades terroristas. Cuando Israel se ha visto obligado a defenderse, a entrar en un conflicto y contraataca, *va a todo, con todo*; aviación, tanques, artillería pesada, infantería, de forma firme y arrolladora y con un alto sentimiento patriótico superior a todas esas ideologías fanáticas, por muy yihadistas y radicales que sean, lo cual lo hace invencible. Ojalá que ese momento no llegue nunca y la coalición que lidera Estados Unidos contenga y derrote a Isis, e Irán se llene de sabia cordura, el terrorismo no tiene posibilidades, la civilización se impondrá más temprano que tarde con decisión y justicia, el fanatismo será derrotado.

El pueblo y la nación de Israel tienen un bello futuro, que más que haber sabido ganar han sabido defender, pero además, serán también un factor clave y muy positivo en la estabilidad política y económica de toda esa región una vez desaparecido el terrorismo yihadista radical.

Para mi, uno de sus mayores triunfos ha sido el no dudar nunca, el saber siempre de qué lado está la justicia y la razón, identificando siempre a los verdaderos enemigos y enfrentándolos sin temor, a los invidentes políticos, siendo faro y guía, *cuando otros prestigiosos líderes occidentales han sufrido de visión nublada, ahí, sin vacilar, alta y clara ha estado la voz firme del Estado de Israel advirtiendo, señalando el camino correcto*, por eso es digno merecedor del más grande reconocimiento, respeto y total admiración de toda la humanidad por la cual siempre ha luchado.

Grandes pactos y alianzas de cooperación se vislumbran en un cercano y bello horizonte entre el Estado Judío de Israel y la comunidad árabe y musulmana, que incluirá también al soberano Estado de Palestina. La paz dejará de ser una opción para convertirse en una estable, armoniosa y cohesiva realidad entre todos esos pueblos hermanos que tanto la merecen. El sol sonreirá en el Medio Oriente.

Algún día no muy lejano, la futuras generaciones y el mundo hablarán de las tan absurdas guerras y de todos los cruentos enfrentamientos con una mezcla de bochorno y orgullo: el bochorno de lo que el egoísmo y el fanatismo nos robó, lo vivido por aquellos que no pudieron decidir ni por ellos mismos, porque nadie les preguntó nunca nada, ¿Con qué derecho? Pero el orgullo servirá de bálsamo ante la barbarie pasada, ese orgullo que dará el progreso, más cívico y humano, que permitió aprender y no solo superarla sino desterrarla para siempre, ese día llegará, porque ante todo: *Somos más amor al conocimiento que ser a la pasión, con la capacidad de amarnos aún después de muertos.*

Conclusiones

El peligro existe porque existe el terrorismo, la crueldad existe porque existe la maldad, la comunidad internacional existe, porque existen los hombre de buena voluntad.

El yihadismo radical es otro mal terrible, también lo son las epidemias, el hambre y la falta de oportunidades básicas. Las nobles campañas que se libran con panes, con vacunas, juguetes y lápices, casi nunca tienen tanta resonancia en los medios ni reciben tanta cobertura pero, *el hambre y las necesidades más elementales, producen penas y lágrimas que matan más rápido que un misil.* Muy importante es la comunicación, pero más importante es comunicar la verdad.

Cuando tanto se habla y se condena injustamente a una nación soberana, como al glorioso Estado Judío de Israel, solo pueden existir tres motivos fundamentales:

1.- La desinformación, producto de la ignorancia o la manipulación prosélita.

2.- Una profunda admiración oculta, detrás de un velo de odio conveniente.

3.- El deseo de aparecer en la palestra pública.

Cualquier persona honesta en el mundo actual, que sea ciudadano natural o viva en cualquier país, que esté al tanto de los noticieros locales, seguro se ha dado perfecta cuenta que en las informaciones diarias de lamentables conflictos de violencia doméstica, asaltos, homicidios, robos, estafas y otros crímenes comunes, casi nunca aparece envuelto como sospechoso del grave delito, un ciudadano de origen judío, sencillamente porque los ciudadanos judíos son personas de bien, personas educadas, personas de fe y trabajo, con gran espíritu humano y solidario, dondequiera que se encuentren, son respetuosos de las leyes y las normas. ¿Qué decir de cada vil atentado terrorista en el mundo, de cada siniestra masacre de kurdos, yazidíes, de chiítas, de coptos, sunitas, católicos, cristianos, judíos, de cada bomba que explota, de cada niña o niño secuestrado y vendido, de cada decapitado, de cada fanático mártir suicida? ¿De dónde proceden esos intolerables? ¿Por qué nos odian? ¿Quiénes son y a quién alaban? No es discriminación ni racismo, es la realidad, el pueblo de Francia lo sabe muy bien, lo sabe Inglaterra, lo sabe Canadá, lo sabe España, Yemen, lo sabe Israel, lo sabe los Estados Unidos de América, lo sabe Australia, Nigeria, Irak, Siria, Pakistán, Afganistán, lo sabe el mundo entero y algunos aún se resisten a llamarlos por el verdadero nombre mientras la emprenden contra el valiente estado judío, que es casi siempre un claro objetivo, el punto y seguido de los ataques; *casi siempre el antijudaísmo está presente como un crimen de odio*, por eso, atacar injustificadamente al tan glorioso Estado Judío de Israel es envalentonar, es ayudar a esos viles irresponsables radicales genocidas yihadistas. Ellos no representan al Islam y menos a sus 1500 millones de feligreses en el mundo actual pero, en la gran mayoría de los casos, todos las casi diarias barbaridades y atrocidades de esta enunciada yihad global son obra de los neobárbaros fundamentalistas musulmanes, radicales islamistas sádicos, más suníes pero, también incluye a los chiítas respaldados por Irán. El 85% de los musulmanes son sunitas, muchos están vinculados con la ley Sharia y esa llamada corriente wahhabista o salafista, que es lo mismo, muy aceptada en Arabia Saudí, esa es la verdad, la inocultable verdad, es la gran realidad actual, la que el dios Alá no aprueba. Existen irrefutables evidencias o pruebas de que Isis, o el EI, es un movimiento musulmán religioso yihadista, una de ellas está dada por la destrucción con alta saña del arte milenario en el museo histórico de Mosul en Irak, en especial de estatuas de los siglos VII y VIII a.e.c. Cuando un grupo, nación, estado o país procede a quemar libros, censurar artistas, destruir arte, etc., *siempre es una acción radical*, sí ese grupo, como lo afirma Isis o EI, en el propio video que difundieron en las redes, actúa fanatizado y movido porque *"El profeta nos ordenó deshacernos de las estatuas y las reliquias"*, no hay dudas de que es un motivo *radical, religioso e islamista*.

La crítica desmedida y condenatoria, en ocasiones hasta excesiva, de algunos mandatarios y prensa mundial contra el heroico pueblo y estado judío, más que una forma de decir presente a una alianza que no dice toda la verdad, es en sí una manifestación de extrema ingenuidad política, mal intencionada y muy irresponsable para un mundo actual tan globalizado y amenazado, con toda la información de forma accesible al tacto, en un simple y sencillo *click* o un *touch* de computadora, que unido a la verdad desnuda y la razón expresa, pueden ilustrar y también salvar vidas, pero que distorsionados, crean mucha confusión y un gran daño, en especial a los más jóvenes, a los más vulnerables y débiles, mientras solo ayudan y facilitan el trabajo o vil plan de esos que cabalgan en el caballo rojo del apocalipsis.

"Cuando abrió el segundo sello, oí al segundo ser viviente que decía: "Ven". Entonces salió otro caballo, rojo; al que lo montaba se le concedió quitar de la tierra la paz para que se degollaran unos a otros, se le dio una espada grande". Ap. 6.3-4[2]

El odio es indiscutiblemente una forma de admiración, posiblemente, la forma más extraña conocida de admiración que existe y también la más oportunista.

Si Israel es el país más odiado, no tengo dudas que al sumarle los valores positivos de quienes de verdad le aman, se convierte de hecho, en la nación más admirada que existe hoy día sobre la faz de la Tierra, precisamente cuando la Guerra Asimétrica está de regreso, como parte integrante de una peligrosa estrategia global contra la humanidad. Los enemigos del Estado Judío de Israel no se deben equivocar, ha pasado el tiempo y hay mucho dolor acumulado en un pueblo que ama y olvida rencores, que desea la paz y no teme defenderla. En su discurso del día 3 de marzo del 2015 ante las dos cámaras del Congreso de los Estados Unidos, el primer ministro israelí Benjamín Netanyahu expresó:

"Por primera vez en 100 generaciones los judíos podemos defendernos, es por eso que, como primer ministro de Israel, les puedo prometer esto: aún si Israel tiene que defenderse solo, Israel se defenderá pero, yo sé que Israel no está solo, yo sé que América está con Israel, y yo sé que ustedes están con Israel". El Congreso de pie lo ovacionó, una vez más, de las 26 en total.

Este libro es mi humilde colaboración a una causa que considero justa, es mi forma de honrar al heroico Estado de Israel, al pueblo judío que tanto amo, respeto, y admiro, es en instancia, un deseo enmarcado en la intención de llevar un tenue rayito de luz, con un lazo de buena voluntad, a esa prensa sensacionalista y a esos incautos precoces que al difamar al Estado Judío de Israel, pierden el balance y se hunden cada vez más en la obscuridad de la historia.

Quiero también en este capítulo de conclusiones ofrecer un ejemplo real, aunque pudiera dar muchos otros más, de prensa sensacionalista para así avalar mi análisis: semanario marroquí Al Michaal que se edita en árabe, última semana de febrero del año 2015, detallaron de forma irresponsable la identidad de muchas personalidades que se encuentran amenazadas por Isis o EI, lo cual constituye una grave amenaza para la vida de todas esas personas, de todos esos seres humanos que no comparten los métodos de ese grupo vil, genocida y radical. El ministerio de comunicaciones del país magrebí se pronunció al respecto y el propio director del semanario Driss Chahtane reconoció que algunos de los aludidos se comunicaron, muy alarmados con el semanario, pidiendo explicaciones. Se anunció también la retirada del mercado de los ejemplares, pero ya el mal estaba hecho.

No toda la prensa es igual, por suerte, la mayoría de la prensa es balanceada y objetiva pero desgraciadamente la prensa sensacionalista y amarillista tiene un gran impacto sobre la opinión de los menos documentados, que muchas veces son los más. Un afectuoso saludo y todo mi respeto para todos esos periodistas de profesión y principios éticos, que hasta sus propias vidas se juegan y entregan a sabiendas con admirable valor y profesionalismo, para hacernos llegar las noticias y las imágenes de todo lo que acontece en el mundo actual y que gracias a ellos conocemos.

Este libro por otra parte es un llamado a la reflexión de lo que puede ser la diferencia entre el regreso a la era de las cavernas y la conquista del universo amplio y profundo, del anacronismo esclavista retrógrado vil y el goce de plena y absoluta libertad, del subdesarrollo radical más primitivo y las nuevas tecnologías científicas garantes de la ascendencia evolutiva constante de bienestar integral para toda la raza humana. La razón y el juicio siempre se imponen, no tengo dudas al respecto, soy optimista y creo firmemente, que en un marco concatenado de justicia plena y buena voluntad, la humanidad libre y democrática logrará todos sus sueños y alcanzará sus objetivos, siempre se alzará con la victoria. Sé que no hay victoria sin humanidad y estoy convencido que no existe humanidad sin sueños y esperanzas.

Gracias por su paciencia y atención,

Ricardo Robaina Mederos

Escritor, economista y compositor cubano-español radicado en los Estados Unidos de América.

www.ingramcontent.com/pod-product-compliance
Lightning Source LLC
Chambersburg PA
CBHW071327280526
45787CB00001B/20